PERSIANO
VOCABOLARIO

PER STUDIO AUTODIDATTICO

ITALIANO-
PERSIANO

Le parole più utili
Per ampliare il proprio lessico e affinare
le proprie abilità linguistiche

9000 parole

Vocabolario Italiano-Persiano per studio autodidattico - 9000 parole
Di Andrey Taranov

I vocabolari T&P Books si propongono come strumento di aiuto per apprendere, memorizzare e revisionare l'uso di termini stranieri. Il dizionario si divide in vari argomenti che includono la maggior parte delle attività quotidiane, tra cui affari, scienza, cultura, ecc.

Il processo di apprendimento delle parole attraverso i dizionari divisi in liste tematiche della collana T&P Books offre i seguenti vantaggi:

- Le fonti d'informazione correttamente raggruppate garantiscono un buon risultato nella memorizzazione delle parole
- La possibilità di memorizzare gruppi di parole con la stessa radice (piuttosto che memorizzarle separatamente)
- Piccoli gruppi di parole facilitano il processo di apprendimento per associazione, utile al potenziamento lessicale
- Il livello di conoscenza della lingua può essere valutato attraverso il numero di parole apprese

T&P Books Publishing
www.tpbooks.com

ISBN: 978-1-78716-746-9

Questo libro è disponibile anche in formato e-book.
Visitate il sito www.tpbooks.com o le principali librerie online.

VOCABOLARIO PERSIANO
per studio autodidattico

I vocabolari T&P Books si propongono come strumento di aiuto per apprendere, memorizzare e revisionare l'uso di termini stranieri. Il vocabolario contiene oltre 9000 parole di uso comune ordinate per argomenti.

- Il vocabolario contiene le parole più comunemente usate
- È consigliato in aggiunta ad un corso di lingua
- Risponde alle esigenze degli studenti di lingue straniere sia essi principianti o di livello avanzato
- Pratico per un uso quotidiano, per gli esercizi di revisione e di autovalutazione
- Consente di valutare la conoscenza del proprio lessico

Caratteristiche specifiche del vocabolario:

- Le parole sono ordinate secondo il proprio significato e non alfabeticamente
- Le parole sono riportate in tre colonne diverse per facilitare il metodo di revisione e autovalutazione
- I gruppi di parole sono divisi in sottogruppi per facilitare il processo di apprendimento
- Il vocabolario offre una pratica e semplice trascrizione fonetica per ogni termine straniero

Il vocabolario contiene 256 argomenti tra cui:

Concetti di Base, Numeri, Colori, Mesi, Stagioni, Unità di Misura, Abbigliamento e Accessori, Cibo e Alimentazione, Ristorante, Membri della Famiglia, Parenti, Personalità, Sentimenti, Emozioni, Malattie, Città, Visita Turistica, Acquisti, Denaro, Casa, Ufficio, Lavoro d'Ufficio, Import-export, Marketing, Ricerca di un Lavoro, Sport, Istruzione, Computer, Internet, Utensili, Natura, Paesi, Nazionalità e altro ancora ...

INDICE

GUIDA ALLA PRONUNCIA

Alfabeto fonetico T&P	Esempio persiano	Esempio italiano
['] (ayn)	[da'vā] دعوا	fricativa faringale sonora
['] (hamza)	[ta'id] تایید	occlusiva glottidale sorda
[a]	[ravad] رود	macchia
[ā]	[ātaš] آتش	scusare
[b]	[bānk] بانک	bianco
[č]	[čand] چند	cinque
[d]	[haštād] هشتاد	doccia
[e]	[ešq] عشق	meno, leggere
[f]	[fandak] فندک	ferrovia
[g]	[logo] لوگو	guerriero
[h]	[giyāh] گیاه	[h] aspirate
[i]	[jazire] جزیره	vittoria
[j]	[jašn] جشن	piangere
[k]	[kāj] کاج	cometa
[l]	[limu] لیمو	saluto
[m]	[mājarā] ماجرا	mostra
[n]	[norvež] نروژ	novanta
[o]	[golf] گلف	notte
[p]	[operā] اپرا	pieno
[q]	[lāqar] لاغر	simile gufo, gatto
[r]	[raqam] رقم	ritmo, raro
[s]	[sup] سوپ	sapere
[š]	[duš] دوش	ruscello
[t]	[tarjome] ترجمه	tattica
[u]	[niru] نیرو	prugno
[v]	[varšow] ورشو	volare
[w]	[rowšan] روشن	week-end
[x]	[kāx] کاخ	[h] dolce
[y]	[biyābān] بیابان	New York
[z]	[zanjir] زنجیر	rosa
[ž]	[žuan] ژوئن	beige

ABBREVIAZIONI
usate nel vocabolario

Italiano. Abbreviazioni

agg	-	aggettivo
anim.	-	animato
avv	-	avverbio
cong	-	congiunzione
ecc.	-	eccetera
f	-	sostantivo femminile
f pl	-	femminile plurale
fem.	-	femminile
form.	-	formale
inanim.	-	inanimato
inform.	-	familiare
m	-	sostantivo maschile
m pl	-	maschile plurale
m, f	-	maschile, femminile
masc.	-	maschile
mil.	-	militare
pl	-	plurale
pron	-	pronome
qc	-	qualcosa
qn	-	qualcuno
sing.	-	singolare
v aus	-	verbo ausiliare
vi	-	verbo intransitivo
vi, vt	-	verbo intransitivo, transitivo
vr	-	verbo riflessivo
vt	-	verbo transitivo

CONCETTI DI BASE

Concetti di base. Parte 1

1. Pronomi

io	man	من
tu	to	تو
egli, ella, esso, essa	u	او
noi	mā	ما
voi	šomā	شما
loro	ān-hā	آنها

2. Saluti. Convenevoli. Saluti di congedo

Buongiorno!	salām	سلام
Buongiorno! (la mattina)	sobh bexeyr	صبح بخیر
Buon pomeriggio!	ruz bexeyr!	روز بخیر!
Buonasera!	asr bexeyr	عصربخیر
salutare (vt)	salām kardan	سلام کردن
Ciao! Salve!	salām	سلام
saluto (m)	salām	سلام
salutare (vt)	salām kardan	سلام کردن
Come sta?	haletān četowr ast?	حالتان چطور است؟
Come stai?	četorid?	چطورید؟
Che c'è di nuovo?	če xabar?	چه خبر؟
Arrivederci!	xodāhāfez	خداحافظ
Ciao!	bāy bāy	بای بای
A presto!	be omid-e didār!	به امید دیدار!
Addio!	xodāhāfez!	خداحافظ!
congedarsi (vr)	xodāhāfezi kardan	خداحافظی کردن
Ciao! (A presto!)	tā bezudi!	تا بزودی!
Grazie!	motešakker-am!	متشکرم!
Grazie mille!	besyār motešakker-am!	بسیار متشکرم!
Prego	xāheš mikonam	خواهش می کنم
Non c'è di che!	tašakkor lāzem nist	تشکر لازم نیست
Di niente	qābel-i nadārad	قابلی ندارد
Scusa!	bebaxšid!	ببخشید!
scusare (vt)	baxšidan	بخشیدن
scusarsi (vr)	ozr xāstan	عذر خواستن
Chiedo scusa	ozr mixāham	عذرمی خواهم

Mi perdoni!	bebaxšid!	ببخشید!
perdonare (vt)	baxšidan	بخشیدن
Non fa niente	mohem nist	مهم نیست
per favore	lotfan	لطفاً

Non dimentichi!	farāmuš nakonid!	فراموش نکنید!
Certamente!	albate!	البته!
Certamente no!	albate ke neh!	البته که نه!
D'accordo!	besyār xob!	بسیارخوب!
Basta!	bas ast!	بس است!

3. Come rivolgersi

Mi scusi!	bebaxšid!	ببخشید!
signore	āqā	آقا
signora	xānom	خانم
signorina	xānom	خانم
signore	mard-e javān	مرد جوان
ragazzo	pesar bače	پسر بچه
ragazza	doxtar bačče	دختربچه

4. Numeri cardinali. Parte 1

zero (m)	sefr	صفر
uno	yek	یک
due	do	دو
tre	se	سه
quattro	čāhār	چهار

cinque	panj	پنج
sei	šeš	شش
sette	haft	هفت
otto	hašt	هشت
nove	neh	نه

dieci	dah	ده
undici	yāzdah	یازده
dodici	davāzdah	دوازده
tredici	sizdah	سیزده
quattordici	čāhārdah	چهارده

quindici	pānzdah	پانزده
sedici	šānzdah	شانزده
diciassette	hefdah	هفده
diciotto	hijdah	هیجده
diciannove	nuzdah	نوزده

venti	bist	بیست
ventuno	bist-o yek	بیست ویک
ventidue	bist-o do	بیست ودو
ventitre	bist-o se	بیست وسه
trenta	si	سی

trentuno	si-yo yek	سی ویک
trentadue	si-yo do	سی ودو
trentatre	si-yo se	سی وسه

quaranta	čehel	چهل
quarantuno	čehel-o yek	چهل ویک
quarantadue	čehel-o do	چهل ودو
quarantatre	čehel-o se	چهل وسه

cinquanta	panjāh	پنجاه
cinquantuno	panjāh-o yek	پنجاه ویک
cinquantadue	panjāh-o do	پنجاه ودو
cinquantatre	panjāh-o se	پنجاه وسه

sessanta	šast	شصت
sessantuno	šast-o yek	شصت ویک
sessantadue	šast-o do	شصت ودو
sessantatre	šast-o se	شصت وسه

settanta	haftād	هفتاد
settantuno	haftād-o yek	هفتاد ویک
settantadue	haftād-o do	هفتاد ودو
settantatre	haftād-o se	هفتاد وسه

ottanta	haštād	هشتاد
ottantuno	haštād-o yek	هشتاد ویک
ottantadue	haštād-o do	هشتاد ودو
ottantatre	haštād-o se	هشتاد وسه

novanta	navad	نود
novantuno	navad-o yek	نود ویک
novantadue	navad-o do	نود ودو
novantatre	navad-o se	نود وسه

5. Numeri cardinali. Parte 2

cento	sad	صد
duecento	devist	دویست
trecento	sisad	سیصد
quattrocento	čāhārsad	چهارصد
cinquecento	pānsad	پانصد

seicento	šeššad	ششصد
settecento	haftsad	هفتصد
ottocento	haštsad	هشتصد
novecento	nohsad	نهصد

mille	hezār	هزار
duemila	dohezār	دوهزار
tremila	se hezār	سه هزار
diecimila	dah hezār	ده هزار
centomila	sad hezār	صد هزار
milione (m)	milyun	میلیون
miliardo (m)	milyārd	میلیارد

6. Numeri ordinali

primo	avvalin	اولین
secondo	dovvomin	دومین
terzo	sevvomin	سومین
quarto	čāhāromin	چهارمین
quinto	panjomin	پنجمین

sesto	šešomin	ششمین
settimo	haftomin	هفتمین
ottavo	haštomin	هشتمین
nono	nohomin	نهمین
decimo	dahomin	دهمین

7. Numeri. Frazioni

frazione (f)	kasr	کسر
un mezzo	yek dovvom	یک دوم
un terzo	yek sevvom	یک سوم
un quarto	yek čāhārom	یک چهارم

un ottavo	yek panjom	یک هشتم
un decimo	yek dahom	یک دهم
due terzi	do sevvom	دو سوم
tre quarti	se čāhārrom	سه چهارم

8. Numeri. Operazioni aritmetiche di base

sottrazione (f)	tafriq	تفریق
sottrarre (vt)	tafriq kardan	تفریق کردن
divisione (f)	taqsim	تقسیم
dividere (vt)	taqsim kardan	تقسیم کردن

addizione (f)	jamʿ	جمع
addizionare (vt)	jam' kardan	جمع کردن
aggiungere (vt)	ezāfe kardan	اضافه کردن
moltiplicazione (f)	zarb	ضرب
moltiplicare (vt)	zarb kardan	ضرب کردن

9. Numeri. Varie

cifra (f)	raqam	رقم
numero (m)	adad	عدد
numerale (m)	adadi	عددی
meno (m)	manfi	منفی
più (m)	mosbat	مثبت
formula (f)	formul	فرمول
calcolo (m)	mohāsebe	محاسبه
contare (vt)	šemordan	شمردن

| calcolare (vt) | mohāsebe kardan | محاسبه کردن |
| comparare (vt) | moqāyse kardan | مقایسه کردن |

Quanto? Quanti?	čeqadr?	چقدر؟
somma (f)	jam'-e kol	جمع کل
risultato (m)	natije	نتیجه
resto (m)	bāqimānde	باقیمانده

qualche ...	čand	چند
un po' di ...	kami	کمی
resto (m)	baqiye	بقیه
uno e mezzo	yek-o nim	یک و نیم
dozzina (f)	dojin	دوجین

in due	be do qesmat	به دو قسمت
in parti uguali	be tāsavi	به تساوی
metà (f), mezzo (m)	nim	نیم
volta (f)	daf'e	دفعه

10. I verbi più importanti. Parte 1

accorgersi (vr)	motevajjeh šodan	متوجه شدن
afferrare (vt)	gereftan	گرفتن
affittare (dare in affitto)	ejāre kardan	اجاره کردن
aiutare (vt)	komak kardan	کمک کردن
amare (qn)	dust dāštan	دوست داشتن

andare (camminare)	raftan	رفتن
annotare (vt)	neveštan	نوشتن
appartenere (vi)	ta'alloq dāštan	تعلق داشتن
aprire (vt)	bāz kardan	باز کردن
arrivare (vi)	residan	رسیدن
aspettare (vt)	montazer budan	منتظر بودن

avere (vt)	dāštan	داشتن
avere fame	gorosne budan	گرسنه بودن
avere fretta	ajale kardan	عجله کردن

avere paura	tarsidan	ترسیدن
avere sete	tešne budan	تشنه بودن
avvertire (vt)	hošdār dādan	هشدار دادن
cacciare (vt)	šekār kardan	شکار کردن
cadere (vi)	oftādan	افتادن

cambiare (vt)	avaz kardan	عوض کردن
capire (vt)	fahmidan	فهمیدن
cenare (vi)	šām xordan	شام خوردن
cercare (vt)	jostoju kardan	جستجو کردن
cessare (vt)	bas kardan	بس کردن
chiedere (~ aiuto)	komak xāstan	کمک خواستن

chiedere (domandare)	porsidan	پرسیدن
cominciare (vt)	šoru' kardan	شروع کردن
comparare (vt)	moqāyse kardan	مقایسه کردن

| confondere (vt) | qāti kardan | قاطی کردن |
| conoscere (qn) | šenāxtan | شناختن |

conservare (vt)	hefz kardan	حفظ کردن
consigliare (vt)	nasihat kardan	نصیحت کردن
contare (calcolare)	šemordan	شمردن
contare su …	hesāb kardan	حساب کردن
continuare (vt)	edāme dādan	ادامه دادن

controllare (vt)	kontorol kardan	کنترل کردن
correre (vi)	davidan	دویدن
costare (vt)	qeymat dāštan	قیمت داشتن
creare (vt)	ijād kardan	ایجاد کردن
cucinare (vi)	poxtan	پختن

11. I verbi più importanti. Parte 2

dare (vt)	dādan	دادن
dare un suggerimento	sarnax dādan	سرنخ دادن
decorare (adornare)	tazyin kardan	تزیین کردن
difendere (~ un paese)	defā' kardan	دفاع کردن
dimenticare (vt)	farāmuš kardan	فراموش کردن

dire (~ la verità)	goftan	گفتن
dirigere (compagnia, ecc.)	edāre kardan	اداره کردن
discutere (vt)	bahs kardan	بحث کردن
domandare (vt)	xāstan	خواستن
dubitare (vi)	šok dāštan	شک داشتن

entrare (vi)	vāred šodan	وارد شدن
esigere (vt)	darxāst kardan	درخواست کردن
esistere (vi)	vojud dāštan	وجود داشتن

essere (vi)	budan	بودن
essere d'accordo	movāfeqat kardan	موافقت کردن
fare (vt)	anjām dādan	انجام دادن
fare colazione	sobhāne xordan	صبحانه خوردن

fare il bagno	ābtani kardan	آبتنی کردن
fermarsi (vr)	motevaghef šhodan	متوقف شدن
fidarsi (vr)	etminān kardan	اطمینان کردن
finire (vt)	be pāyān resāndan	به پایان رساندن
firmare (~ un documento)	emzā kardan	امضا کردن

giocare (vi)	bāzi kardan	بازی کردن
girare (~ a destra)	pičidan	پیچیدن
gridare (vi)	faryād zadan	فریاد زدن
indovinare (vt)	hads zadan	حدس زدن
informare (vt)	āgah kardan	آگاه کردن

ingannare (vt)	farib dādan	فریب دادن
insistere (vi)	esrār kardan	اصرار کردن
insultare (vt)	towhin kardan	توهین کردن
interessarsi di …	alāqe dāštan	علاقه داشتن

invitare (vt)	da'vat kardan	دعوت کردن
lamentarsi (vr)	šekāyat kardan	شکایت کردن
lasciar cadere	andāxtan	انداختن
lavorare (vi)	kār kardan	کار کردن
leggere (vi, vt)	xāndan	خواندن
liberare (vt)	āzād kardan	آزاد کردن

12. I verbi più importanti. Parte 3

mancare le lezioni	qāyeb budan	غایب بودن
mandare (vt)	ferestādan	فرستادن
menzionare (vt)	zekr kardan	ذکر کردن
minacciare (vt)	tahdid kardan	تهدید کردن
mostrare (vt)	nešān dādan	نشان دادن
nascondere (vt)	penhān kardan	پنهان کردن
nuotare (vi)	šenā kardan	شنا کردن
obiettare (vt)	moxalefat kardan	مخالفت کردن
occorrere (vimp)	hāmi budan	حامی بودن
ordinare (~ il pranzo)	sefāreš dādan	سفارش دادن
ordinare (mil.)	farmān dādan	فرمان دادن
osservare (vt)	mošāhede kardan	مشاهده کردن
pagare (vi, vt)	pardāxtan	پرداختن
parlare (vi, vt)	harf zadan	حرف زدن
partecipare (vi)	šerekat kardan	شرکت کردن
pensare (vi, vt)	fekr kardan	فکر کردن
perdonare (vt)	baxšidan	بخشیدن
permettere (vt)	ejāze dādan	اجازه دادن
piacere (vi)	dust dāštan	دوست داشتن
piangere (vi)	gerye kardan	گریه کردن
pianificare (vt)	barnāmerizi kardan	برنامه ریزی کردن
possedere (vt)	sāheb budan	صاحب بودن
potere (v aus)	tavānestan	توانستن
pranzare (vi)	nāhār xordan	ناهار خوردن
preferire (vt)	tarjih dādan	ترجیح دادن
pregare (vi, vt)	do'ā kardan	دعا کردن
prendere (vt)	bardāštan	برداشتن
prevedere (vt)	pišbini kardan	پیش بینی کردن
promettere (vt)	qowl dādan	قول دادن
pronunciare (vt)	talaffoz kardan	تلفظ کردن
proporre (vt)	pišnahād dādan	پیشنهاد دادن
punire (vt)	tanbih kardan	تنبیه کردن
raccomandare (vt)	towsie kardan	توصیه کردن
ridere (vi)	xandidan	خندیدن
rifiutarsi (vr)	rad kardan	رد کردن
rincrescere (vi)	afsus xordan	افسوس خوردن
ripetere (ridire)	tekrār kardan	تکرار کردن
riservare (vt)	rezerv kardan	رزرو کردن

rispondere (vi, vt)	javāb dādan	جواب دادن
rompere (spaccare)	šekastan	شکستن
rubare (~ i soldi)	dozdidan	دزدیدن

13. I verbi più importanti. Parte 4

salvare (~ la vita a qn)	najāt dādan	نجات دادن
sapere (vt)	dānestan	دانستن
sbagliare (vi)	eštebāh kardan	اشتباه کردن
scavare (vt)	kandan	کندن
scegliere (vt)	entexāb kardan	انتخاب کردن

scendere (vi)	pāyin āmadan	پایین آمدن
scherzare (vi)	šuxi kardan	شوخی کردن
scrivere (vt)	neveštan	نوشتن
scusare (vt)	baxšidan	بخشیدن
scusarsi (vr)	ozr xāstan	عذر خواستن

sedersi (vr)	nešastan	نشستن
seguire (vt)	donbāl kardan	دنبال کردن
sgridare (vt)	da'vā kardan	دعوا کردن
significare (vt)	ma'ni dāštan	معنی داشتن
sorridere (vi)	labxand zadan	لبخند زدن

sottovalutare (vt)	dast-e kam gereftan	دست کم گرفتن
sparare (vi)	tirandāzi kardan	تیراندازی کردن
sperare (vi, vt)	omid dāštan	امید داشتن
spiegare (vt)	touzih dādan	توضیح دادن
studiare (vt)	dars xāndan	درس خواندن

stupirsi (vr)	mote'ajjeb šodan	متعجب شدن
tacere (vi)	sāket māndan	ساکت ماندن
tentare (vt)	talāš kardan	تلاش کردن
toccare (~ con le mani)	lams kardan	لمس کردن
tradurre (vt)	tarjome kardan	ترجمه کردن

trovare (vt)	peydā kardan	پیدا کردن
uccidere (vt)	koštan	کشتن
udire (percepire suoni)	šenidan	شنیدن
unire (vt)	mottahed kardan	متحد کردن
uscire (vi)	birun raftan	بیرون رفتن

vantarsi (vr)	be rox kešidan	به رخ کشیدن
vedere (vt)	didan	دیدن
vendere (vt)	foruxtan	فروختن
volare (vi)	parvāz kardan	پرواز کردن
volere (desiderare)	xāstan	خواستن

14. Colori

| colore (m) | rang | رنگ |
| sfumatura (f) | teyf-e rang | طیف رنگ |

| tono (m) | rangmaye | رنگمایه |
| arcobaleno (m) | rangin kamān | رنگین کمان |

bianco (agg)	sefid	سفید
nero (agg)	siyāh	سیاه
grigio (agg)	xākestari	خاکستری

verde (agg)	sabz	سبز
giallo (agg)	zard	زرد
rosso (agg)	sorx	سرخ

blu (agg)	abi	آبی
azzurro (agg)	ābi rowšan	آبی روشن
rosa (agg)	surati	صورتی
arancione (agg)	nārenji	نارنجی
violetto (agg)	banafš	بنفش
marrone (agg)	qahve i	قهوه ای

| d'oro (agg) | talāyi | طلایی |
| argenteo (agg) | noqre i | نقره ای |

beige (agg)	baž	بژ
color crema (agg)	kerem	کرم
turchese (agg)	firuze i	فیروزه ای
rosso ciliegia (agg)	ālbāluyi	آلبالویی
lilla (agg)	banafš yasi	بنفش یاسی
rosso lampone (agg)	zereški	زرشکی

chiaro (agg)	rowšan	روشن
scuro (agg)	tire	تیره
vivo, vivido (agg)	rowšan	روشن

colorato (agg)	rangi	رنگی
a colori	rangi	رنگی
bianco e nero (agg)	siyāh-o sefid	سیاه و سفید
in tinta unita	yek rang	یک رنگ
multicolore (agg)	rangārang	رنگارنگ

15. Domande

Chi?	če kas-i?	چه کسی؟
Che cosa?	če čiz-i?	چه چیزی؟
Dove? (in che luogo?)	kojā?	کجا؟
Dove? (~ vai?)	kojā?	کجا؟
Di dove?, Da dove?	az kojā?	از کجا؟
Quando?	če vaqt?	چه وقت؟
Perché? (per quale scopo?)	čerā?	چرا؟
Perché? (per quale ragione?)	čerā?	چرا؟

Per che cosa?	barā-ye če?	برای چه؟
Come?	četor?	چطور؟
Che? (~ colore è?)	kodām?	کدام؟
Quale?	kodām?	کدام؟
A chi?	barā-ye ki?	برای کی؟

Di chi?	dar bāre-ye ki?	درباره کی؟
Di che cosa?	darbāre-ye či?	درباره چی؟
Con chi?	bā ki?	با کی؟

| Quanti?, Quanto? | čeqadr? | چقدر؟ |
| Di chi? | māl-e ki? | مال کی؟ |

16. Preposizioni

con (tè ~ il latte)	bā	با
senza	bedune	بدون
a (andare ~ ,..)	be	به
di (parlare ~ ...)	rāje' be	راجع به
prima di ...	piš az	پیش از
di fronte a ...	dar moqābel	در مقابل

sotto (avv)	zir	زیر
sopra (al di ~)	bālā-ye	بالای
su (sul tavolo, ecc.)	ruy	روی
da, di (via da ..., fuori di ...)	az	از
di (fatto ~ cartone)	az	از

| fra (~ dieci minuti) | tā | تا |
| attraverso (dall'altra parte) | az bālāye | از بالای |

17. Parole grammaticali. Avverbi. Parte 1

Dove?	kojā?	کجا؟
qui (in questo luogo)	in jā	این جا
lì (in quel luogo)	ānjā	آنجا

| da qualche parte (essere ~) | jā-yi | جایی |
| da nessuna parte | hič kojā | هیچ کجا |

| vicino a ... | nazdik | نزدیک |
| vicino alla finestra | nazdik panjere | نزدیک پنجره |

Dove?	kojā?	کجا؟
qui (vieni ~)	in jā	این جا
ci (~ vado stasera)	ānjā	آنجا
da qui	az injā	از اینجا
da lì	az ānjā	از آنجا

| vicino, accanto (avv) | nazdik | نزدیک |
| lontano (avv) | dur | دور |

vicino (~ a Parigi)	nazdik	نزدیک
vicino (qui ~)	nazdik	نزدیک
non lontano	nazdik	نزدیک

| sinistro (agg) | čap | چپ |
| a sinistra (rimanere ~) | dast-e čap | دست چپ |

a sinistra (girare ~)	be čap	به چپ
destro (agg)	rāst	راست
a destra (rimanere ~)	dast-e rāst	دست راست
a destra (girare ~)	be rāst	به راست

davanti	jelo	جلو
anteriore (agg)	jelo	جلو
avanti	jelo	جلو

dietro (avv)	aqab	عقب
da dietro	az aqab	از عقب
indietro	aqab	عقب

mezzo (m), centro (m)	vasat	وسط
in mezzo, al centro	dar vasat	در وسط

di fianco	pahlu	پهلو
dappertutto	hame jā	همه جا
attorno	atrāf	اطراف

da dentro	az daxel	از داخل
da qualche parte (andare ~)	jā-yi	جایی
dritto (direttamente)	mostaqim	مستقیم
indietro	aqab	عقب

da qualsiasi parte	az har jā	از هر جا
da qualche posto (veniamo ~)	az yek jā-yi	از یک جایی

in primo luogo	avvalan	اولاً
in secondo luogo	dumā	دوما
in terzo luogo	sālesan	ثالثاً

all'improvviso	nāgahān	ناگهان
all'inizio	dar avval	در اول
per la prima volta	barā-ye avvalin bār	برای اولین بار
molto tempo prima di…	xeyli vaqt piš	خیلی وقت پیش
di nuovo	az now	از نو
per sempre	barā-ye hamiše	برای همیشه

mai	hič vaqt	هیچ وقت
ancora	dobāre	دوباره
adesso	alān	الان
spesso (avv)	aqlab	اغلب
allora	ān vaqt	آن وقت
urgentemente	foran	فوراً
di solito	ma'mulan	معمولاً

a proposito, …	rāst-i	راستی
è possibile	momken ast	ممکن است
probabilmente	ehtemālan	احتمالاً
forse	šāyad	شاید
inoltre …	bealāve	بعلاوه
ecco perché …	be hamin xāter	به همین خاطر
nonostante (~ tutto)	alāraqm	علیرغم
grazie a …	be lotf	به لطف

che cosa (pron)	če?	چه؟
che (cong)	ke	که
qualcosa (qualsiasi cosa)	yek čiz-i	یک چیزی
qualcosa (le serve ~?)	yek kāri	یک کاری
niente	hič čiz	هیچ چیز

chi (pron)	ki	کی
qualcuno (annuire a ~)	yek kas-i	یک کسی
qualcuno (dipendere da ~)	yek kas-i	یک کسی

nessuno	hič kas	هیچ کس
da nessuna parte	hič kojā	هیچ کجا
di nessuno	māl-e hičkas	مال هیچ کس
di qualcuno	har kas-i	هر کسی

così (era ~ arrabbiato)	xeyli	خیلی
anche (penso ~ a ...)	ham	هم
anche, pure	ham	هم

18. Parole grammaticali. Avverbi. Parte 2

Perché?	čerā?	چرا؟
per qualche ragione	be dalil-i	به دلیلی
perché ...	čon	چون
per qualche motivo	barā-ye maqsudi	برای مقصودی

e (cong)	va	و
o (sì ~ no?)	yā	یا
ma (però)	ammā	اما
per (~ me)	barā-ye	برای

troppo	besyār	بسیار
solo (avv)	faqat	فقط
esattamente	daqiqan	دقیقا
circa (~ 10 dollari)	taqriban	تقریباً

approssimativamente	taqriban	تقریباً
approssimativo (agg)	taqribi	تقریبی
quasi	taqriban	تقریباً
resto	baqiye	بقیه

l'altro (~ libro)	digar	دیگر
altro (differente)	digar	دیگر
ogni (agg)	har	هر
qualsiasi (agg)	har	هر
molti, molto	ziyād	زیاد
molta gente	besyāri	بسیاری
tutto, tutti	hame	همه

in cambio di ...	dar avaz	در عوض
in cambio	dar barābar	در برابر
a mano (fatto ~)	dasti	دستی
poco probabile	baid ast	بعید است
probabilmente	ehtemālan	احتمالاً

| apposta | amdan | عمداً |
| per caso | tasādofi | تصادفى |

molto (avv)	besyār	بسیار
per esempio	masalan	مثلً
fra (~ due)	beyn	بین
fra (~ più di due)	miyān	میان
tanto (quantità)	in qadr	این قدر
soprattutto	maxsusan	مخصوصاً

Concetti di base. Parte 2

19. Giorni della settimana

lunedì (m)	došanbe	دوشنبه
martedì (m)	se šanbe	سه شنبه
mercoledì (m)	čāhāršanbe	چهارشنبه
giovedì (m)	panj šanbe	پنج شنبه
venerdì (m)	jom'e	جمعه
sabato (m)	šanbe	شنبه
domenica (f)	yek šanbe	یک شنبه

oggi (avv)	emruz	امروز
domani	fardā	فردا
dopodomani	pas fardā	پس فردا
ieri (avv)	diruz	دیروز
l'altro ieri	pariruz	پریروز

giorno (m)	ruz	روز
giorno (m) lavorativo	ruz-e kāri	روز کاری
giorno (m) festivo	ruz-e jašn	روز جشن
giorno (m) di riposo	ruz-e ta'til	روز تعطیل
fine (m) settimana	āxar-e hafte	آخر هفته

tutto il giorno	tamām-e ruz	تمام روز
l'indomani	ruz-e ba'd	روز بعد
due giorni fa	do ruz-e piš	دو روز پیش
il giorno prima	ruz-e qabl	روز قبل
quotidiano (agg)	ruzāne	روزانه
ogni giorno	har ruz	هر روز

settimana (f)	hafte	هفته
la settimana scorsa	hafte-ye gozašte	هفته گذشته
la settimana prossima	hafte-ye āyande	هفته آینده
settimanale (agg)	haftegi	هفتگی
ogni settimana	har hafte	هر هفته
due volte alla settimana	do bār dar hafte	دو بار درهفته
ogni martedì	har sešanbe	هر سه شنبه

20. Ore. Giorno e notte

mattina (f)	sobh	صبح
di mattina	sobh	صبح
mezzogiorno (m)	zohr	ظهر
nel pomeriggio	ba'd az zohr	بعد ازظهر

sera (f)	asr	عصر
di sera	asr	عصر

notte (f)	šab	شب
di notte	šab	شب
mezzanotte (f)	nesfe šab	نصفه شب
secondo (m)	sānie	ثانیه
minuto (m)	daqiqe	دقیقه
ora (f)	sā'at	ساعت
mezzora (f)	nim sā'at	نیم ساعت
un quarto d'ora	yek rob'	یک ربع
quindici minuti	pānzdah daqiqe	پانزده دقیقه
ventiquattro ore	šabāne ruz	شبانه روز
levata (f) del sole	tolu-'e āftāb	طلوع آفتاب
alba (f)	sahar	سحر
mattutino (m)	sobh-e zud	صبح زود
tramonto (m)	qorub	غروب
di buon mattino	sobh-e zud	صبح زود
stamattina	emruz sobh	امروز صبح
domattina	fardā sobh	فردا صبح
oggi pomeriggio	emruz zohr	امروز ظهر
nel pomeriggio	ba'd az zohr	بعد ازظهر
domani pomeriggio	fardā ba'd az zohr	فردا بعد ازظهر
stasera	emšab	امشب
domani sera	fardā šab	فردا شب
alle tre precise	sar-e sā'at-e se	سر ساعت ۳
verso le quattro	nazdik-e sā'at-e čāhār	نزدیک ساعت ۴
per le dodici	nazdik zohr	نزدیک ظهر
fra venti minuti	bist daqiqe-ye digar	۲۰ دقیقه دیگر
fra un'ora	yek sā'at-e digar	یک ساعت دیگر
puntualmente	be moqe'	به موقع
un quarto di ...	yek rob' be	یک ربع به
entro un'ora	yek sā'at-e digar	یک ساعت دیگر
ogni quindici minuti	har pānzdah daqiqe	هر ۵۱ دقیقه
giorno e notte	šabāne ruz	شبانه روز

21. Mesi. Stagioni

gennaio (m)	žānvie	ژانویه
febbraio (m)	fevriye	فوریه
marzo (m)	mārs	مارس
aprile (m)	āvril	آوریل
maggio (m)	meh	مه
giugno (m)	žuan	ژوئن
luglio (m)	žuiye	ژوئیه
agosto (m)	owt	اوت
settembre (m)	septāmbr	سپتامبر
ottobre (m)	oktobr	اکتبر
novembre (m)	novāmbr	نوامبر
dicembre (m)	desāmr	دسامبر

primavera (f)	bahār	بهار
in primavera	dar bahār	در بهار
primaverile (agg)	bahāri	بهاری

estate (f)	tābestān	تابستان
in estate	dar tābestān	در تابستان
estivo (agg)	tābestāni	تابستانی

autunno (m)	pāyiz	پاییز
in autunno	dar pāyiz	در پاییز
autunnale (agg)	pāyizi	پاییزی

inverno (m)	zemestān	زمستان
in inverno	dar zemestān	در زمستان
invernale (agg)	zemestāni	زمستانی

mese (m)	māh	ماه
questo mese	in māh	این ماه
il mese prossimo	māh-e āyande	ماه آینده
il mese scorso	māh-e gozašte	ماه گذشته

un mese fa	yek māh qabl	یک ماه قبل
fra un mese	yek māh digar	یک ماه دیگر
fra due mesi	do māh-e digar	۲ماه دیگر
un mese intero	tamām-e māh	تمام ماه
per tutto il mese	tamām-e māh	تمام ماه

mensile (rivista ~)	māhāne	ماهانه
mensilmente	māhāne	ماهانه
ogni mese	har māh	هر ماه
due volte al mese	do bār dar māh	دو بار درماه

anno (m)	sāl	سال
quest'anno	emsāl	امسال
l'anno prossimo	sāl-e āyande	سال آینده
l'anno scorso	sāl-e gozašte	سال گذشته

un anno fa	yek sāl qabl	یک سال قبل
fra un anno	yek sāl-e digar	یک سال دیگر
fra due anni	do sāl-e digar	۲سال دیگر
un anno intero	tamām-e sāl	تمام سال
per tutto l'anno	tamām-e sāl	تمام سال

ogni anno	har sāl	هر سال
annuale (agg)	sālāne	سالانه
annualmente	sālāne	سالانه
quattro volte all'anno	čāhār bār dar sāl	چهار بار در سال

data (f) (~ di oggi)	tārix	تاریخ
data (f) (~ di nascita)	tārix	تاریخ
calendario (m)	taqvim	تقویم

mezz'anno (m)	nim sāl	نیم سال
semestre (m)	nim sāl	نیم سال
stagione (f) (estate, ecc.)	fasl	فصل
secolo (m)	qarn	قرن

22. Orario. Varie

tempo (m)	zamān	زمان
istante (m)	lahze	لحظه
momento (m)	lahze	لحظه
istantaneo (agg)	āni	آنی
periodo (m)	baxši az zamān	بخشی از زمان
vita (f)	zendegi	زندگی
eternità (f)	abadiyat	ابدیت

epoca (f)	asr	عصر
era (f)	dowre	دوره
ciclo (m)	čarxe	چرخه
periodo (m)	dowre	دوره
scadenza (f)	mohlat	مهلت

futuro (m)	āyande	آینده
futuro (agg)	āyande	آینده
la prossima volta	daf'e-ye ba'd	دفعه بعد
passato (m)	gozašte	گذشته
scorso (agg)	gozašte	گذشته
la volta scorsa	daf'e-ye gozašte	دفعه گذشته

più tardi	ba'dan	بعداً
dopo	ba'd az	بعد از
oggigiorno	aknun	اکنون
adesso, ora	alān	الان
immediatamente	foran	فوراً
fra poco, presto	be zudi	به زودی
in anticipo	az qabl	از قبل

tanto tempo fa	moddathā piš	مدت ها پیش
di recente	axiran	اخیراً
destino (m)	sarnevešt	سرنوشت
ricordi (m pl)	xāterāt	خاطرات
archivio (m)	āršiv	آرشیو

durante ...	dar zamān	در زمان
a lungo	tulāni	طولانی
per poco tempo	kutāh	کوتاه
presto (al mattino ~)	zud	زود
tardi (non presto)	dir	دیر

per sempre	barā-ye hamiše	برای همیشه
cominciare (vt)	šoru' kardan	شروع کردن
posticipare (vt)	mowkul kardan	موکول کردن

simultaneamente	ham zamān	هم زمان
tutto il tempo	dāemi	دائمی
costante (agg)	dāemi	دائمی
temporaneo (agg)	movaqqati	موقتی

a volte	gāh-i	گاهی
raramente	be nodrat	به ندرت
spesso (avv)	aqlab	اغلب

23. Contrari

| ricco (agg) | servatmand | ثروتمند |
| povero (agg) | faqir | فقیر |

| malato (agg) | bimār | بیمار |
| sano (agg) | sālem | سالم |

| grande (agg) | bozorg | بزرگ |
| piccolo (agg) | kučak | کوچک |

| rapidamente | sariʿ | سریع |
| lentamente | āheste | آهسته |

| veloce (agg) | sariʿ | سریع |
| lento (agg) | āheste | آهسته |

| allegro (agg) | xošhāl | خوشحال |
| triste (agg) | qamgin | غمگین |

| insieme | bāham | باهم |
| separatamente | jodāgāne | جداگانه |

| ad alta voce (leggere ~) | boland | بلند |
| in silenzio | be ārāmi | به آرامی |

| alto (agg) | boland | بلند |
| basso (agg) | kutāh | کوتاه |

| profondo (agg) | amiq | عمیق |
| basso (agg) | sathi | سطحی |

| sì | bale | بله |
| no | neh | نه |

| lontano (agg) | dur | دور |
| vicino (agg) | nazdik | نزدیک |

| lontano (avv) | dur | دور |
| vicino (avv) | nazdik | نزدیک |

| lungo (agg) | derāz | دراز |
| corto (agg) | kutāh | کوتاه |

| buono (agg) | mehrbān | مهربان |
| cattivo (agg) | badjens | بدجنس |

| sposato (agg) | moteʾahhel | متاهل |
| celibe (agg) | mojarrad | مجرد |

| vietare (vt) | mamnuʿ kardan | ممنوع کردن |
| permettere (vt) | ejāze dādan | اجازه دادن |

| fine (f) | pāyān | پایان |
| inizio (m) | šoruʿ | شروع |

sinistro (agg)	čap	چپ
destro (agg)	rāst	راست
primo (agg)	avvalin	اولین
ultimo (agg)	āxarin	آخرین
delitto (m)	jenāyat	جنایت
punizione (f)	mojāzāt	مجازات
ordinare (vt)	farmān dādan	فرمان دادن
obbedire (vi)	etā'at kardan	اطاعت کردن
dritto (agg)	mostaqim	مستقیم
curvo (agg)	monhani	منحنی
paradiso (m)	behešt	بهشت
inferno (m)	jahannam	جهنم
nascere (vi)	motevalled šodan	متولد شدن
morire (vi)	mordan	مردن
forte (agg)	nirumand	نیرومند
debole (agg)	za'if	ضعیف
vecchio (agg)	kohne	کهنه
giovane (agg)	javān	جوان
vecchio (agg)	qadimi	قدیمی
nuovo (agg)	jadid	جدید
duro (agg)	soft	سفت
morbido (agg)	narm	نرم
caldo (agg)	garm	گرم
freddo (agg)	sard	سرد
grasso (agg)	čāq	چاق
magro (agg)	lāqar	لاغر
stretto (agg)	bārik	باریک
largo (agg)	vasi'	وسیع
buono (agg)	xub	خوب
cattivo (agg)	bad	بد
valoroso (agg)	šojā'	شجاع
codardo (agg)	tarsu	ترسو

24. Linee e forme

quadrato (m)	morabba'	مربع
quadrato (agg)	morabba'	مربع
cerchio (m)	dāyere	دایره
rotondo (agg)	gard	گرد

triangolo (m)	mosallas	مثلث
triangolare (agg)	mosallasi	مثلثی
ovale (m)	beyzi	بیضی
ovale (agg)	beyzi	بیضی
rettangolo (m)	mostatil	مستطیل
rettangolare (agg)	mostatil	مستطیل
piramide (f)	heram	هرم
rombo (m)	lowz-i	لوزی
trapezio (m)	zuzanaqe	ذوزنقه
cubo (m)	moka'ab	مکعب
prisma (m)	manšur	منشور
circonferenza (f)	mohit-e monhani	محیط منحنی
sfera (f)	kare	کره
palla (f)	kare	کره
diametro (m)	qotr	قطر
raggio (m)	šo'ā'	شعاع
perimetro (m)	mohit	محیط
centro (m)	markaz	مرکز
orizzontale (agg)	ofoqi	افقی
verticale (agg)	amudi	عمودی
parallela (f)	movāzi	موازی
parallelo (agg)	movāzi	موازی
linea (f)	xat	خط
tratto (m)	xat	خط
linea (f) retta	xatt-e mostaqim	خط مستقیم
linea (f) curva	monhani	منحنی
sottile (uno strato ~)	nāzok	نازک
contorno (m)	borun namā	برون نما
intersezione (f)	taqāto'	تقاطع
angolo (m) retto	zāvie-ye qāem	زاویه قائم
segmento	qet'e	قطعه
settore (m)	baxš	بخش
lato (m)	taraf	طرف
angolo (m)	zāvie	زاویه

25. Unità di misura

peso (m)	vazn	وزن
lunghezza (f)	tul	طول
larghezza (f)	arz	عرض
altezza (f)	ertefā'	ارتفاع
profondità (f)	omq	عمق
volume (m)	hajm	حجم
area (f)	masāhat	مساحت
grammo (m)	garm	گرم
milligrammo (m)	mili geram	میلی گرم

chilogrammo (m)	kilugeram	کیلوگرم
tonnellata (f)	ton	تن
libbra (f)	pond	پوند
oncia (f)	ons	اونس

metro (m)	metr	متر
millimetro (m)	mili metr	میلی متر
centimetro (m)	sāntimetr	سانتیمتر
chilometro (m)	kilumetr	کیلومتر
miglio (m)	māyel	مایل

pollice (m)	inč	اینچ
piede (f)	fowt	فوت
iarda (f)	yārd	یارد

| metro (m) quadro | metr morabbaʿ | متر مربع |
| ettaro (m) | hektār | هکتار |

litro (m)	litr	لیتر
grado (m)	daraje	درجه
volt (m)	volt	ولت
ampere (m)	āmper	آمپر
cavallo vapore (m)	asb-e boxār	اسب بخار

quantità (f)	meqdār	مقدار
un po' di ...	kami	کمی
metà (f)	nim	نیم
dozzina (f)	dojin	دوجین
pezzo (m)	tā	تا

| dimensione (f) | andāze | اندازه |
| scala (f) (modello in ~) | meqyās | مقیاس |

minimo (agg)	haddeaqal	حداقل
minore (agg)	kučaktarin	کوچکترین
medio (agg)	motevasset	متوسط
massimo (agg)	haddeaksar	حداکثر
maggiore (agg)	bištarin	بیشترین

26. Contenitori

barattolo (m) di vetro	šišeh konserv	شیشه کنسرو
latta, lattina (f)	quti	قوطی
secchio (m)	satl	سطل
barile (m), botte (f)	boške	بشکه

catino (m)	tašt	تشت
serbatoio (m) (per liquidi)	maxzan	مخزن
fiaschetta (f)	qomqome	قمقمه
tanica (f)	dabbe	دبه
cisterna (f)	maxzan	مخزن

| tazza (f) | livān | لیوان |
| tazzina (f) (~ di caffé) | fenjān | فنجان |

piattino (m)	na'lbeki	نعلبکی
bicchiere (m) (senza stelo)	estekān	استکان
calice (m)	gilās-e šarāb	گیلاس شراب
casseruola (f)	qāblame	قابلمه

| bottiglia (f) | botri | بطری |
| collo (m) (~ della bottiglia) | gardan-e botri | گردن بطری |

caraffa (f)	tong	تنگ
brocca (f)	pārč	پارچ
recipiente (m)	zarf	ظرف
vaso (m) di coccio	sofāl	سفال
vaso (m) di fiori	goldān	گلدان

boccetta (f) (~ di profumo)	botri	بطری
fiala (f)	viyāl	ویال
tubetto (m)	tiyub	تیوب

sacco (m) (~ di patate)	kise	کیسه
sacchetto (m) (~ di plastica)	pākat	پاکت
pacchetto (m) (~ di sigarette, ecc.)	baste	بسته

scatola (f) (~ per scarpe)	ja'be	جعبه
cassa (f) (~ di vino, ecc.)	sanduq	صندوق
cesta (f)	sabad	سبد

27. Materiali

materiale (m)	mādde	ماده
legno (m)	deraxt	درخت
di legno	čubi	چوبی

| vetro (m) | šiše | شیشه |
| di vetro | šiše i | شیشه ای |

| pietra (f) | sang | سنگ |
| di pietra | sangi | سنگی |

| plastica (f) | pelāstik | پلاستیک |
| di plastica | pelāstiki | پلاستیکی |

| gomma (f) | lāstik | لاستیک |
| di gomma | lāstiki | لاستیکی |

| stoffa (f) | pārče | پارچه |
| di stoffa | pārče-i | پارچه ی |

| carta (f) | kāqaz | کاغذ |
| di carta | kāqazi | کاغذی |

cartone (m)	kārton	کارتن
di cartone	kārtoni	کارتونی
polietilene (m)	polietilen	پلیاتیلن

cellofan (m)	solofān	سلوفان
linoleum (m)	linoleom	لینولئوم
legno (m) compensato	taxte-ye čand lāyi	تخته چند لایی

porcellana (f)	čini	چینی
di porcellana	čini	چینی
argilla (f)	xāk-e ros	خاک رس
d'argilla	sofāli	سفالی
ceramica (f)	serāmik	سرامیک
ceramico	serāmiki	سرامیکی

28. Metalli

metallo (m)	felez	فلز
metallico	felezi	فلزی
lega (f)	ālyiāž	آلیاژ

oro (m)	talā	طلا
d'oro	talā	طلا
argento (m)	noqre	نقره
d'argento	noqre	نقره

ferro (m)	āhan	آهن
di ferro	āhani	آهنی
acciaio (m)	fulād	فولاد
d'acciaio	fulādi	فولادی
rame (m)	mes	مس
di rame	mesi	مسی

alluminio (m)	ālominiyom	آلومینیوم
di alluminio, alluminico	ālominiyomi	آلومینیومی
bronzo (m)	boronz	برنز
di bronzo	boronzi	برنزی

ottone (m)	berenj	برنج
nichel (m)	nikel	نیکل
platino (m)	pelātin	پلاتین
mercurio (m)	jive	جیوه
stagno (m)	qalᶜ	قلع
piombo (m)	sorb	سرب
zinco (m)	ruy	روی

ESSERE UMANO

Essere umano. Il corpo umano

29. L'uomo. Concetti di base

uomo (m) (essere umano)	ensān	انسان
uomo (m) (adulto maschio)	mard	مرد
donna (f)	zan	زن
bambino (m) (figlio)	kudak	کودک
bambina (f)	doxtar	دختر
bambino (m)	pesar bače	پسر بچه
adolescente (m, f)	nowjavān	نوجوان
vecchio (m)	pirmard	پیرمرد
vecchia (f)	pirzan	پیرزن

30. Anatomia umana

organismo (m)	orgānism	ارگانیسم
cuore (m)	qalb	قلب
sangue (m)	xun	خون
arteria (f)	sorxrag	سرخرگ
vena (f)	siyāhrag	سیاهرگ
cervello (m)	maqz	مغز
nervo (m)	asab	عصب
nervi (m pl)	a'sāb	اعصاب
vertebra (f)	mohre	مهره
colonna (f) vertebrale	sotun-e faqarāt	ستون فقرات
stomaco (m)	me'de	معده
intestini (m pl)	rude	روده
intestino (m)	rude	روده
fegato (m)	kabed	کبد
rene (m)	kolliye	کلیه
osso (m)	ostexān	استخوان
scheletro (m)	eskelet	اسکلت
costola (f)	dande	دنده
cranio (m)	jomjome	جمجمه
muscolo (m)	azole	عضله
bicipite (m)	azole-ye dosar	عضلهٔ دوسر
tricipite (m)	azole-ye se sar	عضلهٔ سه سر
tendine (m)	tāndon	تاندون
articolazione (f)	mofassal	مفصل

polmoni (m pl)	rie	ریه
genitali (m pl)	andām hā-ye tanāsol-i	اندام های تناسلی
pelle (f)	pust	پوست

31. Testa

testa (f)	sar	سر
viso (m)	surat	صورت
naso (m)	bini	بینی
bocca (f)	dahān	دهان

occhio (m)	češm	چشم
occhi (m pl)	češm-hā	چشم ها
pupilla (f)	mardomak	مردمک
sopracciglio (m)	abru	ابرو
ciglio (m)	može	مژه
palpebra (f)	pelek	پلک

lingua (f)	zabān	زبان
dente (m)	dandān	دندان
labbra (f pl)	lab-hā	لب ها
zigomi (m pl)	ostexānhā-ye gune	استخوان های گونه
gengiva (f)	lase	لثه
palato (m)	saqf-e dahān	سقف دهان

narici (f pl)	surāxhā-ye bini	سوراخ های بینی
mento (m)	čāne	چانه
mascella (f)	fak	فک
guancia (f)	gune	گونه

fronte (f)	pišāni	پیشانی
tempia (f)	gijgāh	گیجگاه
orecchio (m)	guš	گوش
nuca (f)	pas gardan	پس گردن
collo (m)	gardan	گردن
gola (f)	galu	گلو

capelli (m pl)	mu-hā	مو ها
pettinatura (f)	model-e mu	مدل مو
taglio (m)	model-e mu	مدل مو
parrucca (f)	kolāh-e gis	کلاه گیس

baffi (m pl)	sebil	سبیل
barba (f)	riš	ریش
portare (~ la barba, ecc.)	gozāštan	گذاشتن
treccia (f)	muy-ye bāfte	موی بافته
basette (f pl)	xatt-e riš	خط ریش

rosso (agg)	muqermez	موقرمز
brizzolato (agg)	sefid-e mu	سفید مو
calvo (agg)	tās	طاس
calvizie (f)	tāsi	طاسی
coda (f) di cavallo	dom-e asbi	دم اسبی
frangetta (f)	čatri	چتری

32. Corpo umano

mano (f)	dast	دست
braccio (m)	bāzu	بازو

dito (m)	angošt	انگشت
dito (m) del piede	šast-e pā	شصت پا
pollice (m)	šost	شست
mignolo (m)	angošt-e kučak	انگشت کوچک
unghia (f)	nāxon	ناخن

pugno (m)	mošt	مشت
palmo (m)	kaf-e dast	کف دست
polso (m)	moč-e dast	مچ دست
avambraccio (m)	sā'ed	ساعد
gomito (m)	āranj	آرنج
spalla (f)	ketf	کتف

gamba (f)	pā	پا
pianta (f) del piede	pā	پا
ginocchio (m)	zānu	زانو
polpaccio (m)	sāq	ساق
anca (f)	rān	ران
tallone (m)	pāšne-ye pā	پاشنهٔ پا

corpo (m)	badan	بدن
pancia (f)	šekam	شکم
petto (m)	sine	سینه
seno (m)	sine	سینه
fianco (m)	pahlu	پهلو
schiena (f)	pošt	پشت
zona (f) lombare	kamar	کمر
vita (f)	dur-e kamar	دور کمر

ombelico (m)	nāf	ناف
natiche (f pl)	nešiman-e gāh	نشیمن گاه
sedere (m)	bāsan	باسن

neo (m)	xāl	خال
voglia (f) (~ di fragola)	xāl-e mādarzād	خال مادرزاد
tatuaggio (m)	xāl kubi	خال کوبی
cicatrice (f)	jā-ye zaxm	جای زخم

Abbigliamento e Accessori

33. Indumenti. Soprabiti

vestiti (m pl)	lebās	لباس
soprabito (m)	lebās-e ru	لباس رو
abiti (m pl) invernali	lebās-e zemestāni	لباس زمستانی
cappotto (m)	pāltow	پالتو
pelliccia (f)	pālto-ye pustin	پالتوی پوستین
pellicciotto (m)	kot-e pustin	کت پوستین
piumino (m)	kāpšan	کاپشن
giubbotto (m), giaccha (f)	kot	کت
impermeabile (m)	bārāni	بارانی
impermeabile (agg)	zed-e āb	ضد آب

34. Abbigliamento uomo e donna

camicia (f)	pirāhan	پیراهن
pantaloni (m pl)	šalvār	شلوار
jeans (m pl)	jin	جین
giacca (f) (~ di tweed)	kot	کت
abito (m) da uomo	kat-o šalvār	کت و شلوار
abito (m)	lebās	لباس
gonna (f)	dāman	دامن
camicetta (f)	boluz	بلوز
giacca (f) a maglia	jeliqe-ye kešbāf	جلیقه کشباف
giacca (f) tailleur	kot	کت
maglietta (f)	tey šarr-at	تی شرت
pantaloni (m pl) corti	šalvarak	شلوارک
tuta (f) sportiva	lebās-e varzeši	لباس ورزشی
accappatoio (m)	howle-ye hamām	حوله حمام
pigiama (m)	pižāme	پیژامه
maglione (m)	poliver	پلیور
pullover (m)	poliver	پلیور
gilè (m)	jeliqe	جلیقه
frac (m)	kat-e dāman gerd	کت دامن گرد
smoking (m)	esmoking	اسموکینگ
uniforme (f)	oniform	اونیفورم
tuta (f) da lavoro	lebās-e kār	لباس کار
salopette (f)	rupuš	روپوش
camice (m) (~ del dottore)	rupuš	روپوش

35. Abbigliamento. Biancheria intima

biancheria (f) intima	lebās-e zir	لباس زير
boxer (m pl)	šort-e bākser	شورت باكسر
mutandina (f)	šort-e zanāne	شورت زنانه
maglietta (f) intima	zir-e pirāhan-i	زير پيراهنى
calzini (m pl)	jurāb	جوراب

camicia (f) da notte	lebās-e xāb	لباس خواب
reggiseno (m)	sine-ye band	سينه بند
calzini (m pl) alti	sāq	ساق
collant (m)	jurāb-e šalvāri	جوراب شلوارى
calze (f pl)	jurāb-e sāqeboland	جوراب ساقه بلند
costume (m) da bagno	māyo	مايو

36. Copricapo

cappello (m)	kolāh	كلاه
cappello (m) di feltro	šāpo	شاپو
cappello (m) da baseball	kolāh beysbāl	كلاه بيس بال
coppola (f)	kolāh-e taxt	كلاه تخت

basco (m)	kolāh barre	كلاه بره
cappuccio (m)	kolāh-e bārāni	كلاه بارانى
panama (m)	kolāh-e dowre-ye boland	كلاه دوره بلند
berretto (m) a maglia	kolāh-e bāftani	كلاه بافتنى

fazzoletto (m) da capo	rusari	روسرى
cappellino (m) donna	kolāh-e zanāne	كلاه زنانه

casco (m) (~ di sicurezza)	kolāh-e imeni	كلاه ايمنى
bustina (f)	kolāh-e pādegān	كلاه پادگان
casco (m) (~ moto)	kolāh-e imeni	كلاه ايمنى

bombetta (f)	kolāh-e namadi	كلاه نمدى
cilindro (m)	kolāh-e ostovānei	كلاه استوانه اى

37. Calzature

calzature (f pl)	kafš	كفش
stivaletti (m pl)	putin	پوتين
scarpe (f pl)	kafš	كفش
stivali (m pl)	čakme	چكمه
pantofole (f pl)	dampāyi	دمپايى

scarpe (f pl) da tennis	kafš katān-i	كفش كتانى
scarpe (f pl) da ginnastica	kafš katān-i	كفش كتانى
sandali (m pl)	sandal	صندل

calzolaio (m)	kaffāš	كفاش
tacco (m)	pāšne-ye kafš	پاشنة كفش

paio (m)	yek joft	یک جفت
laccio (m)	band-e kafš	بند کفش
allacciare (vt)	band-e kafš bastan	بند کفش بستن
calzascarpe (m)	pāšne keš	پاشنه کش
lucido (m) per le scarpe	vāks	واکس

38. Tessuti. Stoffe

cotone (m)	panbe	پنبه
di cotone	panbe i	پنبه ای
lino (m)	katān	کتان
di lino	katāni	کتانی

seta (f)	abrišam	ابریشم
di seta	abrišami	ابریشمی
lana (f)	pašm	پشم
di lana	pašmi	پشمی

velluto (m)	maxmal	مخمل
camoscio (m)	jir	جیر
velluto (m) a coste	maxmal-e kebriti	مخمل کبریتی

nylon (m)	nāylon	نایلون
di nylon	nāyloni	نایلونی
poliestere (m)	poliester	پلی‌استر
di poliestere	poliester	پلاستر

pelle (f)	čarm	چرم
di pelle	čarmi	چرمی
pelliccia (f)	xaz	خز
di pelliccia	xaz	خز

39. Accessori personali

guanti (m pl)	dastkeš	دستکش
manopole (f pl)	dastkeš-e yek angošti	دستکش یک انگشتی
sciarpa (f)	šāl-e gardan	شال گردن

occhiali (m pl)	eynak	عینک
montatura (f)	qāb	قاب
ombrello (m)	čatr	چتر
bastone (m)	asā	عصا
spazzola (f) per capelli	bores-e mu	برس مو
ventaglio (m)	bādbezan	بادبزن

cravatta (f)	kerāvāt	کراوات
cravatta (f) a farfalla	pāpiyon	پاپیون
bretelle (f pl)	band šalvār	بند شلوار
fazzoletto (m)	dastmāl	دستمال

| pettine (m) | šāne | شانه |
| fermaglio (m) | sanjāq-e mu | سنجاق مو |

| forcina (f) | sanjāq-e mu | سنجاق مو |
| fibbia (f) | sagak | سگک |

| cintura (f) | kamarband | کمربند |
| spallina (f) | tasme | تسمه |

borsa (f)	keyf	کیف
borsetta (f)	keyf-e zanāne	کیف زنانه
zaino (m)	kule pošti	کوله پشتی

40. Abbigliamento. Varie

moda (f)	mod	مد
di moda	mod	مد
stilista (m)	tarrāh-e lebas	طراح لباس

collo (m)	yaqe	یقه
tasca (f)	jib	جیب
tascabile (agg)	jibi	جیبی
manica (f)	āstin	آستین
asola (f) per appendere	band-e āviz	بند آویز
patta (f) (~ dei pantaloni)	zip	زیپ

cerniera (f) lampo	zip	زیپ
chiusura (f)	sagak	سگک
bottone (m)	dokme	دکمه
occhiello (m)	surāx-e dokme	سوراخ دکمه
staccarsi (un bottone)	kande šodan	کنده شدن

cucire (vi, vt)	duxtan	دوختن
ricamare (vi, vt)	golduzi kardan	گلدوزی کردن
ricamo (m)	golduzi	گلدوزی
ago (m)	suzan	سوزن
filo (m)	nax	نخ
cucitura (f)	darz	درز

sporcarsi (vr)	kasif šodan	کثیف شدن
macchia (f)	lakke	لکه
sgualcirsi (vr)	čoruk šodan	چروک شدن
strappare (vt)	pāre kardan	پاره کردن
tarma (f)	šab parre	شب پره

41. Cura della persona. Cosmetici

dentifricio (m)	xamir-e dandān	خمیر دندان
spazzolino (m) da denti	mesvāk	مسواک
lavarsi i denti	mesvāk zadan	مسواک زدن

rasoio (m)	tiq	تیغ
crema (f) da barba	kerem-e riš tarāši	کرم ریش تراشی
rasarsi (vr)	riš tarāšidan	ریش تراشیدن
sapone (m)	sābun	صابون

shampoo (m)	šāmpu	شامپو
forbici (f pl)	qeyči	قیچی
limetta (f)	sohan-e nāxon	سوهان ناخن
tagliaunghie (m)	nāxon gir	ناخن گیر
pinzette (f pl)	mučin	موچین

cosmetica (f)	lavāzem-e ārāyeši	لوازم آرایشی
maschera (f) di bellezza	māsk	ماسک
manicure (m)	mānikur	مانیکور
fare la manicure	mānikur kardan	مانیکور کردن
pedicure (m)	pedikur	پدیکور

borsa (f) del trucco	kife lavāzem-e ārāyeši	کیف لوازم آرایشی
cipria (f)	pudr	پودر
portacipria (m)	ja'be-ye pudr	جعبة پودر
fard (m)	sorxāb	سرخاب

profumo (m)	atr	عطر
acqua (f) da toeletta	atr	عطر
lozione (f)	losiyon	لوسیون
acqua (f) di Colonia	odkolon	اودکلن

ombretto (m)	sāye-ye češm	سایه چشم
eyeliner (m)	medād čašm	مداد چشم
mascara (m)	rimel	ریمل

rossetto (m)	mātik	ماتیک
smalto (m)	lāk-e nāxon	لاک ناخن
lacca (f) per capelli	esperey-ye mu	اسپری مو
deodorante (m)	deodyrant	دئودورانت

crema (f)	kerem	کرم
crema (f) per il viso	kerem-e surat	کرم صورت
crema (f) per le mani	kerem-e dast	کرم دست
crema (f) antirughe	kerem-e zedd-e čoruk	کرم ضد چروک
crema (f) da giorno	kerem-e ruz	کرم روز
crema (f) da notte	kerem-e šab	کرم شب
da giorno	ruzāne	روزانه
da notte	šab	شب

tampone (m)	tāmpon	تامپون
carta (f) igienica	kāqaz-e tuālet	کاغذ توالت
fon (m)	sešovār	سشوار

42. Gioielli

gioielli (m pl)	javāherāt	جواهرات
prezioso (agg)	qeymati	قیمتی
marchio (m)	ayār	عیار

anello (m)	angoštar	انگشتر
anello (m) nuziale	halqe	حلقه
braccialetto (m)	alangu	النگو
orecchini (m pl)	gušvāre	گوشواره

collana (f)	gardan band	گردن بند
corona (f)	tāj	تاج
perline (f pl)	gardan band	گردن بند

diamante (m)	almās	الماس
smeraldo (m)	zomorrod	زمرد
rubino (m)	yāqut	یاقوت
zaffiro (m)	yāqut-e kabud	یاقوت کبود
perle (f pl)	morvārid	مروارید
ambra (f)	kahrobā	کهربا

43. Orologi da polso. Orologio

orologio (m) (~ da polso)	sā'at-e moči	ساعت مچی
quadrante (m)	safhe-ye sā'at	صفحة ساعت
lancetta (f)	aqrabe	عقربه
braccialetto (m)	band-e sāat	بند ساعت
cinturino (m)	band-e čarmi	بند چرمی

pila (f)	bātri	باطری
essere scarico	tamām šodan bātri	تمام شدن باتری
cambiare la pila	bātri avaz kardan	باطری عوض کردن
andare avanti	jelo oftādan	جلو افتادن
andare indietro	aqab māndan	عقب ماندن

orologio (m) da muro	sā'at-e divāri	ساعت دیواری
clessidra (f)	sā'at-e šeni	ساعت شنی
orologio (m) solare	sā'at-e āftābi	ساعت آفتابی
sveglia (f)	sā'at-e zang dār	ساعت زنگ دار
orologiaio (m)	sā'at sāz	ساعت ساز
riparare (vt)	ta'mir kardan	تعمیر کردن

Cibo. Alimentazione

44. Cibo

carne (f)	gušt	گوشت
pollo (m)	morq	مرغ
pollo (m) novello	juje	جوجه
anatra (f)	ordak	اردک
oca (f)	qāz	غاز
cacciagione (f)	gušt-e šekār	گوشت شکار
tacchino (m)	gušt-e buqalamun	گوشت بوقلمون

maiale (m)	gušt-e xuk	گوشت خوک
vitello (m)	gušt-e gusāle	گوشت گوساله
agnello (m)	gušt-e gusfand	گوشت گوسفند
manzo (m)	gušt-e gāv	گوشت گاو
coniglio (m)	xarguš	خرگوش

salame (m)	kālbās	کالباس
w?rstel (m)	sosis	سوسیس
pancetta (f)	beykon	بیکن
prosciutto (m)	žāmbon	ژامبون
prosciutto (m) affumicato	rān xuk	ران خوک

pâté (m)	pāte	پاته
fegato (m)	jegar	جگر
carne (f) trita	hamberger	همبرگر
lingua (f)	zabān	زبان

uovo (m)	toxm-e morq	تخم مرغ
uova (f pl)	toxm-e morq-ha	تخم مرغ ها
albume (m)	sefide-ye toxm-e morq	سفیده تخم مرغ
tuorlo (m)	zarde-ye toxm-e morq	زرده تخم مرغ

pesce (m)	māhi	ماهی
frutti (m pl) di mare	qazā-ye daryāyi	غذای دریایی
crostacei (m pl)	saxtpustān	سختپوستان
caviale (m)	xāviār	خاویار

granchio (m)	xarčang	خرچنگ
gamberetto (m)	meygu	میگو
ostrica (f)	sadaf-e xorāki	صدف خوراکی
aragosta (f)	xarčang-e xārdār	خرچنگ خاردار
polpo (m)	hašt pā	هشت پا
calamaro (m)	māhi-ye morakkab	ماهی مرکب

storione (m)	māhi-ye xāviār	ماهی خاویار
salmone (m)	māhi-ye salemon	ماهی سالمون
ippoglosso (m)	halibut	هالیبوت
merluzzo (m)	māhi-ye rowqan	ماهی روغن

scombro (m)	māhi-ye esqumeri	ماهی اسقومری
tonno (m)	tan māhi	تن ماهی
anguilla (f)	mārmāhi	مارماهی

trota (f)	māhi-ye qezelālā	ماهی قزل آلا
sardina (f)	sārdin	ساردین
luccio (m)	ordak māhi	اردک ماهی
aringa (f)	māhi-ye šur	ماهی شور

pane (m)	nān	نان
formaggio (m)	panir	پنیر
zucchero (m)	qand	قند
sale (m)	namak	نمک

riso (m)	berenj	برنج
pasta (f)	mākāroni	ماکارونی
tagliatelle (f pl)	rešte-ye farangi	رشته فرنگی

burro (m)	kare	کره
olio (m) vegetale	rowqan-e nabāti	روغن نباتی
olio (m) di girasole	rowqan āftābgardān	روغن آفتاب گردان
margarina (f)	mārgārin	مارگارین

olive (f pl)	zeytun	زیتون
olio (m) d'oliva	rowqan-e zeytun	روغن زیتون

latte (m)	šir	شیر
latte (m) condensato	šir-e čegāl	شیر چگال
yogurt (m)	mās-at	ماست
panna (f) acida	xāme-ye torš	خامۀ ترش
panna (f)	saršir	سرشیر

maionese (m)	māyonez	مایونز
crema (f)	xāme	خامه

cereali (m pl)	hobubāt	حبوبات
farina (f)	ārd	آرد
cibi (m pl) in scatola	konserv-hā	کنسرو ها

fiocchi (m pl) di mais	bereštuk	برشتوک
miele (m)	asal	عسل
marmellata (f)	morabbā	مربا
gomma (f) da masticare	ādāms	آدامس

45. Bevande

acqua (f)	āb	آب
acqua (f) potabile	āb-e āšāmidani	آب آشامیدنی
acqua (f) minerale	āb-e ma'dani	آب معدنی

liscia (non gassata)	bedun-e gāz	بدون گاز
gassata (agg)	gāzdār	گازدار
frizzante (agg)	gāzdār	گازدار
ghiaccio (m)	yax	یخ

con ghiaccio	yax dār	یخ دار
analcolico (agg)	bi alkol	بی الکل
bevanda (f) analcolica	nušābe-ye bi alkol	نوشابهٔ بی الکل
bibita (f)	nušābe-ye xonak	نوشابهٔ خنک
limonata (f)	limunād	لیموناد

bevande (f pl) alcoliche	mašrubāt-e alkoli	مشروبات الکلی
vino (m)	šarāb	شراب
vino (m) bianco	šarāb-e sefid	شراب سفید
vino (m) rosso	šarāb-e sorx	شراب سرخ

liquore (m)	likor	لیکور
champagne (m)	šāmpāyn	شامپاین
vermouth (m)	vermut	ورموت

whisky	viski	ویسکی
vodka (f)	vodkā	ودکا
gin (m)	jin	جین
cognac (m)	konyāk	کنیاک
rum (m)	araq-e neyšekar	عرق نیشکر

caffè (m)	qahve	قهوه
caffè (m) nero	qahve-ye talx	قهوهٔ تلخ
caffè latte (m)	šir-qahve	شیرقهوه
cappuccino (m)	kāpočino	کاپوچینو
caffè (m) solubile	qahve-ye fowri	قهوه فوری

latte (m)	šir	شیر
cocktail (m)	kuktel	کوکتل
frullato (m)	kuktele šir	کوکتل شیر

succo (m)	āb-e mive	آب میوه
succo (m) di pomodoro	āb-e gowjefarangi	آب گوجه فرنگی
succo (m) d'arancia	āb-e porteqāl	آب پرتقال
spremuta (f)	āb-e mive-ye taze	آب میوهٔ تازه

birra (f)	ābejow	آبجو
birra (f) chiara	ābejow-ye sabok	آبجوی سبک
birra (f) scura	ābejow-ye tire	آبجوی تیره

tè (m)	čāy	چای
tè (m) nero	čāy-e siyāh	چای سیاه
tè (m) verde	čāy-e sabz	چای سبز

46. Verdure

| ortaggi (m pl) | sabzijāt | سبزیجات |
| verdura (f) | sabzi | سبزی |

pomodoro (m)	gowje farangi	گوجه فرنگی
cetriolo (m)	xiyār	خیار
carota (f)	havij	هویج
patata (f)	sib zamini	سیب زمینی
cipolla (f)	piyāz	پیاز

aglio (m)	sir	سیر
cavolo (m)	kalam	کلم
cavolfiore (m)	gol kalam	گل کلم
cavoletti (m pl) di Bruxelles	koll-am boruksel	کلم بروکسل
broccolo (m)	kalam borokli	کلم بروکلی

barbabietola (f)	čoqondar	چغندر
melanzana (f)	bādenjān	بادنجان
zucchina (f)	kadu sabz	کدو سبز
zucca (f)	kadu tanbal	کدو تنبل
rapa (f)	šalqam	شلغم

prezzemolo (m)	ja'fari	جعفری
aneto (m)	šavid	شوید
lattuga (f)	kāhu	کاهو
sedano (m)	karafs	کرفس
asparago (m)	mārčube	مارچوبه
spinaci (m pl)	esfenāj	اسفناج

pisello (m)	noxod	نخود
fave (f pl)	lubiyā	لوبیا
mais (m)	zorrat	ذرت
fagiolo (m)	lubiyā qermez	لوبیا قرمز

peperone (m)	felfel	فلفل
ravanello (m)	torobče	تربچه
carciofo (m)	kangar farangi	کنگرفرنگی

47. Frutta. Noci

frutto (m)	mive	میوه
mela (f)	sib	سیب
pera (f)	golābi	گلابی
limone (m)	limu	لیمو
arancia (f)	porteqāl	پرتقال
fragola (f)	tut-e farangi	توت فرنگی

mandarino (m)	nārengi	نارنگی
prugna (f)	ālu	آلو
pesca (f)	holu	هلو
albicocca (f)	zardālu	زردآلو
lampone (m)	tamešk	تمشک
ananas (m)	ānānās	آناناس

banana (f)	mowz	موز
anguria (f)	hendevāne	هندوانه
uva (f)	angur	انگور
amarena (f)	ālbālu	آلبالو
ciliegia (f)	gilās	گیلاس
melone (m)	xarboze	خربزه

pompelmo (m)	gerip forut	گریپ فوروت
avocado (m)	āvokādo	اووکادو
papaia (f)	pāpāyā	پاپایا

| mango (m) | anbe | انبه |
| melagrana (f) | anār | انار |

ribes (m) rosso	angur-e farangi-ye sorx	انگور فرنگی سرخ
ribes (m) nero	angur-e farangi-ye siyāh	انگور فرنگی سیاه
uva (f) spina	angur-e farangi	انگور فرنگی
mirtillo (m)	zoqāl axte	زغال اخته
mora (f)	šāh tut	شاه توت

uvetta (f)	kešmeš	کشمش
fico (m)	anjir	انجیر
dattero (m)	xormā	خرما

arachide (f)	bādām zamin-i	بادام زمینی
mandorla (f)	bādām	بادام
noce (f)	gerdu	گردو
nocciola (f)	fandoq	فندق
noce (f) di cocco	nārgil	نارگیل
pistacchi (m pl)	peste	پسته

48. Pane. Dolci

pasticceria (f)	širini jāt	شیرینی جات
pane (m)	nān	نان
biscotti (m pl)	biskuit	بیسکویت

cioccolato (m)	šokolāt	شکلات
al cioccolato (agg)	šokolāti	شکلاتی
caramella (f)	āb nabāt	آب نبات
tortina (f)	nān-e širini	نان شیرینی
torta (f)	širini	شیرینی

| crostata (f) | keyk | کیک |
| ripieno (m) | čāšni | چاشنی |

marmellata (f)	morabbā	مربا
marmellata (f) di agrumi	mārmālād	مارمالاد
wafer (m)	vāfel	وافل
gelato (m)	bastani	بستنی
budino (m)	puding	پودینگ

49. Pietanze cucinate

piatto (m) (≈ principale)	qazā	غذا
cucina (f)	qazā	غذا
ricetta (f)	dastur-e poxt	دستور پخت
porzione (f)	pors	پرس

insalata (f)	sālād	سالاد
minestra (f)	sup	سوپ
brodo (m)	pāye-ye sup	پایه سوپ
panino (m)	sāndevič	ساندویچ

uova (f pl) al tegamino	nimru	نیمرو
hamburger (m)	hamberger	همبرگر
bistecca (f)	esteyk	استیک

contorno (m)	moxallafāt	مخلفات
spaghetti (m pl)	espāgeti	اسپاگتی
purè (m) di patate	pure-ye sibi zamini	پورهٔ سیب زمینی
pizza (f)	pitzā	پیتزا
porridge (m)	šurbā	شوربا
frittata (f)	ommol-at	املت

bollito (agg)	āb paz	آب پز
affumicato (agg)	dudi	دودی
fritto (agg)	sorx šode	سرخ شده
secco (agg)	xošk	خشک
congelato (agg)	yax zade	یخ زده
sottoaceto (agg)	torši	ترشی

dolce (gusto)	širin	شیرین
salato (agg)	šur	شور
freddo (agg)	sard	سرد
caldo (agg)	dāq	داغ
amaro (agg)	talx	تلخ
buono, gustoso (agg)	xoš mazze	خوش مزه

cuocere, preparare (vt)	poxtan	پختن
cucinare (vi)	poxtan	پختن
friggere (vt)	sorx kardan	سرخ کردن
riscaldare (vt)	garm kardan	گرم کردن

salare (vt)	namak zadan	نمک زدن
pepare (vt)	felfel pāšidan	فلفل پاشیدن
grattugiare (vt)	rande kardan	رنده کردن
buccia (f)	pust	پوست
sbucciare (vt)	pust kandan	پوست کندن

50. Spezie

sale (m)	namak	نمک
salato (agg)	šur	شور
salare (vt)	namak zadan	نمک زدن

pepe (m) nero	felfel-e siyāh	فلفل سیاه
peperoncino (m)	felfel-e sorx	فلفل سرخ
senape (f)	xardal	خردل
cren (m)	torob-e kuhi	ترب کوهی

condimento (m)	adviye	ادویه
spezie (f pl)	adviye	ادویه
salsa (f)	ses	سس
aceto (m)	serke	سرکه

| anice (m) | rāziyāne | رازیانه |
| basilico (m) | reyhān | ریحان |

chiodi (m pl) di garofano	mixak	ميخک
zenzero (m)	zanjefil	زنجفيل
coriandolo (m)	gešniz	گشنيز
cannella (f)	dārčin	دارچين

sesamo (m)	konjed	کنجد
alloro (m)	barg-e bu	برگ بو
paprica (f)	paprika	پاپريکا
cumino (m)	zire	زيره
zafferano (m)	za'ferān	زعفران

51. Pasti

| cibo (m) | qazā | غذا |
| mangiare (vi, vt) | xordan | خوردن |

colazione (f)	sobhāne	صبحانه
fare colazione	sobhāne xordan	صبحانه خوردن
pranzo (m)	nāhār	ناهار
pranzare (vi)	nāhār xordan	ناهار خوردن
cena (f)	šām	شام
cenare (vi)	šām xordan	شام خوردن

| appetito (m) | eštehā | اشتها |
| Buon appetito! | nuš-e jān | نوش جان |

aprire (vt)	bāz kardan	باز کردن
rovesciare (~ il vino, ecc.)	rixtan	ريختن
rovesciarsi (vr)	rixtan	ريختن

bollire (vi)	jušidan	جوشيدن
far bollire	jušāndan	جوشاندن
bollito (agg)	jušide	جوشيده
raffreddare (vt)	sard kardan	سرد کردن
raffreddarsi (vr)	sard šodan	سرد شدن

| gusto (m) | maze | مزه |
| retrogusto (m) | maze | مزه |

essere a dieta	lāqar kardan	لاغر کردن
dieta (f)	režim	رژيم
vitamina (f)	vitāmin	ويتامين
caloria (f)	kālori	کالری

| vegetariano (m) | giyāh xār | گياه خوار |
| vegetariano (agg) | giyāh xāri | گياه خواری |

grassi (m pl)	čarbi-hā	چربی ها
proteine (f pl)	porotein	پروتئين
carboidrati (m pl)	karbohidrāt-hā	کربو هيدرات ها

fetta (f), fettina (f)	qet'e	قطعه
pezzo (m) (~ di torta)	tekke	تکه
briciola (f) (~ di pane)	zarre	ذره

52. Preparazione della tavola

cucchiaio (m)	qāšoq	قاشق
coltello (m)	kārd	کارد
forchetta (f)	čangāl	چنگال
tazza (f)	fenjān	فنجان
piatto (m)	bošqāb	بشقاب
piattino (m)	na'lbeki	نعلبکی
tovagliolo (m)	dastmāl	دستمال
stuzzicadenti (m)	xelāl-e dandān	خلال دندان

53. Ristorante

ristorante (m)	resturān	رستوران
caffè (m)	kāfe	کافه
pub (m), bar (m)	bār	بار
sala (f) da tè	qahve xāne	قهوه خانه
cameriere (m)	pišxedmat	پیشخدمت
cameriera (f)	pišxedmat	پیشخدمت
barista (m)	motesaddi-ye bār	متصدی بار
menù (m)	meno	منو
lista (f) dei vini	kārt-e šarāb	کارت شراب
prenotare un tavolo	miz rezerv kardan	میز رزرو کردن
piatto (m)	qazā	غذا
ordinare (~ il pranzo)	sefāreš dādan	سفارش دادن
fare un'ordinazione	sefāreš dādan	سفارش دادن
aperitivo (m)	mašrub-e piš qazā	مشروب پیش غذا
antipasto (m)	piš qazā	پیش غذا
dolce (m)	deser	دسر
conto (m)	surat hesāb	صورت حساب
pagare il conto	surat-e hesāb rā pardāxtan	صورت حساب را پرداختن
dare il resto	baqiye rā dādan	بقیه را دادن
mancia (f)	an'ām	انعام

Famiglia, parenti e amici

54. Informazioni personali. Moduli

nome (m)	esm	اسم
cognome (m)	nām-e xānevādegi	نام خانوادگی
data (f) di nascita	tārix-e tavallod	تاریخ تولد
luogo (m) di nascita	mahall-e tavallod	محل تولد
nazionalità (f)	melliyat	ملیت
domicilio (m)	mahall-e sokunat	محل سکونت
paese (m)	kešvar	کشور
professione (f)	šoql	شغل
sesso (m)	jens	جنس
statura (f)	qad	قد
peso (m)	vazn	وزن

55. Membri della famiglia. Parenti

madre (f)	mādar	مادر
padre (m)	pedar	پدر
figlio (m)	pesar	پسر
figlia (f)	doxtar	دختر
figlia (f) minore	doxtar-e kučak	دختر کوچک
figlio (m) minore	pesar-e kučak	پسر کوچک
figlia (f) maggiore	doxtar-e bozorg	دختر بزرگ
figlio (m) maggiore	pesar-e bozorg	پسر بزرگ
fratello (m)	barādar	برادر
fratello (m) maggiore	barādar-e bozorg	برادر بزرگ
fratello (m) minore	barādar-e kučak	برادر کوچک
sorella (f)	xāhar	خواهر
sorella (f) maggiore	xāhar-e bozorg	خواهر بزرگ
sorella (f) minore	xāhar-e kučak	خواهر کوچک
cugino (m)	pesar 'amu	پسر عمو
cugina (f)	doxtar amu	دختر عمو
mamma (f)	māmān	مامان
papà (m)	bābā	بابا
genitori (m pl)	vāledeyn	والدین
bambino (m)	kudak	کودک
bambini (m pl)	bače-hā	بچه ها
nonna (f)	mādarbozorg	مادربزرگ
nonno (m)	pedar-bozorg	پدربزرگ

nipote (m) (figlio di un figlio)	nave	نوه
nipote (f)	nave	نوه
nipoti (pl)	nave-hā	نوه ها

zio (m)	amu	عمو
zia (f)	xāle yā amme	خاله یا عمه
nipote (m) (figlio di un fratello)	barādar-zāde	برادرزاده
nipote (f)	xāhar-zāde	خواهرزاده

suocera (f)	mādarzan	مادرزن
suocero (m)	pedar-šowhar	پدرشوهر
genero (m)	dāmād	داماد
matrigna (f)	nāmādari	نامادری
patrigno (m)	nāpedari	ناپدری

neonato (m)	nowzād	نوزاد
infante (m)	širxār	شیرخوار
bimbo (m), ragazzino (m)	pesar-e kučulu	پسر کوچولو

moglie (f)	zan	زن
marito (m)	šowhar	شوهر
coniuge (m)	hamsar	همسر
coniuge (f)	hamsar	همسر

sposato (agg)	mote'ahhel	متاهل
sposata (agg)	mote'ahhel	متاهل
celibe (agg)	mojarrad	مجرد
scapolo (m)	mojarrad	مجرد
divorziato (agg)	talāq gerefte	طلاق گرفته
vedova (f)	bive zan	بیوه زن
vedovo (m)	bive	بیوه

parente (m)	xišāvand	خویشاوند
parente (m) stretto	aqvām-e nazdik	اقوام نزدیک
parente (m) lontano	aqvām-e dur	اقوام دور
parenti (m pl)	aqvām	اقوام

orfano (m), orfana (f)	yatim	یتیم
tutore (m)	qayyem	قیم
adottare (~ un bambino)	be pesari gereftan	به پسری گرفتن
adottare (~ una bambina)	be doxtari gereftan	به دختری گرفتن

56. Amici. Colleghi

amico (m)	dust	دوست
amica (f)	dust	دوست
amicizia (f)	dusti	دوستی
essere amici	dust budan	دوست بودن

amico (m) (inform.)	rafiq	رفیق
amica (f) (inform.)	rafiq	رفیق
partner (m)	šarik	شریک
capo (m)	ra'is	رئیس
capo (m), superiore (m)	ra'is	رئیس

proprietario (m)	sāheb	صاحب
subordinato (m)	zirdast	زیردست
collega (m)	hamkār	همکار

conoscente (m)	āšnā	آشنا
compagno (m) di viaggio	hamsafar	همسفر
compagno (m) di classe	ham kelās	هم کلاس

vicino (m)	hamsāye	همسایه
vicina (f)	hamsāye	همسایه
vicini (m pl)	hamsāye-hā	همسایه ها

57. Uomo. Donna

donna (f)	zan	زن
ragazza (f)	doxtar	دختر
sposa (f)	arus	عروس

bella (agg)	zibā	زیبا
alta (agg)	qad boland	قد بلند
snella (agg)	xoš andām	خوش اندام
bassa (agg)	qad kutāh	قد کوتاه

bionda (f)	mu bur	مو بور
bruna (f)	mu siyāh	مو سیاه

da donna (agg)	zanāne	زنانه
vergine (f)	bākere	باکره
incinta (agg)	bārdār	باردار

uomo (m) (adulto maschio)	mard	مرد
biondo (m)	mu bur	مو بور
bruno (m)	mu siyāh	مو سیاه
alto (agg)	qad boland	قد بلند
basso (agg)	qad kutāh	قد کوتاه

sgarbato (agg)	xašen	خشن
tozzo (agg)	tanumand	تنومند
robusto (agg)	tanumand	تنومند
forte (agg)	nirumand	نیرومند
forza (f)	niru	نیرو

grasso (agg)	čāq	چاق
bruno (agg)	sabze ru	سبزه رو
snello (agg)	xoš andām	خوش اندام
elegante (agg)	barāzande	برازنده

58. Età

età (f)	sen	سن
giovinezza (f)	javāni	جوانی
giovane (agg)	javān	جوان

| più giovane (agg) | kučaktar | کوچکتر |
| più vecchio (agg) | bozorgtar | بزرگتر |

giovane (m)	mard-e javān	مرد جوان
adolescente (m, f)	nowjavān	نوجوان
ragazzo (m)	mard	مرد

| vecchio (m) | pirmard | پیرمرد |
| vecchia (f) | pirzan | پیرزن |

adulto (m)	bāleq	بالغ
di mezza età	miyānsāl	میانسال
anziano (agg)	sālmand	سالمند
vecchio (agg)	mosen	مسن

pensionamento (m)	mostamerri	مستمری
andare in pensione	bāznešaste šodan	بازنشسته شدن
pensionato (m)	bāznešaste	بازنشسته

59. Bambini

bambino (m), bambina (f)	kudak	کودک
bambini (m pl)	bače-hā	بچه ها
gemelli (m pl)	doqolu	دوقلو

culla (f)	gahvāre	گهواره
sonaglio (m)	jeqjeqe	جغجغه
pannolino (m)	pušak	پوشک

tettarella (f)	pestānak	پستانک
carrozzina (f)	kāleske	کالسکه
scuola (f) materna	kudakestān	کودکستان
baby-sitter (f)	parastār bače	پرستار بچه

infanzia (f)	kudaki	کودکی
bambola (f)	arusak	عروسک
giocattolo (m)	asbāb bāzi	اسباب بازی
gioco (m) di costruzione	xāne sāzi	خانه سازی

educato (agg)	bā tarbiyat	با تربیت
maleducato (agg)	bi tarbiyat	بی تربیت
viziato (agg)	lus	لوس

essere disubbidiente	šeytanat kardan	شیطنت کردن
birichino (agg)	bāziguš	بازیگوش
birichinata (f)	šeytāni	شیطانی
bambino (m) birichino	šeytān	شیطان

| ubbidiente (agg) | moti‘ | مطیع |
| disubbidiente (agg) | sarkeš | سرکش |

docile (agg)	āqel	عاقل
intelligente (agg)	bāhuš	باهوش
bambino (m) prodigio	kudak nābeqe	کودک نابغه

60. Coppie sposate. Vita di famiglia

Italiano	Persiano (traslitterazione)	Persiano
baciare (vt)	busidan	بوسیدن
baciarsi (vr)	hamdigar rā busidan	همدیگررا بوسیدن
famiglia (f)	xānevāde	خانواده
familiare (agg)	xānevādegi	خانوادگی
coppia (f)	zoj	زوج
matrimonio (m)	ezdevāj	ازدواج
focolare (m) domestico	kāšāne	کاشانه
dinastia (f)	selsele	سلسله
appuntamento (m)	qarār	قرار
bacio (m)	buse	بوسه
amore (m)	ešq	عشق
amare (qn)	dust dāštan	دوست داشتن
amato (agg)	mahbub	محبوب
tenerezza (f)	mehrbāni	مهربانی
dolce, tenero (agg)	mehrbān	مهربان
fedeltà (f)	vafā	وفا
fedele (agg)	vafādār	وفادار
premura (f)	tavajjoh	توجه
premuroso (agg)	ba molāheze	با ملاحظه
sposi (m pl) novelli	tāze ezdevāj karde	تازه ازدواج کرده
luna (f) di miele	māh-e asal	ماه عسل
sposarsi (per una donna)	ezdevāj kardan	ازدواج کردن
sposarsi (per un uomo)	ezdevāj kardan	ازدواج کردن
nozze (f pl)	arusi	عروسی
nozze (f pl) d'oro	panjāhomin sālgard-e arusi	پنجاهمین سالگرد عروسی
anniversario (m)	sālgard	سالگرد
amante (m)	ma'šuq	معشوق
amante (f)	ma'šuqe	معشوقه
adulterio (m)	xiyānat	خیانت
tradire (commettere adulterio)	xiyānat kardan	خیانت کردن
geloso (agg)	hasud	حسود
essere geloso	hasud budan	حسود بودن
divorzio (m)	talāq	طلاق
divorziare (vi)	talāq gereftan	طلاق گرفتن
litigare (vi)	da'vā kardan	دعوا کردن
fare pace	āšti kardan	آشتی کردن
insieme	bāham	باهم
sesso (m)	seks	سکس
felicità (f)	xošbaxti	خوشبختی
felice (agg)	xošbaxt	خوشبخت
disgrazia (f)	badbaxti	بدبختی
infelice (agg)	badbaxt	بدبخت

Personalità. Sentimenti. Emozioni

61. Sentimenti. Emozioni

sentimento (m)	ehsās	احساس
sentimenti (m pl)	ehsāsat	احساسات
sentire (vt)	ehsās kardan	احساس کردن
fame (f)	gorosnegi	گرسنگی
avere fame	gorosne budan	گرسنه بودن
sete (f)	tešnegi	تشنگی
avere sete	tešne budan	تشنه بودن
sonnolenza (f)	xāb āludegi	خواب آلودگی
avere sonno	xābālud budan	خواب آلود بودن
stanchezza (f)	xastegi	خستگی
stanco (agg)	xaste	خسته
stancarsi (vr)	xaste šodan	خسته شدن
umore (m) (buon ~)	xolq	خلق
noia (f)	bi hoselegi	بی حوصلگی
annoiarsi (vr)	hosele sar raftan	حوصله سررفتن
isolamento (f)	guše nešini	گوشه نشینی
isolarsi (vr)	guše nešini kardan	گوشه نشینی کردن
preoccupare (vt)	negarān kardan	نگران کردن
essere preoccupato	negarān šodan	نگران شدن
agitazione (f)	negarāni	نگرانی
preoccupazione (f)	negarāni	نگرانی
preoccupato (agg)	moztareb	مضطرب
essere nervoso	asabi šodan	عصبی شدن
andare in panico	vahšat kardan	وحشت کردن
speranza (f)	omid	امید
sperare (vi, vt)	omid dāštan	امید داشتن
certezza (f)	etminān	اطمینان
sicuro (agg)	motmaen	مطمئن
incertezza (f)	adam-e etminān	عدم اطمینان
incerto (agg)	nā motmaen	نا مطمئن
ubriaco (agg)	mast	مست
sobrio (agg)	hošyār	هوشیار
debole (agg)	za'if	ضعیف
fortunato (agg)	xošbaxt	خوشبخت
spaventare (vt)	tarsāndan	ترساندن
furia (f)	qeyz	غیظ
rabbia (f)	xašm	خشم
depressione (f)	afsordegi	افسردگی
disagio (m)	nārāhati	ناراحتی

conforto (m)	āsāyeš	آسایش
rincrescere (vi)	afsus xordan	افسوس خوردن
rincrescimento (m)	afsus	افسوس
sfortuna (f)	bad šāns-i	بد شانسی
tristezza (f)	delxori	دلخوری

vergogna (f)	šarm	شرم
allegria (f)	šādi	شادی
entusiasmo (m)	eštiyāq	اشتیاق
entusiasta (m)	moštāq	مشتاق
mostrare entusiasmo	eštiyāq dāštan	اشتیاق داشتن

62. Personalità. Carattere

carattere (m)	šaxsiyat	شخصیت
difetto (m)	naqs	نقص
mente (f), intelletto (m)	aql	عقل

coscienza (f)	vejdān	وجدان
abitudine (f)	ādat	عادت
capacità (f)	este'dād	استعداد
sapere (~ nuotare)	tavānestan	توانستن

paziente (agg)	bā howsele	با حوصله
impaziente (agg)	bi hosele	بی حوصله
curioso (agg)	konjkāv	کنجکاو
curiosità (f)	konjkāvi	کنجکاوی

modestia (f)	forutani	فروتنی
modesto (agg)	forutan	فروتن
immodesto (agg)	gostāx	گستاخ

pigrizia (f)	tanbali	تنبلی
pigro (agg)	tanbal	تنبل
poltrone (m)	tanbal	تنبل

furberia (f)	mokāri	مکاری
furbo (agg)	makkār	مکار
diffidenza (f)	bad gomāni	بد گمانی
diffidente (agg)	bad gomān	بد گمان

generosità (f)	sexāvat	سخاوت
generoso (agg)	ba sexāvat	با سخاوت
di talento	bā este'dād	با استعداد
talento (m)	este'dād	استعداد

coraggioso (agg)	šojā'	شجاع
coraggio (m)	šojā'at	شجاعت
onesto (agg)	sādeq	صادق
onestà (f)	sedāqat	صداقت

prudente (agg)	bā ehtiyāt	با احتیاط
valoroso (agg)	bi bāk	بی باک
serio (agg)	jeddi	جدی

severo (agg)	saxt gir	سخت گیر
deciso (agg)	mosammam	مصمم
indeciso (agg)	do del	دو دل
timido (agg)	xejālati	خجالتی
timidezza (f)	xejālat	خجالت
fiducia (f)	e'temād	اعتماد
fidarsi (vr)	bāvar kardan	باور کردن
fiducioso (agg)	zud bāvar	زود باور
sinceramente	sādeqāne	صادقانه
sincero (agg)	sādeq	صادق
sincerità (f)	sedāqat	صداقت
aperto (agg)	sarih	صریح
tranquillo (agg)	ārām	آرام
sincero (agg)	rok	رک
ingenuo (agg)	sāde lowh	ساده لوح
distratto (agg)	sar be havā	سربه هوا
buffo (agg)	xande dār	خنده دار
avidità (f)	hers	حرص
avido (agg)	haris	حریص
avaro (agg)	xasis	خسیس
cattivo (agg)	badjens	بدجنس
testardo (agg)	lajuj	لجوج
antipatico (agg)	nāxošāyand	ناخوشایند
egoista (m)	xodxāh	خودخواه
egoistico (agg)	xodxāhi	خودخواهی
codardo (m)	tarsu	ترسو
codardo (agg)	tarsu	ترسو

63. Dormire. Sogni

dormire (vi)	xābidan	خوابیدن
sonno (m) (stato di sonno)	xāb	خواب
sogno (m)	royā	رویا
sognare (fare sogni)	xāb didan	خواب دیدن
sonnolento (agg)	xāb ālud	خواب آلود
letto (m)	taxt-e xāb	تخت خواب
materasso (m)	tošak	تشک
coperta (f)	patu	پتو
cuscino (m)	bālešt	بالشت
lenzuolo (m)	malāfe	ملافه
insonnia (f)	bi-xābi	بیخوابی
insonne (agg)	bi xāb	بی خواب
sonnifero (m)	xāb āvar	خواب آور
prendere il sonnifero	xābāvar xordan	خواب آور خوردن
avere sonno	xābālud budan	خواب آلود بودن
sbadigliare (vi)	xamyāze kešidan	خمیازه کشیدن

andare a letto	be raxtexāb raftan	به رختخواب رفتن
fare il letto	raxtexāb-e pahn kardan	رختخواب پهن کردن
addormentarsi (vr)	xābidan	خوابیدن

incubo (m)	kābus	کابوس
russare (m)	xoropof	خروپف
russare (vi)	xoropof kardan	خروپف کردن

sveglia (f)	sā'at-e zang dār	ساعت زنگ دار
svegliare (vt)	bidār kardan	بیدار کردن
svegliarsi (vr)	bidār šodan	بیدار شدن
alzarsi (vr)	boland šodan	بلند شدن
lavarsi (vr)	dast-o ru šostan	دست و روشستن

64. Umorismo. Risata. Felicità

umorismo (m)	šuxi	شوخی
senso (m) dello humour	šux ta'bi	شوخ طبعی
divertirsi (vr)	šādi kardan	شادی کردن
allegro (agg)	šād	شاد
allegria (f)	šādi	شادی

sorriso (m)	labxand	لبخند
sorridere (vi)	labxand zadan	لبخند زدن
mettersi a ridere	xandidan	خندیدن
ridere (vi)	xandidan	خندیدن
riso (m)	xande	خنده

aneddoto (m)	latife	لطیفه
divertente (agg)	xande dār	خنده دار
ridicolo (agg)	xande dār	خنده دار

scherzare (vi)	šuxi kardan	شوخی کردن
scherzo (m)	šuxi	شوخی
gioia (f) (fare salti di ~)	šādi	شادی
rallegrarsi (vr)	xošhāl šodan	خوشحال شدن
allegro (agg)	xošhāl	خوشحال

65. Discussione. Conversazione. Parte 1

comunicazione (f)	ertebāt	ارتباط
comunicare (vi)	ertebāt dāštan	ارتباط داشتن

conversazione (f)	mokāleme	مکالمه
dialogo (m)	goftogu	گفتگو
discussione (f)	mobāhese	مباحثه
dibattito (m)	mošājere	مشاجره
discutere (vi)	mošājere kardan	مشاجره کردن

interlocutore (m)	ham soxan	هم سخن
tema (m)	mowzu'	موضوع
punto (m) di vista	noqte nazar	نقطه نظر

| opinione (f) | nazar | نظر |
| discorso (m) | soxanrāni | سخنرانی |

discussione (f)	mozākere	مذاکره
discutere (~ una proposta)	bahs kardan	بحث کردن
conversazione (f)	goftogu	گفتگو
conversare (vi)	goftogu kardan	گفتگو کردن
incontro (m)	didār	دیدار
incontrarsi (vr)	molāqāt kardan	ملاقات کردن

proverbio (m)	zarb-ol-masal	ضرب المثل
detto (m)	zarb-ol-masal	ضرب المثل
indovinello (m)	mo'ammā	معما
fare un indovinello	mo'ammā matrah kardan	معما مطرح کردن
parola (f) d'ordine	ramz	رمز
segreto (m)	rāz	راز

giuramento (m)	sowgand	سوگند
giurare (prestare giuramento)	sowgand xordan	سوگند خوردن
promessa (f)	va'de	وعده
promettere (vt)	qowl dādan	قول دادن

consiglio (m)	nasihat	نصیحت
consigliare (vt)	nasihat kardan	نصیحت کردن
seguire il consiglio	nasihat-e kasi rā donbāl kardan	نصیحت کسی را دنبال کردن
ubbidire (ai genitori)	guš kardan	گوش کردن

notizia (f)	xabar	خبر
sensazione (f)	hayajān	هیجان
informazioni (f pl)	ettelā'āt	اطلاعات
conclusione (f)	natije	نتیجه
voce (f)	sedā	صدا
complimento (m)	ta'rif	تعریف
gentile (agg)	bā mohabbat	با محبت

parola (f)	kalame	کلمه
frase (f)	ebārat	عبارت
risposta (f)	javāb	جواب

| verità (f) | haqiqat | حقیقت |
| menzogna (f) | doruq | دروغ |

pensiero (m)	fekr	فکر
idea (f)	fekr	فکر
fantasia (f)	fāntezi	فانتزی

66. Discussione. Conversazione. Parte 2

rispettato (agg)	mohtaram	محترم
rispettare (vt)	ehterām gozāštan	احترام گذاشتن
rispetto (m)	ehterām	احترام
Egregio ...	gerāmi	گرامی
presentare (~ qn)	mo'arrefi kardan	معرفی کردن

fare la conoscenza di ...	āšnā šodan	آشنا شدن
intenzione (f)	qasd	قصد
avere intenzione	qasd dāštan	قصد داشتن
augurio (m)	ārezu	آرزو
augurare (vt)	ārezu kardan	آرزو کردن
sorpresa (f)	ta'ajjob	تعجب
sorprendere (stupire)	mote'ajjeb kardan	متعجب کردن
stupirsi (vr)	mote'ajjeb šodan	متعجب شدن
dare (vt)	dādan	دادن
prendere (vt)	bardāštan	برداشتن
rendere (vt)	bargardāndan	برگرداندن
restituire (vt)	pas dādan	پس دادن
scusarsi (vr)	ozr xāstan	عذر خواستن
scusa (f)	ozr xāhi	عذر خواهی
perdonare (vt)	baxšidan	بخشیدن
parlare (vi, vt)	harf zadan	حرف زدن
ascoltare (vi)	guš dādan	گوش دادن
ascoltare fino in fondo	xub guš dādan	خوب گوش دادن
capire (vt)	fahmidan	فهمیدن
mostrare (vt)	nešān dādan	نشان دادن
guardare (vt)	negāh kardan	نگاه کردن
chiamare (rivolgersi a)	sedā kardan	صدا کردن
dare fastidio	mozāhem šodan	مزاحم شدن
disturbare (vt)	mozāhem šodan	مزاحم شدن
consegnare (vt)	dādan	دادن
richiesta (f)	xāheš	خواهش
chiedere (vt)	xāheš kardan	خواهش کردن
esigenza (f)	taqāzā	تقاضا
esigere (vt)	darxāst kardan	درخواست کردن
stuzzicare (vt)	dast endāxtan	دست انداختن
canzonare (vt)	masxare kardan	مسخره کردن
burla (f), beffa (f)	masxare	مسخره
soprannome (m)	laqab	لقب
allusione (f)	kenāye	کنایه
alludere (vi)	kenāye zadan	کنایه زدن
intendere (cosa intendi dire?)	ma'ni dāštan	معنی داشتن
descrizione (f)	towsif	توصیف
descrivere (vt)	towsif kardan	توصیف کردن
lode (f)	tahsin	تحسین
lodare (vt)	tahsin kardan	تحسین کردن
delusione (f)	nāomidi	ناامیدی
deludere (vt)	nāomid kardan	ناامید کردن
rimanere deluso	nāomid šodan	ناامید شدن
supposizione (f)	farz	فرض
supporre (vt)	farz kardan	فرض کردن

avvertimento (m)	extār	اخطار
avvertire (vt)	extār dādan	اخطار دادن

67. Discussione. Conversazione. Parte 3

persuadere (vt)	rāzi kardan	راضی کردن
tranquillizzare (vt)	ārām kardan	آرام کردن
silenzio (m) (il ~ è d'oro)	sokut	سکوت
tacere (vi)	sāket māndan	ساکت ماندن
sussurrare (vt)	najvā kardan	نجوا کردن
sussurro (m)	najvā	نجوا
francamente	sādeqāne	صادقانه
secondo me ...	be nazar-e man	به نظرمن
dettaglio (m)	joz'iyāt	جزئیات
dettagliato (agg)	mofassal	مفصل
dettagliatamente	be tafsil	به تفصیل
suggerimento (m)	sarnax	سرنخ
suggerire (vt)	sarnax dādan	سرنخ دادن
sguardo (m)	nazar	نظر
gettare uno sguardo	nazar andāxtan	نظر انداختن
fisso (agg)	bi harekat	بی حرکت
battere le palpebre	pelk zadan	پلک زدن
ammiccare (vi)	češmak zadan	چشمک زدن
accennare col capo	sar-e tekān dādan	سر تکان دادن
sospiro (m)	āh	آه
sospirare (vi)	āh kešidan	آه کشیدن
sussultare (vi)	larzidan	لرزیدن
gesto (m)	žest	ژست
toccare (~ il braccio)	lams kardan	لمس کردن
afferrare (~ per il braccio)	gereftan	گرفتن
picchiettare (~ la spalla)	zadan	زدن
Attenzione!	movāzeb bāš!	مواظب باش!
Davvero?	vāqe'an?	واقعاً؟
Sei sicuro?	motmaenn-i?	مطمئنی؟
Buona fortuna!	movaffaq bāšid!	موفق باشید!
Capito!	albate!	البته!
Peccato!	heyf!	حیف!

68. Accordo. Rifiuto

accordo (m)	movāfeqat	موافقت
essere d'accordo	movāfeqat kardan	موافقت کردن
approvazione (f)	ta'id	تایید
approvare (vt)	ta'id kardan	تایید کردن
rifiuto (m)	emtenāʿ	امتناع

rifiutarsi (vr)	rad kardan	رد کردن
Perfetto!	āli	عالی
Va bene!	xub	خوب
D'accordo!	besyār xob!	بسیارخوب!

vietato, proibito (agg)	mamnuʻ	ممنوع
è proibito	mamnuʻ ast	ممنوع است
è impossibile	qeyr-e momken ast	غیر ممکن است
sbagliato (agg)	nādorost	نادرست

respingere (~ una richiesta)	rad kardan	رد کردن
sostenere (~ un'idea)	poštibāni kardan	پشتیبانی کردن
accettare (vt)	qabul kardan	قبول کردن

confermare (vt)	taʻyid kardan	تأیید کردن
conferma (f)	taʻyid	تأیید
permesso (m)	ejāze	اجازه
permettere (vt)	ejāze dādan	اجازه دادن
decisione (f)	tasmim	تصمیم
non dire niente	sokut kardan	سکوت کردن

condizione (f)	šart	شرط
pretesto (m)	bahāne	بهانه
lode (f)	tahsin	تحسین
lodare (vt)	tahsin kardan	تحسین کردن

69. Successo. Fortuna. Fiasco

successo (m)	movaffaqiyat	موفقیت
con successo	bā movaffaqiyat	با موفقیت
ben riuscito (agg)	movaffaqiyat āmiz	موفقیت آمیز

fortuna (f)	šāns	شانس
Buona fortuna!	movaffaq bāšid!	موفق باشید!
fortunato (giorno ~)	šāns	شانس
fortunato (persona ~a)	xoš šāns	خوش شانس

fiasco (m)	nākāmi	ناکامی
disdetta (f)	bad šāns-i	بد شانسی
sfortuna (f)	bad šāns-i	بد شانسی

| fallito (agg) | nā movaffaq | نا موفق |
| disastro (m) | fājeʻe | فاجعه |

orgoglio (m)	eftexār	افتخار
orgoglioso (agg)	maqrur	مغرور
essere fiero di ...	eftexār kardan	افتخارکردن

vincitore (m)	barande	برنده
vincere (vi)	piruz šodan	پیروز شدن
perdere (subire una sconfitta)	bāxtan	باختن
tentativo (m)	talāš	تلاش
tentare (vi)	talāš kardan	تلاش کردن
chance (f)	šāns	شانس

70. Dispute. Sentimenti negativi

grido (m)	faryād	فریاد
gridare (vi)	faryād zadan	فریاد زدن
mettersi a gridare	faryād zadan	فریاد زدن

litigio (m)	da'vā	دعوا
litigare (vi)	da'vā kardan	دعوا کردن
lite (f)	mošājere	مشاجره
dare scandalo (litigare)	janjāl kardan	جنجال کردن
conflitto (m)	dargiri	درگیری
fraintendimento (m)	su'-e tafāhom	سوء تفاهم

insulto (m)	towhin	توهین
insultare (vt)	towhin kardan	توهین کردن
offeso (agg)	towhin šode	توهین شده
offesa (f)	ranješ	رنجش
offendere (qn)	ranjāndan	رنجاندن
offendersi (vr)	ranjidan	رنجیدن

indignazione (f)	xašm	خشم
indignarsi (vr)	xašmgin šodan	خشمگین شدن
lamentela (f)	šekāyat	شکایت
lamentarsi (vr)	šekāyat kardan	شکایت کردن

scusa (f)	ozr xāhi	عذر خواهی
scusarsi (vr)	ozr xāstan	عذر خواستن
chiedere scusa	ozr xāstan	عذر خواستن

critica (f)	enteqād	انتقاد
criticare (vt)	enteqād kardan	انتقاد کردن
accusa (f)	ettehām	اتهام
accusare (vt)	mottaham kardan	متهم کردن

vendetta (f)	enteqām	انتقام
vendicare (vt)	enteqām gereftan	انتقام گرفتن
vendicarsi (vr)	talāfi darāvardan	تلافی درآوردن

disprezzo (m)	tahqir	تحقیر
disprezzare (vt)	tahqir kardan	تحقیر کردن
odio (m)	nefrat	نفرت
odiare (vt)	motenaffer budan	متنفر بودن

nervoso (agg)	asabi	عصبی
essere nervoso	asabi šodan	عصبی شدن
arrabbiato (agg)	xašmgin	خشمگین
fare arrabbiare	xašmgin kardan	خشمگین کردن

umiliazione (f)	tahqir	تحقیر
umiliare (vt)	tahqir kardan	تحقیر کردن
umiliarsi (vr)	tahqir šodan	تحقیر شدن

shock (m)	šok	شوک
scandalizzare (vt)	šokke kardan	شوکه کردن
problema (m) (avere ~i)	moškel	مشکل

spiacevole (agg)	nāxošāyand	ناخوشایند
spavento (m), paura (f)	tars	ترس
terribile (una tempesta ~)	eftezāh	افتضاح
spaventoso (un racconto ~)	vahšatnāk	وحشتناک
orrore (m)	vahšat	وحشت
orrendo (un crimine ~)	vahšat āvar	وحشت آور

cominciare a tremare	larzidan	لرزیدن
piangere (vi)	gerye kardan	گریه کردن
mettersi a piangere	gerye sar dādan	گریه سر دادن
lacrima (f)	ašk	اشک

colpa (f)	taqsir	تقصیر
senso (m) di colpa	gonāh	گناه
vergogna (f)	ār	عار
protesta (f)	e'terāz	اعتراض
stress (m)	fešār	فشار

disturbare (vt)	mozāhem šodan	مزاحم شدن
essere arrabbiato	xašmgin budan	خشمگین بودن
arrabbiato (agg)	xašmgin	خشمگین
porre fine a ...	qat' kardan	قطع کردن
(~ una relazione)		
rimproverare (vt)	fohš dādan	فحش دادن

spaventarsi (vr)	tarsidan	ترسیدن
colpire (vt)	zadan	زدن
picchiarsi (vr)	zad-o-xord kardan	زد و خورد کردن

regolare (~ un conflitto)	hal-o-fasl kardan	حل و فصل کردن
scontento (agg)	nārāzi	ناراضی
furioso (agg)	qazabnāk	غضبناک

Non sta bene!	xub nist!	خوب نیست!
Fa male!	bad ast!	بد است!

Medicinali

71. Malattie

malattia (f)	bimāri	بیماری
essere malato	bimār budan	بیمار بودن
salute (f)	salāmati	سلامتی

raffreddore (m)	āb-e rizeš-e bini	آب ریزش بینی
tonsillite (f)	varam-e lowze	ورم لوزه
raffreddore (m)	sarmā xordegi	سرما خوردگی
raffreddarsi (vr)	sarmā xordan	سرما خوردن

bronchite (f)	boronšit	برنشیت
polmonite (f)	zātorrie	ذات الریه
influenza (f)	ānfolānzā	آنفولانزا

miope (agg)	nazdik bin	نزدیک بین
presbite (agg)	durbin	دوربین
strabismo (m)	enherāf-e čašm	انحراف چشم
strabico (agg)	luč	لوچ
cateratta (f)	āb morvārid	آب مروارید
glaucoma (m)	ab-e siyāh	آب سیاه

ictus (m) cerebrale	sekte-ye maqzi	سکته مغزی
attacco (m) di cuore	sekte-ye qalbi	سکته قلبی
infarto (m) miocardico	ānfārktus	آنفارکتوس
paralisi (f)	falaji	فلجی
paralizzare (vt)	falj kardan	فلج کردن

allergia (f)	ālerži	آلرژی
asma (f)	āsm	آسم
diabete (m)	diyābet	دیابت

| mal (m) di denti | dandān-e dard | دندان درد |
| carie (f) | pusidegi | پوسیدگی |

diarrea (f)	eshāl	اسهال
stitichezza (f)	yobusat	یبوست
disturbo (m) gastrico	nārāhati-ye me'de	ناراحتی معده
intossicazione (f) alimentare	masmumiyat	مسمومیت
intossicarsi (vr)	masmum šodan	مسموم شدن

artrite (f)	varam-e mafāsel	ورم مفاصل
rachitide (f)	rāšitism	راشیتیسم
reumatismo (m)	romātism	روماتیسم
aterosclerosi (f)	tasallob-e šarāin	تصلب شرائین

| gastrite (f) | varam-e me'de | ورم معده |
| appendicite (f) | āpāndisit | آپاندیسیت |

| colecistite (f) | eltehāb-e kise-ye safrā | التهاب کیسه صفرا |
| ulcera (f) | zaxm | زخم |

morbillo (m)	sorxak	سرخک
rosolia (f)	sorxje	سرخجه
itterizia (f)	yaraqān	یرقان
epatite (f)	hepātit	هپاتیت

schizofrenia (f)	šizoferni	شیزوفرنی
rabbia (f)	hāri	هاری
nevrosi (f)	extelāl-e a'sāb	اختلال اعصاب
commozione (f) cerebrale	zarbe-ye maqzi	ضربه مغزی

cancro (m)	saratān	سرطان
sclerosi (f)	eskeleroz	اسکلروز
sclerosi (f) multipla	eskeleroz čandgāne	اسکلروز چندگانه

alcolismo (m)	alkolism	الکلیسم
alcolizzato (m)	alkoli	الکلی
sifilide (f)	siflis	سیفلیس
AIDS (m)	eydz	ایدز

tumore (m)	tumor	تومور
maligno (agg)	bad xim	بد خیم
benigno (agg)	xoš xim	خوش خیم

febbre (f)	tab	تب
malaria (f)	mālāriyā	مالاریا
cancrena (f)	qānqāriyā	قانقاریا
mal (m) di mare	daryā-zadegi	دریازدگی
epilessia (f)	sar'	صرع

epidemia (f)	epidemi	اپیدمی
tifo (m)	hasbe	حصبه
tubercolosi (f)	sel	سل
colera (m)	vabā	وبا
peste (f)	tā'un	طاعون

72. Sintomi. Cure. Parte 1

sintomo (m)	alāem-e bimāri	علائم بیماری
temperatura (f)	damā	دما
febbre (f) alta	tab	تب
polso (m)	nabz	نبض

capogiro (m)	sargije	سرگیجه
caldo (agg)	dāq	داغ
brivido (m)	ra'še	رعشه
pallido (un viso ~)	rang paride	رنگ پریده

tosse (f)	sorfe	سرفه
tossire (vi)	sorfe kardan	سرفه کردن
starnutire (vi)	atse kardan	عطسه کردن
svenimento (m)	qaš	غش

svenire (vi)	qaš kardan	غش کردن
livido (m)	kabudi	کبودی
bernoccolo (m)	barāmadegi	برآمدگی
farsi un livido	barxord kardan	برخورد کردن
contusione (f)	kuftegi	کوفتگی
farsi male	zarb didan	ضرب دیدن

zoppicare (vi)	langidan	لنگیدن
slogatura (f)	dar raftegi	دررفتگی
slogarsi (vr)	dar raftan	دررفتن
frattura (f)	šekastegi	شکستگی
fratturarsi (vr)	dočār-e šekastegi šodan	دچار شکستگی شدن

taglio (m)	boridegi	بریدگی
tagliarsi (vr)	boridan	بریدن
emorragia (f)	xunrizi	خونریزی

scottatura (f)	suxtegi	سوختگی
scottarsi (vr)	dočār-e suxtegi šodan	دچار سوختگی شدن

pungere (vt)	surāx kardan	سوراخ کردن
pungersi (vr)	surāx kardan	سوراخ کردن
ferire (vt)	āsib resāndan	آسیب رساندن
ferita (f)	zaxm	زخم
lesione (f)	zaxm	زخم
trauma (m)	zarbe	ضربه

delirare (vi)	hazyān goftan	هذیان گفتن
tartagliare (vi)	loknat dāštan	لکنت داشتن
colpo (m) di sole	āftāb-zadegi	آفتابزدگی

73. Sintomi. Cure. Parte 2

dolore (m), male (m)	dard	درد
scheggia (f)	xār	خار

sudore (m)	araq	عرق
sudare (vi)	araq kardan	عرق کردن
vomito (m)	estefrāq	استفراغ
convulsioni (f pl)	tašannoj	تشنج

incinta (agg)	bārdār	باردار
nascere (vi)	motevalled šodan	متولد شدن
parto (m)	vaz'-e haml	وضع حمل
essere in travaglio di parto	be donyā āvardan	به دنیا آوردن
aborto (m)	seqt-e janin	سقط جنین

respirazione (f)	tanaffos	تنفس
inspirazione (f)	estenšāq	استنشاق
espirazione (f)	bāzdam	بازدم
espirare (vi)	bāzdamidan	بازدمیدن
inspirare (vi)	nafas kešidan	نفس کشیدن
invalido (m)	ma'lul	معلول
storpio (m)	falaj	فلج

drogato (m)	mo'tād	معتاد
sordo (agg)	kar	کر
muto (agg)	lāl	لال
sordomuto (agg)	kar-o lāl	کر و لال

matto (agg)	divāne	دیوانه
matto (m)	divāne	دیوانه
matta (f)	divāne	دیوانه
impazzire (vi)	divāne šodan	دیوانه شدن

gene (m)	žen	ژن
immunità (f)	masuniyat	مصونیت
ereditario (agg)	mowrusi	موروثی
innato (agg)	mādarzād	مادرزاد

virus (m)	virus	ویروس
microbo (m)	mikrob	میکروب
batterio (m)	bākteri	باکتری
infezione (f)	ofunat	عفونت

74. Sintomi. Cure. Parte 3

ospedale (m)	bimārestān	بیمارستان
paziente (m)	bimār	بیمار

diagnosi (f)	tašxis	تشخیص
cura (f)	mo'āleje	معالجه
trattamento (m)	darmān	درمان
curarsi (vr)	darmān šodan	درمان شدن
curare (vt)	mo'āleje kardan	معالجه کردن
accudire (un malato)	parastāri kardan	پرستاری کردن
assistenza (f)	parastāri	پرستاری

operazione (f)	amal-e jarrāhi	عمل جراحی
bendare (vt)	pānsemān kardan	پانسمان کردن
fasciatura (f)	pānsemān	پانسمان

vaccinazione (f)	vāksināsyon	واکسیناسیون
vaccinare (vt)	vāksine kardan	واکسینه کردن
iniezione (f)	tazriq	تزریق
fare una puntura	tazriq kardan	تزریق کردن

attacco (m) (~ epilettico)	hamle	حمله
amputazione (f)	qat'-e ozv	قطع عضو
amputare (vt)	qat' kardan	قطع کردن
coma (m)	komā	کما
essere in coma	dar komā budan	در کما بودن
rianimazione (f)	morāqebat-e viže	مراقبت ویژه

guarire (vi)	behbud yāftan	بهبود یافتن
stato (f) (del paziente)	hālat	حالت
conoscenza (f)	huš	هوش
memoria (f)	hāfeze	حافظه
estrarre (~ un dente)	dandān kešidan	دندان کشیدن

otturazione (f)	por kardan	پر کردن
otturare (vt)	por kardan	پر کردن

ipnosi (f)	hipnotizm	هیپنوتیزم
ipnotizzare (vt)	hipnotizm kardan	هیپنوتیزم کردن

75. Medici

medico (m)	pezešk	پزشک
infermiera (f)	parastār	پرستار
medico (m) personale	pezešk-e šaxsi	پزشک شخصی

dentista (m)	dandān pezešk	دندان پزشک
oculista (m)	češm-pezešk	چشم پزشک
internista (m)	pezešk omumi	پزشک عمومی
chirurgo (m)	jarrāh	جراح

psichiatra (m)	ravānpezešk	روانپزشک
pediatra (m)	pezešk-e kudakān	پزشک کودکان
psicologo (m)	ravānšenās	روانشناس
ginecologo (m)	motexasses-e zanān	متخصص زنان
cardiologo (m)	motexasses-e qalb	متخصص قلب

76. Medicinali. Farmaci. Accessori

medicina (f)	dāru	دارو
rimedio (m)	darmān	درمان
prescrivere (vt)	tajviz kardan	تجویز کردن
prescrizione (f)	nosxe	نسخه

compressa (f)	qors	قرص
unguento (m)	pomād	پماد
fiala (f)	āmpul	آمپول
pozione (f)	šarbat	شربت
sciroppo (m)	šarbat	شربت
pillola (f)	kapsul	کپسول
polverina (f)	pudr	پودر

benda (f)	bānd	باند
ovatta (f)	panbe	پنبه
iodio (m)	yod	ید

cerotto (m)	časb-e zaxm	چسب زخم
contagocce (m)	qatre čekān	قطره چکان
termometro (m)	damāsanj	دماسنج
siringa (f)	sorang	سرنگ

sedia (f) a rotelle	vilčer	ویلچر
stampelle (f pl)	čub zir baqal	چوب زیر بغل

analgesico (m)	mosaken	مسکن
lassativo (m)	moshel	مسهل

alcol (m)	alkol	الکل
erba (f) officinale	giyāhān-e dāruyi	گیاهان دارویی
d'erbe (infuso ~)	giyāhi	گیاهی

77. Fumo. Prodotti di tabaccheria

tabacco (m)	tutun	توتون
sigaretta (f)	sigār	سیگار
sigaro (m)	sigār	سیگار
pipa (f)	pip	پیپ
pacchetto (m) (di sigarette)	baste	بسته

fiammiferi (m pl)	kebrit	کبریت
scatola (f) di fiammiferi	quti-ye kebrit	قوطی کبریت
accendino (m)	fandak	فندک
portacenere (m)	zir-sigāri	زیرسیگاری
portasigarette (m)	quti-ye sigār	قوطی سیگار

| bocchino (m) | čub-e sigār | چوب سیگار |
| filtro (m) | filter | فیلتر |

fumare (vi, vt)	sigār kešidan	سیگار کشیدن
accendere una sigaretta	sigār rowšan kardan	سیگار روشن کردن
fumo (m)	sigār kešidan	سیگار کشیدن
fumatore (m)	sigāri	سیگاری

cicca (f), mozzicone (m)	tah-e sigār	ته سیگار
fumo (m)	dud	دود
cenere (f)	xākestar	خاکستر

HABITAT UMANO

Città

78. Città. Vita di città

città (f)	šahr	شهر
capitale (f)	pāytaxt	پایتخت
villaggio (m)	rustā	روستا
mappa (f) della città	naqše-ye šahr	نقشهٔ شهر
centro (m) della città	markaz-e šahr	مرکز شهر
sobborgo (m)	hume-ye šahr	حومهٔ شهر
suburbano (agg)	hume-ye šahr	حومهٔ شهر
periferia (f)	hume	حومه
dintorni (m pl)	hume	حومه
isolato (m)	mahalle	محله
quartiere residenziale	mahalle-ye maskuni	محلهٔ مسکونی
traffico (m)	obur-o morur	عبور و مرور
semaforo (m)	čerāq-e rāhnamā	چراغ راهنما
trasporti (m pl) urbani	haml-o naql-e šahri	حمل و نقل شهری
incrocio (m)	čahārrāh	چهارراه
passaggio (m) pedonale	xatt-e āber-e piyāde	خط عابرپیاده
sottopassaggio (m)	zir-e gozar	زیر گذر
attraversare (vt)	obur kardan	عبور کردن
pedone (m)	piyāde	پیاده
marciapiede (m)	piyāde row	پیاده رو
ponte (m)	pol	پل
banchina (f)	xiyābān-e sāheli	خیابان ساحلی
fontana (f)	češme	چشمه
vialetto (m)	bāq rāh	باغ راه
parco (m)	pārk	پارک
boulevard (m)	bolvār	بولوار
piazza (f)	meydān	میدان
viale (m), corso (m)	xiyābān	خیابان
via (f), strada (f)	xiyābān	خیابان
vicolo (m)	kuče	کوچه
vicolo (m) cieco	bon bast	بن بست
casa (f)	xāne	خانه
edificio (m)	sāxtemān	ساختمان
grattacielo (m)	āsemānxarāš	آسمانخراش
facciata (f)	namā	نما
tetto (m)	bām	بام

finestra (f)	panjere	پنجره
arco (m)	tāq-e qowsi	طاق قوسی
colonna (f)	sotun	ستون
angolo (m)	nabš	نبش

vetrina (f)	vitrin	ویترین
insegna (f) (di negozi, ecc.)	tāblo	تابلو
cartellone (m)	poster	پوستر
cartellone (m) pubblicitario	poster-e tabliqāti	پوستر تبلیغاتی
tabellone (m) pubblicitario	bilbord	بیلبورد

pattume (m), spazzatura (f)	āšqāl	آشغال
pattumiera (f)	satl-e āšqāl	سطل آشغال
sporcare (vi)	kasif kardan	کثیف کردن
discarica (f) di rifiuti	jā-ye dafn-e āšqāl	جای دفن آشغال

cabina (f) telefonica	kābin-e telefon	کابین تلفن
lampione (m)	tir-e barq	تیر برق
panchina (f)	nimkat	نیمکت

poliziotto (m)	polis	پلیس
polizia (f)	polis	پلیس
mendicante (m)	gedā	گدا
barbone (m)	bi xānomān	بی خانمان

79. Servizi cittadini

negozio (m)	maqāze	مغازه
farmacia (f)	dāruxāne	داروخانه
ottica (f)	eynak foruši	عینک فروشی
centro (m) commerciale	markaz-e tejāri	مرکز تجاری
supermercato (m)	supermārket	سوپرمارکت

panetteria (f)	nānvāyi	نانوایی
fornaio (m)	nānvā	نانوا
pasticceria (f)	qannādi	قنادی
drogheria (f)	baqqāli	بقالی
macelleria (f)	gušt foruši	گوشت فروشی

fruttivendolo (m)	sabzi foruši	سبزی فروشی
mercato (m)	bāzār	بازار

caffè (m)	kāfe	کافه
ristorante (m)	resturān	رستوران
birreria (f), pub (m)	bār	بار
pizzeria (f)	pitzā-foruši	پیتزا فروشی

salone (m) di parrucchiere	ārāyešgāh	آرایشگاه
ufficio (m) postale	post	پست
lavanderia (f) a secco	xošk-šuyi	خشک‌شویی
studio (m) fotografico	ātolye-ye akkāsi	آتلیۀ عکاسی

negozio (m) di scarpe	kafš foruši	کفش فروشی
libreria (f)	ketāb-foruši	کتاب فروشی

negozio (m) sportivo	maqāze-ye varzeši	مغازهٔ ورزشی
riparazione (f) di abiti	ta'mir-e lebās	تعمیر لباس
noleggio (m) di abiti	kerāye-ye lebās	کرایهٔ لباس
noleggio (m) di film	kerāye-ye film	کرایهٔ فیلم

circo (m)	sirak	سیرک
zoo (m)	bāq-e vahš	باغ وحش
cinema (m)	sinamā	سینما
museo (m)	muze	موزه
biblioteca (f)	ketābxāne	کتابخانه

teatro (m)	teātr	تئاتر
teatro (m) dell'opera	operā	اپرا
locale notturno (m)	kābāre	کاباره
casinò (m)	kāzino	کازینو

moschea (f)	masjed	مسجد
sinagoga (f)	kenešt	کنشت
cattedrale (f)	kelisā-ye jāme'	کلیسای جامع
tempio (m)	ma'bad	معبد
chiesa (f)	kelisā	کلیسا

istituto (m)	anistito	انستیتو
università (f)	dānešgāh	دانشگاه
scuola (f)	madrese	مدرسه

prefettura (f)	ostāndāri	استانداری
municipio (m)	šahrdāri	شهرداری
albergo, hotel (m)	hotel	هتل
banca (f)	bānk	بانک

ambasciata (f)	sefārat	سفارت
agenzia (f) di viaggi	āžāns-e jahāngardi	آژانس جهانگردی
ufficio (m) informazioni	daftar-e ettelāāt	دفتر اطلاعات
ufficio (m) dei cambi	sarrāfi	صرافی

| metropolitana (f) | metro | مترو |
| ospedale (m) | bimārestān | بیمارستان |

| distributore (m) di benzina | pomp-e benzin | پمپ بنزین |
| parcheggio (m) | pārking | پارکینگ |

80. Cartelli

insegna (f) (di negozi, ecc.)	tāblo	تابلو
iscrizione (f)	nevešte	نوشته
cartellone (m)	poster	پوستر
segnale (m) di direzione	rāhnamā	راهنما
freccia (f)	alāmat	علامت

avvertimento (m)	ehtiyāt	احتیاط
avviso (m)	alāmat-e hošdār	علامت هشدار
avvertire, avvisare (vt)	hošdār dādan	هشدار دادن
giorno (m) di riposo	ruz-e ta'til	روز تعطیل

| orario (m) | jadval | جدول |
| orario (m) di apertura | sā'athā-ye kāri | ساعت های کاری |

BENVENUTI!	xoš āmadid	خوش آمدید
ENTRATA	vorud	ورود
USCITA	xoruj	خروج

SPINGERE	hel dādan	هل دادن
TIRARE	bekešid	بکشید
APERTO	bāz	باز
CHIUSO	baste	بسته

| DONNE | zanāne | زنانه |
| UOMINI | mardāne | مردانه |

SCONTI	taxfif	تخفیف
SALDI	harāj	حراج
NOVITÀ!	jadid	جدید
GRATIS	majjāni	مجانی

ATTENZIONE!	tavajjoh	توجه
COMPLETO	otāq-e xāli nadārim	اتاق خالی نداریم
RISERVATO	rezerv šode	رزرو شده

| AMMINISTRAZIONE | edāre | اداره |
| RISERVATO AL PERSONALE | xāse personel | خاص پرسنل |

ATTENTI AL CANE	movāzeb-e sag bāšid	مواظب سگ باشید
VIETATO FUMARE!	sigār kešidan mamnu'	سیگار کشیدن ممنوع
NON TOCCARE	dast nazanid	دست نزنید

PERICOLOSO	xatarnāk	خطرناک
PERICOLO	xatar	خطر
ALTA TENSIONE	voltāj bālā	ولتاژ بالا
DIVIETO DI BALNEAZIONE	šenā mamnu'	شنا ممنوع
GUASTO	xārāb	خراب

INFIAMMABILE	qābel-e ehterāq	قابل احتراق
VIETATO	mamnu'	ممنوع
VIETATO L'INGRESSO	obur mamnu'	عبور ممنوع
VERNICE FRESCA	rang-e xis	رنگ خیس

81. Mezzi pubblici in città

autobus (m)	otobus	اتوبوس
tram (m)	terāmvā	تراموا
filobus (m)	otobus-e barqi	اتوبوس برقی
itinerario (m)	xat	خط
numero (m)	šomāre	شماره

andare in ...	raftan bā	رفتن با
salire (~ sull'autobus)	savār šodan	سوار شدن
scendere da ...	piyāde šodan	پیاده شدن

fermata (f) (~ dell'autobus)	istgāh-e otobus	ایستگاه اتوبوس
prossima fermata (f)	istgāh-e ba'di	ایستگاه بعدی
capolinea (m)	istgāh-e āxar	ایستگاه آخر
orario (m)	barnāme	برنامه
aspettare (vt)	montazer budan	منتظر بودن

biglietto (m)	belit	بلیط
prezzo (m) del biglietto	qeymat-e belit	قیمت بلیط

cassiere (m)	sanduqdār	صندوقدار
controllo (m) dei biglietti	kontorol-e belit	کنترل بلیط
bigliettaio (m)	kontorol či	کنترل چی

essere in ritardo	ta'xir dāštan	تأخیرداشتن
perdere (~ il treno)	az dast dādan	از دست دادن
avere fretta	ajale kardan	عجله کردن

taxi (m)	tāksi	تاکسی
taxista (m)	rānande-ye tāksi	راننده تاکسی
in taxi	bā tāksi	با تاکسی
parcheggio (m) di taxi	istgāh-e tāksi	ایستگاه تاکسی
chiamare un taxi	tāksi gereftan	تاکسی گرفتن
prendere un taxi	tāksi gereftan	تاکسی گرفتن

traffico (m)	obur-o morur	عبور و مرور
ingorgo (m)	terāfik	ترافیک
ore (f pl) di punta	sā'at-e šoluqi	ساعت شلوغی
parcheggiarsi (vr)	pārk kardan	پارک کردن
parcheggiare (vt)	pārk kardan	پارک کردن
parcheggio (m)	pārking	پارکینگ

metropolitana (f)	metro	مترو
stazione (f)	istgāh	ایستگاه
prendere la metropolitana	bā metro raftan	با مترو رفتن
treno (m)	qatār	قطار
stazione (f) ferroviaria	istgāh-e rāh-e āhan	ایستگاه راه آهن

82. Visita turistica

monumento (m)	mojassame	مجسمه
fortezza (f)	qal'e	قلعه
palazzo (m)	kāx	کاخ
castello (m)	qal'e	قلعه
torre (f)	borj	برج
mausoleo (m)	ārāmgāh	آرامگاه

architettura (f)	me'māri	معماری
medievale (agg)	qorun-e vasati	قرون وسطی
antico (agg)	qadimi	قدیمی
nazionale (agg)	melli	ملی
famoso (agg)	mašhur	مشهور

turista (m)	turist	توریست
guida (f)	rāhnamā-ye tur	راهنمای تور

escursione (f)	gardeš	گردش
fare vedere	nešān dādan	نشان دادن
raccontare (vt)	hekāyat kardan	حکایت کردن

trovare (vt)	peydā kardan	پیدا کردن
perdersi (vr)	gom šodan	گم شدن
mappa (f) (~ della metropolitana)	naqše	نقشه
piantina (f) (~ della città)	naqše	نقشه

souvenir (m)	sowqāti	سوغاتی
negozio (m) di articoli da regalo	forušgāh-e sowqāti	فروشگاه سوغاتی
fare foto	aks gereftan	عکس گرفتن
fotografarsi	aks gereftan	عکس گرفتن

83. Acquisti

comprare (vt)	xarid kardan	خرید کردن
acquisto (m)	xarid	خرید
fare acquisti	xarid kardan	خرید کردن
shopping (m)	xarid	خرید

essere aperto (negozio)	bāz budan	باز بودن
essere chiuso	baste budan	بسته بودن

calzature (f pl)	kafš	کفش
abbigliamento (m)	lebās	لباس
cosmetica (f)	lavāzem-e ārāyeši	لوازم آرایشی
alimentari (m pl)	mavādd-e qazāyi	مواد غذایی
regalo (m)	hedye	هدیه

commesso (m)	forušande	فروشنده
commessa (f)	forušande-ye zan	فروشنده زن

cassa (f)	sanduq	صندوق
specchio (m)	āyene	آینه
banco (m)	pišxān	پیشخوان
camerino (m)	otāq porov	اتاق پرو

provare (~ un vestito)	emtehān kardan	امتحان کردن
stare bene (vestito)	monāseb budan	مناسب بودن
piacere (vi)	dust dāštan	دوست داشتن

prezzo (m)	qeymat	قیمت
etichetta (f) del prezzo	barčasb-e qeymat	برچسب قیمت
costare (vt)	qeymat dāštan	قیمت داشتن
Quanto?	čeqadr?	چقدر؟
sconto (m)	taxfif	تخفیف

no muy caro (agg)	arzān	ارزان
a buon mercato	arzān	ارزان
caro (agg)	gerān	گران
È caro	gerān ast	گران است

noleggio (m)	keräye	کرایه
noleggiare (~ un abito)	keräye kardan	کرایه کردن
credito (m)	vām	وام
a credito	xarid-e e'tebāri	خرید اعتباری

84. Denaro

soldi (m pl)	pul	پول
cambio (m)	tabdil-e arz	تبدیل ارز
corso (m) di cambio	nerx-e arz	نرخ ارز
bancomat (m)	xodpardāz	خودپرداز
moneta (f)	sekke	سکه
dollaro (m)	dolār	دلار
euro (m)	yuro	یورو
lira (f)	lire	لیره
marco (m)	mārk	مارک
franco (m)	farānak	فرانک
sterlina (f)	pond-e esterling	پوند استرلینگ
yen (m)	yen	ین
debito (m)	qarz	قرض
debitore (m)	bedehkār	بدهکار
prestare (~ i soldi)	qarz dādan	قرض دادن
prendere in prestito	qarz gereftan	قرض گرفتن
banca (f)	bānk	بانک
conto (m)	hesāb-e bānki	حساب بانکی
versare (vt)	rixtan	ریختن
versare sul conto	be hesāb rixtan	به حساب ریختن
prelevare dal conto	az hesāb bardāštan	از حساب برداشتن
carta (f) di credito	kārt-e e'tebāri	کارت اعتباری
contanti (m pl)	pul-e naqd	پول نقد
assegno (m)	ček	چک
emettere un assegno	ček neveštan	چک نوشتن
libretto (m) di assegni	daste-ye ček	دسته چک
portafoglio (m)	kif-e pul	کیف پول
borsellino (m)	kif-e pul	کیف پول
cassaforte (f)	gāvsanduq	گاوصندوق
erede (m)	vāres	وارث
eredità (f)	mirās	میراث
fortuna (f)	dārāyi	دارایی
affitto (m), locazione (f)	ejāre	اجاره
canone (m) d'affitto	keräye-ye xāne	کرایه خانه
affittare (dare in affitto)	ejāre kardan	اجاره کردن
prezzo (m)	qeymat	قیمت
costo (m)	arzeš	ارزش
somma (f)	jam'-e kol	جمع کل

spendere (vt)	xarj kardan	خرج کردن
spese (f pl)	maxārej	مخارج
economizzare (vi, vt)	sarfeju-yi kardan	صرفه جویی کردن
economico (agg)	maqrun besarfe	مقرون به صرفه
pagare (vi, vt)	pardāxtan	پرداختن
pagamento (m)	pardāxt	پرداخت
resto (m) (dare il ~)	pul-e xerad	پول خرد
imposta (f)	māliyāt	مالیات
multa (f), ammenda (f)	jarime	جریمه
multare (vt)	jarime kardan	جریمه کردن

85. Posta. Servizio postale

ufficio (m) postale	post	پست
posta (f) (lettere, ecc.)	post	پست
postino (m)	nāme resān	نامه رسان
orario (m) di apertura	sā'athā-ye kāri	ساعت های کاری
lettera (f)	nāme	نامه
raccomandata (f)	nāme-ye sefāreši	نامه سفارشی
cartolina (f)	kārt-e postāl	کارت پستال
telegramma (m)	telegrām	تلگرام
pacco (m) postale	baste posti	بسته پستی
vaglia (m) postale	havāle	حواله
ricevere (vt)	gereftan	گرفتن
spedire (vt)	ferestādan	فرستادن
invio (m)	ersāl	ارسال
indirizzo (m)	nešāni	نشانی
codice (m) postale	kod-e posti	کد پستی
mittente (m)	ferestande	فرستنده
destinatario (m)	girande	گیرنده
nome (m)	esm	اسم
cognome (m)	nām-e xānevādegi	نام خانوادگی
tariffa (f)	ta'refe	تعرفه
ordinario (agg)	ādi	عادی
standard (agg)	ādi	عادی
peso (m)	vazn	وزن
pesare (vt)	vazn kardan	وزن کردن
busta (f)	pākat	پاکت
francobollo (m)	tambr	تمبر
affrancare (vt)	tamr zadan	تمبر زدن

Abitazione. Casa

86. Casa. Abitazione

casa (f)	xāne	خانه
a casa	dar xāne	در خانه
cortile (m)	hayāt	حیاط
recinto (m)	hesār	حصار

mattone (m)	ājor	آجر
di mattoni	ājori	آجری
pietra (f)	sang	سنگ
di pietra	sangi	سنگی
beton (m)	boton	بتن
di beton	botoni	بتنی

nuovo (agg)	jadid	جدید
vecchio (agg)	qadimi	قدیمی
fatiscente (edificio ~)	maxrube	مخروبه
moderno (agg)	modern	مدرن
a molti piani	čandtabaqe	چندطبقه
alto (agg)	boland	بلند

piano (m)	tabaqe	طبقه
di un piano	yek tabaqe	یک طبقه

pianoterra (m)	tabaqe-ye pāin	طبقهٔ پائین
ultimo piano (m)	tabaqe-ye bālā	طبقهٔ بالا

tetto (m)	bām	بام
ciminiera (f)	dudkeš	دودکش

tegola (f)	saqf-e kazeb	سقف کاذب
di tegole	sofāli	سفالی
soffitta (f)	zir-širvāni	زیرشیروانی

finestra (f)	panjere	پنجره
vetro (m)	šiše	شیشه

davanzale (m)	tāqče-ye panjare	طاقچهٔ پنجره
imposte (f pl)	kerkere	کرکره

muro (m)	divār	دیوار
balcone (m)	bālkon	بالکن
tubo (m) pluviale	nāvdān	ناودان

su, di sopra	bālā	بالا
andare di sopra	bālā raftan	بالا رفتن
scendere (vi)	pāyin āmadan	پایین آمدن
trasferirsi (vr)	asbābkeši kardan	اسباب کشی کردن

87. Casa. Ingresso. Ascensore

entrata (f)	darb-e vorudi	درب ورودی
scala (f)	pellekān	پلکان
gradini (m pl)	pelle-hā	پله ها
ringhiera (f)	narde	نرده
hall (f) (atrio d'ingresso)	lābi	لابی

cassetta (f) della posta	sanduq-e post	صندوق پست
secchio (m) della spazzatura	zobāle dān	زباله دان
scivolo (m) per la spazzatura	šuting zobale	شوتینگ زباله

ascensore (m)	āsānsor	آسانسور
montacarichi (m)	bālābar	بالابر
cabina (f) di ascensore	kābin-e āsānsor	کابین آسانسور
prendere l'ascensore	āsānsor gereftan	آسانسور گرفتن

appartamento (m)	āpārtemān	آپارتمان
inquilini (m pl)	sākenān	ساکنان
vicino (m)	hamsāye	همسایه
vicina (f)	hamsāye	همسایه
vicini (m pl)	hamsāye-hā	همسایه ها

88. Casa. Elettricità

elettricità (f)	barq	برق
lampadina (f)	lāmp	لامپ
interruttore (m)	kelid	کلید
fusibile (m)	fiyuz	فیوز

filo (m)	sim	سیم
impianto (m) elettrico	sim keši	سیم کشی
contatore (m) dell'elettricità	kontor	کنتور
lettura, indicazione (f)	dastgāh-e xaneš	دستگاه خوانش

89. Casa. Porte. Serrature

porta (f)	darb	درب
cancello (m)	darvāze	دروازه
maniglia (f)	dastgire-ye dar	دستگیرهٔ در
togliere il catenaccio	bāz kardan	باز کردن
aprire (vt)	bāz kardan	باز کردن
chiudere (vt)	bastan	بستن

chiave (f)	kelid	کلید
mazzo (m)	daste	دسته
cigolare (vi)	qežqež kardan	غژغژ کردن
cigolio (m)	qež qež	غژ غژ
cardine (m)	lowlā	لولا
zerbino (m)	pādari	پادری
serratura (f)	qofl	قفل

buco (m) della serratura	surāx kelid	سوراخ کلید
chiavistello (m)	kolun-e dar	کلون در
catenaccio (m)	čeft	چفت
lucchetto (m)	qofl	قفل

suonare (~ il campanello)	zang zadan	زنگ زدن
suono (m)	zang	زنگ
campanello (m)	zang-e dar	زنگ در
pulsante (m)	zang	زنگ
bussata (f)	dar zadan	درزدن
bussare (vi)	dar zadan	درزدن

codice (m)	kod	کد
serratura (f) a codice	qofl-e ramz dār	قفل رمز دار
citofono (m)	āyfon	آیفون
numero (m) (~ civico)	pelāk-e manzel	پلاک منزل
targhetta (f) di porta	pelāk	پلاک
spioncino (m)	češmi	چشمی

90. Casa di campagna

villaggio (m)	rustā	روستا
orto (m)	jāliz	جالیز
recinto (m)	parčin	پرچین
steccato (m)	hesār	حصار
cancelletto (m)	darvāze	دروازه

granaio (m)	anbār	انبار
cantina (f), scantinato (m)	zirzamin	زیرزمین
capanno (m)	ālonak	آلونک
pozzo (m)	čāh	چاه

stufa (f)	boxāri	بخاری
attizzare (vt)	rowšan kardan-e boxāri	روشن کردن بخاری
legna (f) da ardere	hizom	هیزم
ciocco (m)	kande-ye čub	کندۀ چوب

veranda (f)	eyvān-e sarpušide	ایوان سرپوشیده
terrazza (f)	terās	تراس
scala (f) d'ingresso	vorudi-e xāne	ورودی خانه
altalena (f)	tāb	تاب

91. Villa. Palazzo

casa (f) di campagna	xāne-ye xārej-e šahr	خانۀ خارج شهر
villa (f)	vilā	ویلا
ala (f)	bāl	بال
giardino (m)	bāq	باغ
parco (m)	pārk	پارک
serra (f)	golxāne	گلخانه
prendersi cura (~ del giardino)	negahdāri kardan	نگهداری کردن

piscina (f)	estaxr	استخر
palestra (f)	sālon-e varzeš	سالن ورزش
campo (m) da tennis	zamin-e tenis	زمین تنیس
home cinema (m)	sinamā	سینما
garage (m)	gārāž	گاراژ

| proprietà (f) privata | melk-e xosusi | ملک خصوصی |
| terreno (m) privato | melk-e xosusi | ملک خصوصی |

| avvertimento (m) | hošdār | هشدار |
| cartello (m) di avvertimento | alāmat-e hošdār | علامت هشدار |

sicurezza (f)	hefāzat	حفاظت
guardia (f) giurata	negahbān	نگهبان
allarme (f) antifurto	dozdgir	دزدگیر

92. Castello. Reggia

castello (m)	qalʿe	قلعه
palazzo (m)	kāx	کاخ
fortezza (f)	qalʿe	قلعه

muro (m)	divār	دیوار
torre (f)	borj	برج
torre (f) principale	borj-e asli	برج اصلی

saracinesca (f)	darb-e kešowyi	درب کشویی
tunnel (m)	rāh-e zirzamini	راه زیرزمینی
fossato (m)	xandaq	خندق
catena (f)	zanjir	زنجیر
feritoia (f)	mazqal	مزغل

magnifico (agg)	mojallal	مجلل
maestoso (agg)	bāšokuh	باشکوه
inespugnabile (agg)	nofoz nāpazir	نفوذ ناپذیر
medievale (agg)	qorun-e vasati	قرون وسطی

93. Appartamento

appartamento (m)	āpārtemān	آپارتمان
camera (f), stanza (f)	otāq	اتاق
camera (f) da letto	otāq-e xāb	اتاق خواب
sala (f) da pranzo	otāq-e qazāxori	اتاق غذاخوری
salotto (m)	mehmānxāne	مهمانخانه
studio (m)	daftar	دفتر
ingresso (m)	tālār-e vorudi	تالار ورودی
bagno (m)	hammām	حمام
gabinetto (m)	tuālet	توالت

soffitto (m)	saqf	سقف
pavimento (m)	kaf	کف
angolo (m)	guše	گوشه

94. Appartamento. Pulizie

pulire (vt)	tamiz kardan	تمیز کردن
mettere via	morattab kardan	مرتب کردن
polvere (f)	gard	گرد
impolverato (agg)	gard ālud	گرد آلود
spolverare (vt)	gardgiri kardan	گردگیری کردن
aspirapolvere (m)	jāru barqi	جارو برقی
passare l'aspirapolvere	jāru barq-i kešidan	جارو برقی کشیدن
spazzare (vi, vt)	jāru kardan	جارو کردن
spazzatura (f)	āšqāl	آشغال
ordine (m)	nazm	نظم
disordine (m)	bi nazmi	بی نظمی
frettazzo (m)	jāru-ye dastedār	جاروی دسته دار
strofinaccio (m)	kohne	کهنه
scopa (f)	jārub	جاروب
paletta (f)	xāk andāz	خاک انداز

95. Arredamento. Interno

mobili (m pl)	mobl	مبل
tavolo (m)	miz	میز
sedia (f)	sandali	صندلی
letto (m)	taxt-e xāb	تخت خواب
divano (m)	kānāpe	کاناپه
poltrona (f)	mobl-e rāhati	مبل راحتی
libreria (f)	qafase-ye ketāb	قفسه کتاب
ripiano (m)	qafase	قفسه
armadio (m)	komod	کمد
attaccapanni (m) da parete	raxt āviz	رخت آویز
appendiabiti (m) da terra	čub lebāsi	چوب لباسی
comò (m)	komod	کمد
tavolino (m) da salotto	miz-e pišdasti	میز پیشدستی
specchio (m)	āyene	آینه
tappeto (m)	farš	فرش
tappetino (m)	qāliče	قالیچه
camino (m)	šumine	شومینه
candela (f)	šam'	شمع
candeliere (m)	šam'dān	شمعدان
tende (f pl)	parde	پرده
carta (f) da parati	kāqaz-e divāri	کاغذ دیواری
tende (f pl) alla veneziana	kerkere	کرکره
lampada (f) da tavolo	čerāq-e rumizi	چراغ رومیزی
lampada (f) da parete	čerāq-e divāri	چراغ دیواری

lampada (f) a stelo	ābāžur	آباژور
lampadario (m)	luster	لوستر

gamba (f)	pāye	پایه
bracciolo (m)	daste-ye sandali	دستهٔ صندلی
spalliera (f)	pošti	پشتی
cassetto (m)	kešow	کشو

96. Biancheria da letto

biancheria (f) da letto	raxt-e xāb	رخت خواب
cuscino (m)	bālešt	بالشت
federa (f)	rubalešt	روبالشت
coperta (f)	patu	پتو
lenzuolo (m)	malāfe	ملافه
copriletto (m)	rutaxti	روتختی

97. Cucina

cucina (f)	āšpazxāne	آشپزخانه
gas (m)	gāz	گاز
fornello (m) a gas	ojāgh-e gāz	اجاق گاز
fornello (m) elettrico	ojāgh-e barghi	اجاق برقی
forno (m)	fer	فر
forno (m) a microonde	māykrofer	مایکروفر

frigorifero (m)	yaxčāl	یخچال
congelatore (m)	fereyzer	فریزر
lavastoviglie (f)	māšin-e zarfšuyi	ماشین ظرفشویی

tritacarne (m)	čarx-e gušt	چرخ گوشت
spremifrutta (m)	ābmive giri	آبمیوه گیری
tostapane (m)	towster	توستر
mixer (m)	maxlut kon	مخلوط کن

macchina (f) da caffè	qahve sāz	قهوه ساز
caffettiera (f)	qahve juš	قهوه جوش
macinacaffè (m)	āsiyāb-e qahve	آسیاب قهوه

bollitore (m)	ketri	کتری
teiera (f)	quri	قوری
coperchio (m)	sarpuš	سرپوش
colino (m) da tè	čāy sāf kon	چای صاف کن

cucchiaio (m)	qāšoq	قاشق
cucchiaino (m) da tè	qāšoq čāy xori	قاشق چای خوری
cucchiaio (m)	qāšoq sup xori	قاشق سوپ خوری
forchetta (f)	čangāl	چنگال
coltello (m)	kārd	کارد

stoviglie (f pl)	zoruf	ظروف
piatto (m)	bošqāb	بشقاب

piattino (m)	na'lbeki	نعلبکی
cicchetto (m)	gilās-e vodkā	گیلاس ودکا
bicchiere (m) (~ d'acqua)	estekān	استکان
tazzina (f)	fenjān	فنجان

zuccheriera (f)	qandān	قندان
saliera (f)	namakdān	نمکدان
pepiera (f)	felfeldān	فلفلدان
burriera (f)	zarf-e kare	ظرف کره

pentola (f)	qāblame	قابلمه
padella (f)	tābe	تابه
mestolo (m)	malāqe	ملاقه
colapasta (m)	ābkeš	آبکش
vassoio (m)	sini	سینی

bottiglia (f)	botri	بطری
barattolo (m) di vetro	šiše	شیشه
latta, lattina (f)	quti	قوطی

apribottiglie (m)	dar bāz kon	در بازکن
apriscatole (m)	dar bāz kon	در بازکن
cavatappi (m)	dar bāz kon	در بازکن
filtro (m)	filter	فیلتر
filtrare (vt)	filter kardan	فیلتر کردن

spazzatura (f)	āšqāl	آشغال
pattumiera (f)	satl-e zobāle	سطل زباله

98. Bagno

bagno (m)	hammām	حمام
acqua (f)	āb	آب
rubinetto (m)	šir	شیر
acqua (f) calda	āb-e dāq	آب داغ
acqua (f) fredda	āb-e sard	آب سرد

dentifricio (m)	xamir-e dandān	خمیر دندان
lavarsi i denti	mesvāk zadan	مسواک زدن
spazzolino (m) da denti	mesvāk	مسواک

rasarsi (vr)	riš tarāšidan	ریش تراشیدن
schiuma (f) da barba	xamir-e eslāh	خمیر اصلاح
rasoio (m)	tiq	تیغ

lavare (vt)	šostan	شستن
fare un bagno	hamām kardan	حمام کردن
doccia (f)	duš	دوش
fare una doccia	duš gereftan	دوش گرفتن

vasca (f) da bagno	vān hammām	وان حمام
water (m)	tuālet-e farangi	توالت فرنگی
lavandino (m)	sink	سینک
sapone (m)	sābun	صابون

porta (m) sapone	jā sābun	جا صابون
spugna (f)	abr	ابر
shampoo (m)	šāmpu	شامپو
asciugamano (m)	howle	حوله
accappatoio (m)	howle-ye hamām	حوله حمام

bucato (m)	raxčuyi	لباسشویی
lavatrice (f)	māšin-e lebas-šui	ماشین لباسشویی
fare il bucato	šostan-e lebās	شستن لباس
detersivo (m) per il bucato	pudr-e lebas-šui	پودر لباسشویی

99. Elettrodomestici

televisore (m)	televiziyon	تلویزیون
registratore (m) a nastro	zabt-e sowt	ضبط صوت
videoregistratore (m)	video	ویدئو
radio (f)	rādiyo	رادیو
lettore (m)	paxš konande	پخش کننده

videoproiettore (m)	video porožektor	ویدئو پروژکتور
home cinema (m)	sinamā-ye xānegi	سینمای خانگی
lettore (m) DVD	paxš konande-ye di vi di	پخش کننده دی وی دی
amplificatore (m)	āmpli-fāyer	آمپلی فایر
console (f) video giochi	konsul-e bāzi	کنسول بازی

videocamera (f)	durbin-e filmbardāri	دوربین فیلمبرداری
macchina (f) fotografica	durbin-e akkāsi	دوربین عکاسی
fotocamera (f) digitale	durbin-e dijitāl	دوربین دیجیتال

aspirapolvere (m)	jāru barqi	جارو برقی
ferro (m) da stiro	oto	اتو
asse (f) da stiro	miz-e otu	میز اتو

telefono (m)	telefon	تلفن
telefonino (m)	telefon-e hamrāh	تلفن همراه
macchina (f) da scrivere	māšin-e tahrir	ماشین تحریر
macchina (f) da cucire	čarx-e xayyāti	چرخ خیاطی

microfono (m)	mikrofon	میکروفون
cuffia (f)	guši	گوشی
telecomando (m)	kontorol az rāh-e dur	کنترل از راه دور

CD (m)	si-di	سیدی
cassetta (f)	kāst	کاست
disco (m) (vinile)	safhe-ye gerāmāfon	صفحه گرامافون

100. Riparazioni. Restauro

lavori (m pl) di restauro	ta'mir	تعمیر
rinnovare (ridecorare)	ta'mir kardan	تعمیر کردن
riparare (vt)	ta'mir kardan	تعمیر کردن
mettere in ordine	morattab kardan	مرتب کردن

rifare (vt)	dobāre anjām dādan	دوباره انجام دادن
pittura (f)	rang	رنگ
pitturare (~ un muro)	rang kardan	رنگ کردن
imbianchino (m)	naqqāš	نقاش
pennello (m)	qalam mu	قلم مو

| imbiancatura (f) | sefid kāri | سفید کاری |
| imbiancare (vt) | sefid kāri kardan | سفید کاری کردن |

carta (f) da parati	kāqaz-e divāri	کاغذ دیواری
tappezzare (vt)	kāqaz-e divāri kardan	کاغذ دیواری کردن
vernice (f)	lāk	لاک
verniciare (vt)	lāk zadan	لاک زدن

101. Impianto idraulico

acqua (f)	āb	آب
acqua (f) calda	āb-e dāq	آب داغ
acqua (f) fredda	āb-e sard	آب سرد
rubinetto (m)	šir	شیر

goccia (f)	qatre	قطره
gocciolare (vi)	čakidan	چکیدن
perdere (il tubo, ecc.)	našt kardan	نشت کردن
perdita (f) (~ dai tubi)	našt	نشت
pozza (f)	čāle	چاله

tubo (m)	lule	لوله
valvola (f)	šir-e falake	شیر فلکه
intasarsi (vr)	masdud šodan	مسدود شدن

strumenti (m pl)	abzār	ابزار
chiave (f) inglese	āčār-e farānse	آچار فرانسه
svitare (vt)	bāz kardan	باز کردن
avvitare (stringere)	pič kardan	پیچ کردن

stasare (vt)	lule bāz kardan	لوله باز کردن
idraulico (m)	lule keš	لوله کش
seminterrato (m)	zirzamin	زیرزمین
fognatura (f)	fāzelāb	فاضلاب

102. Incendio. Conflagrazione

fuoco (m)	ātaš suzi	آتش سوزی
fiamma (f)	šo'le	شعله
scintilla (f)	jaraqqe	جرقه
fumo (m)	dud	دود
fiaccola (f)	maš'al	مشعل
falò (m)	ātaš	آتش

| benzina (f) | benzin | بنزین |
| cherosene (m) | naft-e sefid | نفت سفید |

combustibile (agg)	sutani	سوختنی
esplosivo (agg)	mavādd-e monfajere	مواد منفجره
VIETATO FUMARE!	sigār kešidan mamnu'	سیگار کشیدن ممنوع

sicurezza (f)	amniyat	امنیت
pericolo (m)	xatar	خطر
pericoloso (agg)	xatarnāk	خطرناک

prendere fuoco	ātaš gereftan	آتش گرفتن
esplosione (f)	enfejār	انفجار
incendiare (vt)	ātaš zadan	آتش زدن
incendiario (m)	ātaš afruz	آتش افروز
incendio (m) doloso	ātaš zadan-e amdi	آتش زدن عمدی

divampare (vi)	šo'levar budan	شعله ور بودن
bruciare (vi)	suxtan	سوختن
bruciarsi (vr)	suxtan	سوختن

chiamare i pompieri	ātaš-e nešāni rā xabar kardan	آتش نشانی را خبر کردن
pompiere (m)	ātaš nešān	آتش نشان
autopompa (f)	māšin-e ātašnešāni	ماشین آتش نشانی
corpo (m) dei pompieri	tim-e ātašnešāni	تیم آتش نشانی
autoscala (f) da pompieri	nardebān-e ātašnešāni	نردبان آتش نشانی

manichetta (f)	šelang-e ātaš-nešāni	شلنگ آتش نشانی
estintore (m)	kapsul-e ātašnešāni	کپسول آتش نشانی
casco (m)	kolāh-e imeni	کلاه ایمنی
sirena (f)	āžir-e xatar	آژیر خطر

gridare (vi)	faryād zadan	فریاد زدن
chiamare in aiuto	be komak talabidan	به کمک طلبیدن
soccorritore (m)	nejāt-e dahande	نجات دهنده
salvare (vt)	najāt dādan	نجات دادن

arrivare (vi)	residan	رسیدن
spegnere (vt)	xāmuš kardan	خاموش کردن
acqua (f)	āb	آب
sabbia (f)	šen	شن

rovine (f pl)	xarābe	خرابه
crollare (edificio)	foru rixtan	فرو ریختن
cadere (vi)	rizeš kardan	ریزش کردن
collassare (vi)	foru rixtan	فرو ریختن

frammento (m)	qet'e	قطعه
cenere (f)	xākestar	خاکستر

asfissiare (vi)	xafe šodan	خفه شدن
morire, perire (vi)	košte šodan	کشته شدن

ATTIVITÀ UMANA

Lavoro. Affari. Parte 1

103. Ufficio. Lavorare in ufficio

uffici (m pl) (gli ~ della società)	daftar	دفتر
ufficio (m)	daftar	دفتر
portineria (f)	pazir-aš	پذیرش
segretario (m)	monši	منشی
segretaria (f)	monši	منشی
direttore (m)	modir	مدیر
manager (m)	modir	مدیر
contabile (m)	hesābdār	حسابدار
impiegato (m)	kārmand	کارمند
mobili (m pl)	mobl	مبل
scrivania (f)	miz	میز
poltrona (f)	sandali dastedār	صندلی دسته دار
cassettiera (f)	kešow	کشو
appendiabiti (m) da terra	čub lebāsi	چوب لباسی
computer (m)	kāmpiyuter	کامپیوتر
stampante (f)	pirinter	پرینتر
fax (m)	faks	فکس
fotocopiatrice (f)	dastgāh-e kopi	دستگاه کپی
carta (f)	kāqaz	کاغذ
cancelleria (f)	lavāzem-e tahrir	لوازم تحریر
tappetino (m) del mouse	māows pad	ماوس پد
foglio (m)	varaq	ورق
cartella (f)	puše	پوشه
catalogo (m)	kātālog	کاتالوگ
elenco (m) del telefono	rāhnamā	راهنما
documentazione (f)	asnād	اسناد
opuscolo (m)	borušur	بروشور
volantino (m)	borušur	بروشور
campione (m)	nemune	نمونه
formazione (f)	āmuzeš	آموزش
riunione (f)	jalase	جلسه
pausa (f) pranzo	vaqt-e nāhār	وقت ناهار
copiare (vt)	kopi gereftan	کپی گرفتن
fare copie	kopi gereftan	کپی گرفتن
ricevere un fax	faks gereftan	فکس گرفتن
spedire un fax	faks ferestādan	فکس فرستادن

telefonare (vi, vt)	telefon zadan	تلفن زدن
rispondere (vi, vt)	javāb dādan	جواب دادن
passare (glielo passo)	vasl šodan	وصل شدن

fissare (organizzare)	sāzmān dādan	سازمان دادن
dimostrare (vt)	nemāyeš dādan	نمایش دادن
essere assente	qāyeb budan	غایب بودن
assenza (f)	qeybat	غیبت

104. Operazioni d'affari. Parte 1

occupazione (f)	šoql	شغل
ditta (f)	šerkat	شرکت
compagnia (f)	kompāni	کمپانی
corporazione (f)	šerkat-e sahami	شرکت سهامی
impresa (f)	šerkat	شرکت
agenzia (f)	namāyandegi	نمایندگی

accordo (m)	qarārdād	قرارداد
contratto (m)	qarārdād	قرارداد
affare (m)	mo'āmele	معامله
ordine (m) (ordinazione)	sefāreš	سفارش
termine (m) dell'accordo	šart	شرط

all'ingrosso	omde furuši	عمده فروشی
all'ingrosso (agg)	omde	عمده
vendita (f) all'ingrosso	omde furuši	عمده فروشی
al dettaglio (agg)	xorde-foruši	خرده فروشی
vendita (f) al dettaglio	xorde-foruši	خرده فروشی

concorrente (m)	raqib	رقیب
concorrenza (f)	reqābat	رقابت
competere (vi)	reqābat kardan	رقابت کردن

| socio (m), partner (m) | šarik | شریک |
| partenariato (m) | mošārek-at | مشارکت |

crisi (f)	bohrān	بحران
bancarotta (f)	varšekastegi	ورشکستگی
fallire (vi)	varšekast šodan	ورشکست شدن
difficoltà (f)	saxti	سختی
problema (m)	moškel	مشکل
disastro (m)	fāje'e	فاجعه

economia (f)	eqtesād	اقتصاد
economico (agg)	eqtesādi	اقتصادی
recessione (f) economica	rokud-e eqtesādi	رکود اقتصادی

| scopo (m), obiettivo (m) | hadaf | هدف |
| incarico (m) | hadaf | هدف |

commerciare (vi)	tejārat kardan	تجارت کردن
rete (f) (~ di distribuzione)	šabake-ye towzi'	شبکۀ توزیع
giacenza (f)	fehrest anbār	فهرست انبار

assortimento (m)	majmu'e	مجموعه
leader (m), capo (m)	rahbar	رهبر
grande (agg)	bozorg	بزرگ
monopolio (m)	enhesār	انحصار

teoria (f)	nazariye	نظریه
pratica (f)	amal	عمل
esperienza (f)	tajrobe	تجربه
tendenza (f)	gerāyeš	گرایش
sviluppo (m)	pišraft	پیشرفت

105. Operazioni d'affari. Parte 2

| profitto (m) | sud | سود |
| profittevole (agg) | sudāvar | سودآور |

delegazione (f)	hey'at-e namāyandegān	هیئت نمایندگان
stipendio (m)	hoquq	حقوق
correggere (vt)	eslāh kardan	اصلاح کردن
viaggio (m) d'affari	ma'muriyat	مأموریت
commissione (f)	komisiyon	کمیسیون

controllare (vt)	kontorol kardan	کنترل کردن
conferenza (f)	konferāns	کنفرانس
licenza (f)	parvāne	پروانه
affidabile (agg)	motmaen	مطمئن

iniziativa (f) (progetto nuovo)	ebtekār	ابتکار
norma (f)	me'yār	معیار
circostanza (f)	vaz'iyat	وضعیت
mansione (f)	vazife	وظیفه

impresa (f)	šerkat	شرکت
organizzazione (f)	sāzmāndehi	سازماندهی
organizzato (agg)	sāzmān yāfte	سازمان یافته
annullamento (m)	laqv	لغو
annullare (vt)	laqv kardan	لغو کردن
rapporto (m) (~ ufficiale)	gozāreš	گزارش

brevetto (m)	govāhi-ye sabt-e exterā'	گواهی ثبت اختراع
brevettare (vt)	govāhi exterā' gereftan	گواهی اختراع گرفتن
pianificare (vt)	barnāmerizi kardan	برنامه ریزی کردن

premio (m)	pādāš	پاداش
professionale (agg)	herfe i	حرفه ای
procedura (f)	tašrifāt	تشریفات

esaminare (~ un contratto)	barresi kardan	بررسی کردن
calcolo (m)	mohāsebe	محاسبه
reputazione (f)	e'tebār	اعتبار
rischio (m)	risk	ریسک

| dirigere (~ un'azienda) | edāre kardan | اداره کردن |
| informazioni (f pl) | ettelā'āt | اطلاعات |

proprietà (f)	dārāyi	دارایی
unione (f)	ettehādiye	اتحادیه
(~ Italiana Vini, ecc.)		

assicurazione (f) sulla vita	bime-ye omr	بیمهٔ عمر
assicurare (vt)	bime kardan	بیمه کردن
assicurazione (f)	bime	بیمه

asta (f)	harāj	حراج
avvisare (informare)	xabar dādan	خبر دادن
gestione (f)	edāre	اداره
servizio (m)	xedmat	خدمت

forum (m)	ham andiši	هم اندیشی
funzionare (vi)	amal kardan	عمل کردن
stadio (m) (fase)	marhale	مرحله
giuridico (agg)	hoquqi	حقوقی
esperto (m) legale	hoquq dān	حقوق دان

106. Attività produttiva. Lavori

stabilimento (m)	kārxāne	کارخانه
fabbrica (f)	kārxāne	کارخانه
officina (f) di produzione	kārgāh	کارگاه
stabilimento (m)	towlidi	تولیدی

industria (f)	san'at	صنعت
industriale (agg)	san'ati	صنعتی
industria (f) pesante	sanāye-'e sangin	صنایع سنگین
industria (f) leggera	sanāye-'e sabok	صنایع سبک

prodotti (m pl)	towlidāt	تولیدات
produrre (vt)	towlid kardan	تولید کردن
materia (f) prima	mavādd-e xām	مواد خام

caposquadra (m)	sarkāregar	سرکارگر
squadra (f)	daste-ye kāregaran	دسته کارگران
operaio (m)	kārgar	کارگر

giorno (m) lavorativo	ruz-e kāri	روز کاری
pausa (f)	esterāhat	استراحت
riunione (f)	jalase	جلسه
discutere (~ di un problema)	bahs kardan	بحث کردن

piano (m)	barnāme	برنامه
eseguire il piano	barnāme rā ejrā kardan	برنامه را اجرا کردن
tasso (m) di produzione	nerx-e tolid	نرخ تولید
qualità (f)	keyfiyat	کیفیت
controllo (m)	kontorol	کنترل
controllo (m) di qualità	kontorol-e keyfi	کنترل کیفی

sicurezza (f) sul lavoro	amniyat-e kār	امنیت کار
disciplina (f)	enzebāt	انضباط
infrazione (f)	naqz	نقض

violare (~ le regole)	naqz kardan	نقض کردن
sciopero (m)	eʻtesāb	اعتصاب
scioperante (m)	eʻtesāb konande	اعتصاب کننده
fare sciopero	eʻtesāb kardan	اعتصاب کردن
sindacato (m)	ettehādiye-ye kārgari	اتحادیۀ کارگری
inventare (vt)	exterāʻ kardan	اختراع کردن
invenzione (f)	exterāʻ	اختراع
ricerca (f)	tahqiq	تحقیق
migliorare (vt)	behtar kardan	بهتر کردن
tecnologia (f)	fanāvari	فناوری
disegno (m) tecnico	rasm-e fani	رسم فنی
carico (m)	bār	بار
caricatore (m)	bārbar	باربر
caricare (~ un camion)	bār kardan	بار کردن
caricamento (m)	bārgiri	بارگیری
scaricare (vt)	bārgiri	بارگیری
scarico (m)	bārandāz-i	باراندازی
trasporto (m)	haml-o naql	حمل و نقل
società (f) di trasporti	šerkat-e haml-o naql	شرکت حمل و نقل
trasportare (vt)	haml kardan	حمل کردن
vagone (m) merci	vāgon-e bari	واگن باری
cisterna (f)	maxzan	مخزن
camion (m)	kāmiyon	کامیون
macchina (f) utensile	dastgāh	دستگاه
meccanismo (m)	mekānism	مکانیسم
rifiuti (m pl) industriali	zāyeʻāt-e sanʻati	ضایعات صنعتی
imballaggio (m)	baste band-i	بسته بندی
imballare (vt)	baste bandi kardan	بسته بندی کردن

107. Contratto. Accordo

contratto (m)	qarārdād	قرارداد
accordo (m)	tavāfoq-e nāme	توافق نامه
allegato (m)	zamime	ضمیمه
firmare un contratto	qarārdād bastan	قرارداد بستن
firma (f)	emzāʼ	امضاء
firmare (vt)	emzā kardan	امضا کردن
timbro (m) (su documenti)	mehr	مهر
oggetto (m) del contratto	mowzu-ʼe qarārdād	موضوع قرارداد
clausola (f)	mādde	ماده
parti (f pl) (in un contratto)	tarafeyn	طرفین
sede (f) legale	ādres-e hoquqi	آدرس حقوقی
sciogliere un contratto	naqz kardan-e qarārdād	نقض کردن قرارداد
obbligo (m)	taʻahhod	تعهد
responsabilità (f)	masʻuliyat	مسئولیت

forza (f) maggiore	šarāyet-e ezterāri	شرایط اضطراری
discussione (f)	xalāf	خلاف
sanzioni (f pl)	eqdāmāt-e tanbihi	اقدامات تنبیهی

108. Import-export

importazione (f)	vāredāt	واردات
importatore (m)	vāred konande	وارد کننده
importare (vt)	vāred kardan	وارد کردن
d'importazione (agg)	vāredāti	وارداتی

esportazione (f)	sāderāt	صادرات
esportatore (m)	sāder konande	صادر کننده
esportare (vt)	sāder kardan	صادر کردن
d'esportazione (agg)	sāderāti	صادراتی

| merce (f) | kālā | کالا |
| carico (m) | mahmule | محموله |

peso (m)	vazn	وزن
volume (m)	hajm	حجم
metro (m) cubo	metr moka'ab	متر مکعب

produttore (m)	towlid konande	تولید کننده
società (f) di trasporti	šerkat-e haml-o naql	شرکت حمل و نقل
container (m)	kāntiner	کانتینر

frontiera (f)	marz	مرز
dogana (f)	gomrok	گمرک
dazio (m) doganale	avārez-e gomroki	عوارض گمرکی
doganiere (m)	ma'mur-e gomrok	مأمور گمرک
contrabbando (m)	qāčāq	قاچاق
merci (f pl) contrabbandate	ajnās-e qāčāq	اجناس قاچاق

109. Mezzi finanziari

azione (f)	sahām	سهام
obbligazione (f)	owrāq-e bahādār	اوراق بهادار
cambiale (f)	safte	سفته

| borsa (f) | burs | بورس |
| quotazione (f) | nerx-e sahām | نرخ سهام |

| diminuire di prezzo | arzān šodan | ارزان شدن |
| aumentare di prezzo | gerān šodan | گران شدن |

pacchetto (m) di maggioranza	manāfe-'e kontoroli	منافع کنترلی
investimento (m)	sarmāye gozāri	سرمایه گذاری
investire (vt)	sarmāye gozāri kardan	سرمایه گذاری کردن
percento (m)	darsad	درصد
interessi (m pl) (su investimenti)	sud	سود

profitto (m)	sud	سود
redditizio (agg)	sudāvar	سودآور
imposta (f)	māliyāt	مالیات

valuta (f) (~ estera)	arz	ارز
nazionale (agg)	melli	ملی
cambio (m) (~ valuta)	tabādol	تبادل

| contabile (m) | hesābdār | حسابدار |
| ufficio (m) contabilità | hesābdāri | حسابداری |

bancarotta (f)	varšekastegi	ورشکستگی
fallimento (m)	šekast	شکست
rovina (f)	varšekastegi	ورشکستگی
andare in rovina	varšekast šodan	ورشکست شدن
inflazione (f)	tavarrom	تورم
svalutazione (f)	taqlil-e arzeš-e pul	تقلیل ارزش پول

capitale (m)	sarmāye	سرمایه
reddito (m)	darāmad	درآمد
giro (m) di affari	gardeš mo'āmelāt	گردش معاملات
risorse (f pl)	manābe'	منابع
mezzi (m pl) finanziari	manābe-'e puli	منابع پولی

| spese (f pl) generali | maxārej-e kolli | مخارج کلی |
| ridurre (~ le spese) | kam kardan | کم کردن |

110. Marketing

marketing (m)	bāzāryābi	بازاریابی
mercato (m)	bāzār	بازار
segmento (m) di mercato	baxše bāzār	بخش بازار
prodotto (m)	mahsul	محصول
merce (f)	kālā	کالا

marca (f)	barand	برند
marchio (m) di fabbrica	nešān tejāri	نشان تجاری
logotipo (m)	logo	لوگو
logo (m)	logo	لوگو

domanda (f)	taqāzā	تقاضا
offerta (f)	arze	عرضه
bisogno (m)	ehtiyāj	احتیاج
consumatore (m)	masraf-e konande	مصرف کننده

| analisi (f) | tahlil | تحلیل |
| analizzare (vt) | tahlil kardan | تحلیل کردن |

| posizionamento (m) | mowze' giri | موضع گیری |
| posizionare (vt) | mowze' giri kardan | موضع گیری کردن |

prezzo (m)	qeymat	قیمت
politica (f) dei prezzi	siyāsat-e qeymat-e gozār-i	سیاست قیمت گذاری
determinazione (f) dei prezzi	qeymat gozāri	قیمت گذاری

111. Pubblicità

pubblicità (f)	āgahi	آگهی
pubblicizzare (vt)	tabliq kardan	تبلیغ کردن
bilancio (m) (budget)	budje	بودجه
annuncio (m)	āgahi	آگهی
pubblicità (f) televisiva	tabliqāt-e televiziyoni	تبلیغات تلویزیونی
pubblicità (f) radiofonica	tabliqāt-e rādiyoyi	تبلیغات رادیویی
pubblicità (f) esterna	āgahi-ye biruni	آگهی بیرونی
mass media (m pl)	resāne-hay-e jam'i	رسانه های جمعی
periodico (m)	našriye-ye dowrei	نشریهٔ دوره ای
immagine (f)	temsāl	تمثال
slogan (m)	šo'ār	شعار
motto (m)	šo'ār	شعار
campagna (f)	kampeyn	کمپین
campagna (f) pubblicitaria	kampeyn-e tabliqāti	کمپین تبلیغاتی
gruppo (m) di riferimento	goruh-e hadaf	گروه هدف
biglietto (m) da visita	kārt-e vizit	کارت ویزیت
volantino (m)	borušur	بروشور
opuscolo (m)	borušur	بروشور
pieghevole (m)	ketābče	کتابچه
bollettino (m)	xabarnāme	خبرنامه
insegna (f) (di negozi, ecc.)	tāblo	تابلو
cartellone (m)	poster	پوستر
tabellone (m) pubblicitario	bilbord	بیلبورد

112. Attività bancaria

banca (f)	bānk	بانک
filiale (f)	šo'be	شعبه
consulente (m)	mošāver	مشاور
direttore (m)	modir	مدیر
conto (m) bancario	hesāb-e bānki	حساب بانکی
numero (m) del conto	šomāre-ye hesāb	شمارهٔ حساب
conto (m) corrente	hesāb-e jāri	حساب جاری
conto (m) di risparmio	hesāb-e pasandāz	حساب پس انداز
aprire un conto	hesāb-e bāz kardan	حساب باز کردن
chiudere il conto	hesāb rā bastan	حساب را بستن
versare sul conto	be hesāb rixtan	به حساب ریختن
prelevare dal conto	az hesāb bardāštan	از حساب برداشتن
deposito (m)	seporde	سپرده
depositare (vt)	seporde gozāštan	سپرده گذاشتن
trasferimento (m) telegrafico	enteqāl	انتقال

rimettere i soldi	enteqāl dādan	انتقال دادن
somma (f)	jam'-e kol	جمع کل
Quanto?	čeqadr?	چقدر؟

firma (f)	emzā'	امضاء
firmare (vt)	emzā kardan	امضا کردن

carta (f) di credito	kārt-e e'tebāri	کارت اعتباری
codice (m)	kod	کد
numero (m) della carta di credito	šomāre-ye kārt-e e'tebāri	شماره کارت اعتباری
bancomat (m)	xodpardāz	خودپرداز

assegno (m)	ček	چک
emettere un assegno	ček neveštan	چک نوشتن
libretto (m) di assegni	daste-ye ček	دسته چک

prestito (m)	e'tebār	اعتبار
fare domanda per un prestito	darxāst-e vam kardan	درخواست وام کردن
ottenere un prestito	vām gereftan	وام گرفتن
concedere un prestito	vām dādan	وام دادن
garanzia (f)	zemānat	ضمانت

113. Telefono. Conversazione telefonica

telefono (m)	telefon	تلفن
telefonino (m)	telefon-e hamrāh	تلفن همراه
segreteria (f) telefonica	monši-ye telefoni	منشی تلفنی

telefonare (vi, vt)	telefon zadan	تلفن زدن
chiamata (f)	tamās-e telefoni	تماس تلفنی

comporre un numero	šomāre gereftan	شماره گرفتن
Pronto!	alo!	الو!
chiedere (domandare)	porsidan	پرسیدن
rispondere (vi, vt)	javāb dādan	جواب دادن

udire (vt)	šenidan	شنیدن
bene	xub	خوب
male	bad	بد
disturbi (m pl)	sedā	صدا

cornetta (f)	guši	گوشی
alzare la cornetta	guši rā bar dāštan	گوشی را برداشتن
riattaccare la cornetta	guši rā gozāštan	گوشی را گذاشتن

occupato (agg)	mašqul	مشغول
squillare (del telefono)	zang zadan	زنگ زدن
elenco (m) telefonico	daftar-e telefon	دفتر تلفن

locale (agg)	mahalli	محلی
telefonata (f) urbana	telefon-e dāxeli	تلفن داخلی
interurbano (agg)	beyn-e šahri	بین شهری
telefonata (f) interurbana	telefon-e beyn-e šahri	تلفن بین شهری

| internazionale (agg) | beynolmelali | بین‌المللی |
| telefonata (f) internazionale | telefon-e beynolmelali | تلفن بین‌المللی |

114. Telefono cellulare

| telefonino (m) | telefon-e hamrāh | تلفن همراه |
| schermo (m) | namāyešgar | نمایشگر |

| tasto (m) | dokme | دکمه |
| scheda SIM (f) | sim-e kārt | سیم کارت |

pila (f)	bātri	باطری
essere scarico	tamām šodan bātri	تمام شدن باتری
caricabatteria (m)	šāržer	شارژ

menù (m)	meno	منو
impostazioni (f pl)	tanzimāt	تنظیمات
melodia (f)	āhang	آهنگ
scegliere (vt)	entexāb kardan	انتخاب کردن

calcolatrice (f)	māšin-e hesāb	ماشین حساب
segreteria (f) telefonica	monši-ye telefoni	منشی تلفنی
sveglia (f)	sā'at-e zang dār	ساعت زنگ دار
contatti (m pl)	daftar-e telefon	دفتر تلفن

| messaggio (m) SMS | payāmak | پیامک |
| abbonato (m) | moštarek | مشترک |

115. Articoli di cancelleria

| penna (f) a sfera | xodkār | خودکار |
| penna (f) stilografica | xodnevis | خودنویس |

matita (f)	medād	مداد
evidenziatore (m)	māžik	ماژیک
pennarello (m)	māžik	ماژیک

| taccuino (m) | daftar-e yāddāšt | دفتر یادداشت |
| agenda (f) | daftar-e yāddāšt | دفتر یادداشت |

righello (m)	xat keš	خط کش
calcolatrice (f)	māšin-e hesāb	ماشین حساب
gomma (f) per cancellare	pāk kon	پاک کن

| puntina (f) | punez | پونز |
| graffetta (f) | gire | گیره |

| colla (f) | časb | چسب |
| pinzatrice (f) | mangane-ye zan | منگنه زن |

| perforatrice (f) | pānč | پانچ |
| temperamatite (m) | madād-e tarāš | مداد تراش |

116. Diversi tipi di documenti

resoconto (m)	gozāreš	گزارش
accordo (m)	tavāfoq-e nāme	توافق نامه
modulo (m) di richiesta	form-e darxāst	فرم درخواست
autentico (agg)	asli	اصلی
tesserino (m)	kārt-e šenāsāyi	کارت شناسایی
biglietto (m) da visita	kārt-e vizit	کارت ویزیت
certificato (m)	govāhi	گواهی
assegno (m) (fare un ~)	ček	چک
conto (m) (in un ristorante)	surat hesāb	صورت حساب
costituzione (f)	qānun-e asāsi	قانون اساسی
contratto (m)	qarārdād	قرارداد
copia (f)	nosxe	نسخه
copia (f) (~ di un contratto)	nosxe	نسخه
dichiarazione (f)	ežhār-nāme	اظهارنامه
documento (m)	sanad	سند
patente (f) di guida	govāhi-nāme-ye rānandegi	گواهینامة رانندگی
allegato (m)	zamime	ضمیمه
modulo (m)	porsešnāme	پرسشنامه
carta (f) d'identità	kārt-e šenāsāyi	کارت شناسایی
richiesta (f) di informazioni	esteʻlām	استعلام
biglietto (m) d'invito	daʻvatnāme	دعوتنامه
fattura (f)	surat hesāb	صورت حساب
legge (f)	qānun	قانون
lettera (f) (missiva)	nāme	نامه
carta (f) intestata	sarnāme	سرنامه
lista (f) (~ di nomi, ecc.)	fehrest	فهرست
manoscritto (m)	dast nevis	دست نویس
bollettino (m)	xabarnāme	خبرنامه
appunto (m), nota (f)	yāddāšt	یادداشت
lasciapassare (m)	javāz	جواز
passaporto (m)	gozarnāme	گذرنامه
permesso (m)	mojavvez	مجوز
curriculum vitae (f)	rezume	رزومه
nota (f) di addebito	resid	رسید
ricevuta (f)	resid	رسید
scontrino (m)	resid	رسید
rapporto (m)	gozāreš	گزارش
mostrare (vt)	erā'e kardan	ارائه کردن
firmare (vt)	emzā kardan	امضا کردن
firma (f)	emzā'	امضاء
timbro (m) (su documenti)	mehr	مهر
testo (m)	matn	متن
biglietto (m)	belit	بلیط
cancellare (~ dalla lista)	xat zadan	خط زدن
riempire (~ un modulo)	por kardan	پر کردن

| bolla (f) di consegna | bārnāme | بارنامه |
| testamento (m) | vasiyat-nāme | وصیتنامه |

117. Generi di attività commerciali

servizi (m pl) di contabilità	xadamāt-e hesābdāri	خدمات حسابداری
pubblicità (f)	āgahi	آگهی
agenzia (f) pubblicitaria	āžāns-e tabliqāti	آژانس تبلیغاتی
condizionatori (m pl) d'aria	tahviye-ye matbu'	تهویه مطبوع
compagnia (f) aerea	šerkat-e havāpeymāyi	شرکت هواپیمایی

bevande (f pl) alcoliche	mašrubāt-e alkoli	مشروبات الکلی
antiquariato (m)	atiqe	عتیقه
galleria (f) d'arte	gāleri-ye honari	گالری هنری
società (f) di revisione contabile	xadamāt-e momayyezi	خدمات ممیزی

imprese (f pl) bancarie	bānk-dāri	بانکداری
bar (m)	bār	بار
salone (m) di bellezza	sālon-e zibāyi	سالن زیبایی
libreria (f)	ketāb-foruši	کتاب فروشی
birreria (f)	ābe jow-sāzi	آب جوسازی
business centre (m)	markaz-e tejāri	مرکز تجاری
scuola (f) di commercio	moassese-ye bāzargāni	موسسه بازرگانی

casinò (m)	kāzino	کازینو
edilizia (f)	sāxtemān	ساختمان
consulenza (f)	mošavere	مشاوره

odontoiatria (f)	dandān-e pezeški	دندان پزشکی
design (m)	tarrāhi	طراحی
farmacia (f)	dāruxāne	داروخانه
lavanderia (f) a secco	xošk-šuyi	خشکشویی
agenzia (f) di collocamento	āžāns-e kāryābi	آژانس کاریابی

servizi (m pl) finanziari	xadamāt-e māli	خدمات مالی
industria (f) alimentare	mavādd-e qazāyi	مواد غذایی
agenzia (f) di pompe funebri	xadamat-e kafno dafn	خدمات کفن ودفن
mobili (m pl)	mobl	مبل
abbigliamento (m)	lebās	لباس
albergo, hotel (m)	hotel	هتل

gelato (m)	bastani	بستنی
industria (f)	san'at	صنعت
assicurazione (f)	bime	بیمه
internet (f)	internet	اینترنت
investimenti (m pl)	sarmāye gozāri	سرمایه گذاری

gioielliere (m)	javāheri	جواهری
gioielli (m pl)	javāherāt	جواهرات
lavanderia (f)	xošk-šuyi	خشکشویی
consulente (m) legale	xadamāt-e hoquqi	خدمات حقوقی
industria (f) leggera	sanāye-'e sabok	صنایع سبک
rivista (f)	majalle	مجله

vendite (f pl) per corrispondenza	foruš-e sefāreš-e posti	فروش سفارش پستی
medicina (f)	pezeški	پزشکی
cinema (m)	sinamā	سینما
museo (m)	muze	موزه
agenzia (f) di stampa	xabar-gozari	خبرگزاری
giornale (m)	ruznāme	روزنامه
locale notturno (m)	kābāre	کاباره
petrolio (m)	naft	نفت
corriere (m) espresso	xadamāt-e post	خدمات پست
farmaci (m pl)	dārusāzi	داروسازی
stampa (f) (~ di libri)	sahhāfi	صحافی
casa (f) editrice	entešārāt	انتشارات
radio (f)	rādiyo	رادیو
beni (m pl) immobili	amvāl-e qeyr-e manqul	اموال غیر منقول
ristorante (m)	resturān	رستوران
agenzia (f) di sicurezza	āžāns-e amniyati	آژانس امنیتی
sport (m)	varzeš	ورزش
borsa (f)	burs	بورس
negozio (m)	maqāze	مغازه
supermercato (m)	supermārket	سوپرمارکت
piscina (f)	estaxr	استخر
sartoria (f)	xayyāti	خیاطی
televisione (f)	televiziyon	تلویزیون
teatro (m)	teātr	تئاتر
commercio (m)	tejārat	تجارت
mezzi (m pl) di trasporto	haml-o naql	حمل و نقل
viaggio (m)	turism	توریسم
veterinario (m)	dāmpezešk	دامپزشک
deposito, magazzino (m)	anbār	انبار
trattamento (m) dei rifiuti	jam āvari-ye zobāle	جمع آوری زباله

Lavoro. Affari. Parte 2

118. Spettacolo. Mostra

fiera (f)	namāyešgāh	نمایشگاه
fiera (f) campionaria	namāyešgāh-e tejāri	نمایشگاه تجاری
partecipazione (f)	šerkat	شرکت
partecipare (vi)	šerekat kardan	شرکت کردن
partecipante (m)	šerekat konande	شرکت کننده
direttore (m)	ra'is	رئیس
ufficio (m) organizzativo	daftar-e modiriyat	دفتر مدیریت
organizzatore (m)	sāzmān dahande	سازمان دهنده
organizzare (vt)	sāzmān dādan	سازمان دادن
domanda (f) di partecipazione	darxāst-e šerkat	درخواست شرکت
riempire (vt)	por kardan	پر کردن
dettagli (m pl)	joz'iyāt	جزئیات
informazione (f)	ettelā'āt	اطلاعات
prezzo (m)	arzeš	ارزش
incluso (agg)	šāmel	شامل
includere (vt)	šāmel šodan	شامل شدن
pagare (vi, vt)	pardāxtan	پرداختن
quota (f) d'iscrizione	haqq-e sabt	حق ثبت
entrata (f)	vorud	ورود
padiglione (m)	qorfe	غرفه
registrare (vt)	sabt kardan	ثبت کردن
tesserino (m)	kārt-e šenāsāyi	کارت شناسایی
stand (m)	qorfe	غرفه
prenotare (riservare)	rezerv kardan	رزرو کردن
vetrina (f)	vitrin	ویترین
faretto (m)	nurafkan	نورافکن
design (m)	tarh	طرح
collocare (vt)	qarār dādan	قرار دادن
collocarsi (vr)	qarār gereftan	قرار گرفتن
distributore (m)	towzi' konande	توزیع کننده
fornitore (m)	arze konande	عرضه کننده
fornire (vt)	arze kardan	عرضه کردن
paese (m)	kešvar	کشور
straniero (agg)	xāreji	خارجی
prodotto (m)	mahsul	محصول
associazione (f)	anjoman	انجمن
sala (f) conferenze	tālār-e konferāns	تالار کنفرانس

| congresso (m) | kongere | کنگره |
| concorso (m) | mosābeqe | مسابقه |

visitatore (m)	bāzdid konande	بازدید کننده
visitare (vt)	bāzdid kardan	بازدید کردن
cliente (m)	moštari	مشتری

119. Mezzi di comunicazione di massa

giornale (m)	ruzpāme	روزنامه
rivista (f)	majalle	مجله
stampa (f) (giornali, ecc.)	matbuāt	مطبوعات
radio (f)	rādiyo	رادیو
stazione (f) radio	istgāh-e rādiyoyi	ایستگاه رادیویی
televisione (f)	televiziyon	تلویزیون

presentatore (m)	mojri	مجری
annunciatore (m)	guyande-ye axbār	گوینده اخبار
commentatore (m)	mofasser	مفسر

giornalista (m)	ruzpāme negār	روزنامه نگار
corrispondente (m)	xabarnegār	خبرنگار
fotocronista (m)	akkās-e matbuāti	عکاس مطبوعاتی
cronista (m)	gozārešgar	گزارشگر

| redattore (m) | virāstār | ویراستار |
| redattore capo (m) | sardabir | سردبیر |

abbonarsi a ...	moštarak šodan	مشترک شدن
abbonamento (m)	ešterāk	اشتراک
abbonato (m)	moštarek	مشترک
leggere (vi, vt)	xāndan	خواندن
lettore (m)	xānande	خواننده

tiratura (f)	tirāž	تیراژ
mensile (agg)	māhāne	ماهانه
settimanale (agg)	haftegi	هفتگی
numero (m)	šomāre	شماره
fresco (agg)	tāze	تازه

testata (f)	sar xat-e xabar	سرخط خبر
trafiletto (m)	maqāle-ye kutāh	مقاله کوتاه
rubrica (f)	sotun	ستون
articolo (m)	maqāle	مقاله
pagina (f)	safhe	صفحه

servizio (m), reportage (m)	gozāreš	گزارش
evento (m)	vāqe'e	واقعه
sensazione (f)	hayajān	هیجان
scandalo (m)	janjāl	جنجال
scandaloso (agg)	janjāl āvar	جنجال آور
enorme (un ~ scandalo)	bozorg	بزرگ
trasmissione (f)	barnāme	برنامه
intervista (f)	mosāhebe	مصاحبه

| trasmissione (f) in diretta | paxš-e mostaqim | پخش مستقیم |
| canale (m) | kānāl | کانال |

120. Agricoltura

agricoltura (f)	kešāvarzi	کشاورزی
contadino (m)	dehqān	دهقان
contadina (f)	dehqān	دهقان
fattore (m)	kešāvarz	کشاورز

| trattore (m) | terāktor | تراکتور |
| mietitrebbia (f) | kombāyn | کمباین |

aratro (m)	gāvāhan	گاوآهن
arare (vt)	šoxm zadan	شخم زدن
terreno (m) coltivato	zamin āmāde kešt	زمین آماده کشت
solco (m)	šiyār	شیار

seminare (vt)	kāštan	کاشتن
seminatrice (f)	bazrpāš	بذرپاش
semina (f)	košt	کشت

| falce (f) | dās | داس |
| falciare (vt) | dero kardan | درو کردن |

| pala (f) | bil | بیل |
| scavare (vt) | kandan | کندن |

zappa (f)	kaj bil	کج بیل
zappare (vt)	vajin kardan	وجین کردن
erbaccia (f)	alaf-e harz	علف هرز

innaffiatoio (m)	āb pāš	آب پاش
innaffiare (vt)	āb dādan	آب دادن
innaffiamento (m)	ābyāri	آبیاری

| forca (f) | čangak | چنگک |
| rastrello (m) | šen keš | شن کش |

concime (m)	kud	کود
concimare (vt)	kud dādan	کود دادن
letame (m)	kud-e heyvāni	کود حیوانی

campo (m)	sahrā	صحرا
prato (m)	čaman	چمن
orto (m)	jāliz	جالیز
frutteto (m)	bāq	باغ

pascolare (vt)	čerāndan	چراندن
pastore (m)	čupān	چوپان
pascolo (m)	čerā-gāh	چراگاه

| allevamento (m) di bestiame | dāmparvari | دامپروری |
| allevamento (m) di pecore | gusfand dāri | گوسفند داری |

piantagione (f)	mazrae	مزرعه
filare (m) (un ~ di alberi)	radif	رديف
serra (f) da orto	golxāne	گلخانه

| siccità (f) | xošksāli | خشکسالی |
| secco, arido (un'estate ~a) | xošk | خشک |

grano (m)	dāne	دانه
cereali (m pl)	qallāt	غلات
raccogliere (vt)	mahsul-e jam' kardan	محصول جمع کردن

mugnaio (m)	āsiyābān	آسیابان
mulino (m)	āsiyāb	آسیاب
macinare (~ il grano)	qalle kubidan	غله کوبیدن
farina (f)	ārd	آرد
paglia (f)	kāh	کاه

121. Edificio. Attività di costruzione

cantiere (m) edile	mahal-e sāxt-o sāz	محل ساخت و ساز
costruire (vt)	sāxtan	ساختن
operaio (m) edile	kārgar-e sāxtemāni	کارگر ساختمانی

progetto (m)	porože	پروژه
architetto (m)	me'mār	معمار
operaio (m)	kārgar	کارگر

fondamenta (f pl)	šālude	شالوده
tetto (m)	bām	بام
palo (m) di fondazione	pāye	پایه
muro (m)	divār	دیوار

| barre (f pl) di rinforzo | milgerd | میلگرد |
| impalcatura (f) | dārbast | داربست |

beton (m)	boton	بتن
granito (m)	sang-e gerānit	سنگ گرانیت
pietra (f)	sang	سنگ
mattone (m)	ājor	آجر

sabbia (f)	šen	شن
cemento (m)	simān	سیمان
intonaco (m)	gač kāri	گچ کاری
intonacare (vt)	gačkār-i kardan	گپکاری کردن

pittura (f)	rang	رنگ
pitturare (vt)	rang kardan	رنگ کردن
botte (f)	boške	بشکه

gru (f)	jarsaqil	جرثقیل
sollevare (vt)	boland kardan	بلند کردن
abbassare (vt)	pāin āvardan	پائین آوردن
bulldozer (m)	buldozer	بولدوزر
scavatrice (f)	dastgāh-e haffāri	دستگاه حفاری

cucchiaia (f)	bil	بیل
scavare (vt)	kandan	کندن
casco (m) (~ di sicurezza)	kolāh-e imeni	کلاه ایمنی

122. Scienza. Ricerca. Scienziati

scienza (f)	elm	علم
scientifico (agg)	elmi	علمی
scienziato (m)	dānešmand	دانشمند
teoria (f)	nazariye	نظریه
assioma (m)	qā'ede-ye kolli	قاعده کلی
analisi (f)	tahlil	تحلیل
analizzare (vt)	tahlil kardan	تحلیل کردن
argomento (m)	dalil	دلیل
sostanza, materia (f)	mādde	ماده
ipotesi (f)	farziye	فرضیه
dilemma (m)	dorāhi	دوراهی
tesi (f)	pāyān nāme	پایان نامه
dogma (m)	aqide	عقیده
dottrina (f)	doktorin	دکترین
ricerca (f)	tahqiq	تحقیق
fare ricerche	tahghigh kardan	تحقیق کردن
prova (f)	āzmāyeš	آزمایش
laboratorio (m)	āzmāyešgāh	آزمایشگاه
metodo (m)	raveš	روش
molecola (f)	molekul	مولکول
monitoraggio (m)	nozzār-at	نظارت
scoperta (f)	kašf	کشف
postulato (m)	engāre	انگاره
principio (m)	asl	اصل
previsione (f)	piš bini	پیش بینی
fare previsioni	pišbini kardan	پیش بینی کردن
sintesi (f)	santez	سنتز
tendenza (f)	gerāyeš	گرایش
teorema (m)	qaziye	قضیه
insegnamento (m)	āmuzeš	آموزش
fatto (m)	haqiqat	حقیقت
spedizione (f)	safar	سفر
esperimento (m)	āzmāyeš	آزمایش
accademico (m)	ozv-e ākādemi	عضو آکادمی
laureato (m)	lisāns	لیسانس
dottore (m)	pezešk	پزشک
professore (m) associato	dānešyār	دانشیار
Master (m)	foqe lisāns	فوق لیسانس
professore (m)	porofosor	پروفسور

Professioni e occupazioni

123. Ricerca di un lavoro. Licenziamento

lavoro (m)	kār	کار
organico (m)	kārmandān	کارمندان
personale (m)	kādr	کادر
carriera (f)	šoql	شغل
prospettiva (f)	durnamā	دورنما
abilità (f pl)	mahārat	مهارت
selezione (f) (~ del personale)	entexāb	انتخاب
agenzia (f) di collocamento	āžāns-e kāryābi	آژانس کاریابی
curriculum vitae (f)	rezume	رزومه
colloquio (m)	mosāhabe-ye kari	مصاحبه کاری
posto (m) vacante	post-e xāli	پست خالی
salario (m)	hoquq	حقوق
stipendio (m) fisso	darāmad-e s ābet	درآمد ثابت
compenso (m)	pardāxt	پرداخت
carica (f), funzione (f)	šoql	شغل
mansione (f)	vazife	وظیفه
mansioni (f pl) di lavoro	šarh-e vazāyef	شرح وظایف
occupato (agg)	mašqul	مشغول
licenziare (vt)	exrāj kardan	اخراج کردن
licenziamento (m)	exrāj	اخراج
disoccupazione (f)	bikāri	بیکاری
disoccupato (m)	bikār	بیکار
pensionamento (m)	mostamerri	مستمری
andare in pensione	bāznešaste šodan	بازنشسته شدن

124. Gente d'affari

direttore (m)	modir	مدیر
dirigente (m)	modir	مدیر
capo (m)	ra'is	رئیس
superiore (m)	māfowq	مافوق
capi (m pl)	roasā	رؤسا
presidente (m)	ra'is jomhur	رئیس جمهور
presidente (m) (impresa)	ra'is	رئیس
vice (m)	mo'āven	معاون
assistente (m)	mo'āven	معاون

segretario (m)	monši	منشی
assistente (m) personale	dastyār-e šaxsi	دستیار شخصی
uomo (m) d'affari	bāzargān	بازرگان
imprenditore (m)	kārāfarin	کارآفرین
fondatore (m)	moasses	مؤسس
fondare (vt)	ta'sis kardan	تأسیس کردن
socio (m)	hamkār	همکار
partner (m)	šarik	شریک
azionista (m)	sahāmdār	سهامدار
milionario (m)	milyuner	میلیونر
miliardario (m)	milyārder	میلیاردر
proprietario (m)	sāheb	صاحب
latifondista (m)	zamin-dār	زمین دار
cliente (m) (di professionista)	xaridār	خریدار
cliente (m) abituale	xaridār-e dāemi	خریدار دائمی
compratore (m)	xaridār	خریدار
visitatore (m)	bāzdid konande	بازدید کننده
professionista (m)	herfe i	حرفه ای
esperto (m)	kāršenās	کارشناس
specialista (m)	motexasses	متخصص
banchiere (m)	kārmand-e bānk	کارمند بانک
broker (m)	dallāl-e kārgozār	دلال کارگزار
cassiere (m)	sanduqdār	صندوقدار
contabile (m)	hesābdār	حسابدار
guardia (f) giurata	negahbān	نگهبان
investitore (m)	sarmāye gozār	سرمایه گذار
debitore (m)	bedehkār	بدهکار
creditore (m)	talabkār	طلبکار
mutuatario (m)	vām girande	وام گیرنده
importatore (m)	vāred konande	وارد کننده
esportatore (m)	sāder konande	صادر کننده
produttore (m)	towlid konande	تولید کننده
distributore (m)	towzi' konande	توزیع کننده
intermediario (m)	vāsete	واسطه
consulente (m)	mošāver	مشاور
rappresentante (m)	namāyande	نماینده
agente (m)	namāyande	نماینده
assicuratore (m)	namāyande-ye bime	نمایندۀ بیمه

125. Professioni amministrative

cuoco (m)	āšpaz	آشپز
capocuoco (m)	sarāšpaz	سرآشپز

fornaio (m)	nānvā	نانوا
barista (m)	motesaddi-ye bār	متصدی بار
cameriere (m)	pišxedmat	پیشخدمت
cameriera (f)	pišxedmat	پیشخدمت

avvocato (m)	vakil	وکیل
esperto (m) legale	hoquq dān	حقوق دان
notaio (m)	daftardār	دفتردار

elettricista (m)	barq-e kār	برق کار
idraulico (m)	lule keš	لوله کش
falegname (m)	najjār	نجار

massaggiatore (m)	māsāž dahande	ماساژ دهنده
massaggiatrice (f)	māsāž dahande	ماساژ دهنده
medico (m)	pezešk	پزشک

taxista (m)	rānande-ye tāksi	راننده تاکسی
autista (m)	rānande	راننده
fattorino (m)	peyk	پیک

cameriera (f)	mostaxdem	مستخدم
guardia (f) giurata	negahbān	نگهبان
hostess (f)	mehmāndār-e havāpeymā	مهماندار هواپیما

insegnante (m, f)	mo'allem	معلم
bibliotecario (m)	ketābdār	کتابدار
traduttore (m)	motarjem	مترجم
interprete (m)	motarjem-e šafāhi	مترجم شفاهی
guida (f)	rāhnamā-ye tur	راهنمای تور

parrucchiere (m)	ārāyešgar	آرایشگر
postino (m)	nāme resān	نامه رسان
commesso (m)	forušande	فروشنده

giardiniere (m)	bāqbān	باغبان
domestico (m)	nowkar	نوکر
domestica (f)	xedmatkār	خدمتکار
donna (f) delle pulizie	zan-e nezāfatči	زن نظافتچی

126. Professioni militari e gradi

soldato (m) semplice	sarbāz	سرباز
sergente (m)	goruhbān	گروهبان
tenente (m)	sotvān	ستوان
capitano (m)	kāpitān	کاپیتان

maggiore (m)	sargord	سرگرد
colonnello (m)	sarhang	سرهنگ
generale (m)	ženerāl	ژنرال
maresciallo (m)	māršāl	مارشال
ammiraglio (m)	daryāsālār	دریاسالار
militare (m)	nezāmi	نظامی
soldato (m)	sarbāz	سرباز

ufficiale (m)	afsar	افسر
comandante (m)	farmāndeh	فرمانده

guardia (f) di frontiera	marzbān	مرزبان
marconista (m)	bisim či	بیسیم چی
esploratore (m)	ettelā'āti	اطلاعاتی
geniere (m)	mohandes estehkāmāt	مهندس استحکامات
tiratore (m)	tirandāz	تیرانداز
navigatore (m)	nāvbar	ناویر

127. Funzionari. Sacerdoti

re (m)	šāh	شاه
regina (f)	maleke	ملکه

principe (m)	šāhzāde	شاهزاده
principessa (f)	pranses	پرنسس

zar (m)	tezār	تزار
zarina (f)	maleke	ملکه

presidente (m)	ra'is jomhur	رئیس جمهور
ministro (m)	vazir	وزیر
primo ministro (m)	noxost vazir	نخست وزیر
senatore (m)	senātor	سناتور

diplomatico (m)	diplomāt	دیپلمات
console (m)	konsul	کنسول
ambasciatore (m)	safir	سفیر
consigliere (m)	mošāver	مشاور

funzionario (m)	kārmand	کارمند
prefetto (m)	baxšdār	بخشدار
sindaco (m)	šahrdār	شهردار

giudice (m)	qāzi	قاضی
procuratore (m)	dādsetān	دادستان

missionario (m)	misiyoner	میسیونر
monaco (m)	rāheb	راهب
abate (m)	rāheb-e bozorg	راهب بزرگ
rabbino (m)	xāxām	خاخام

visir (m)	vazir	وزیر
scià (m)	šāh	شاه
sceicco (m)	šeyx	شیخ

128. Professioni agricole

apicoltore (m)	zanburdār	زنبوردار
pastore (m)	čupān	چوپان
agronomo (m)	motexasses-e kešāvarzi	متخصص کشاورزی

| allevatore (m) di bestiame | dāmparvar | دامپرور |
| veterinario (m) | dāmpezešk | دامپزشک |

fattore (m)	kešāvarz	کشاورز
vinificatore (m)	šarāb sāz	شراب ساز
zoologo (m)	jānevar-šenās	جانور شناس
cowboy (m)	gāvčerān	گاوچران

129. Professioni artistiche

| attore (m) | bāzigar | بازیگر |
| attrice (f) | bāzigar | بازیگر |

| cantante (m) | xānande | خواننده |
| cantante (f) | xānande | خواننده |

| danzatore (m) | raqqās | رقاص |
| ballerina (f) | raqqāse | رقاصه |

| artista (m) | honarpiše | هنرپیشه |
| artista (f) | honarpiše | هنرپیشه |

musicista (m)	muzisiyan	موزیسین
pianista (m)	piyānist	پیانیست
chitarrista (m)	gitārist	گیتاریست

direttore (m) d'orchestra	rahbar-e orkestr	رهبر ارکستر
compositore (m)	āhangsāz	آهنگساز
impresario (m)	modir-e operā	مدیر اپرا

regista (m)	kārgardān	کارگردان
produttore (m)	tahiye konande	تهیه کننده
sceneggiatore (m)	senārist	سناریست
critico (m)	montaqed	منتقد

scrittore (m)	nevisande	نویسنده
poeta (m)	šā'er	شاعر
scultore (m)	mojassame sāz	مجسمه ساز
pittore (m)	naqqāš	نقاش

giocoliere (m)	tardast	تردست
pagliaccio (m)	dalqak	دلقک
acrobata (m)	ākrobāt	آکروبات
prestigiatore (m)	šo'bade bāz	شعبده باز

130. Professioni varie

medico (m)	pezešk	پزشک
infermiera (f)	parastār	پرستار
psichiatra (m)	ravānpezešk	روانپزشک
dentista (m)	dandān pezešk	دندان پزشک
chirurgo (m)	jarrāh	جراح

astronauta (m)	fazānavard	فضانورد
astronomo (m)	setāre-šenās	ستاره شناس
pilota (m)	xalabān	خلبان

autista (m)	rānande	راننده
macchinista (m)	rānande	راننده
meccanico (m)	mekānik	مکانیک

minatore (m)	ma'danči	معدنچی
operaio (m)	kārgar	کارگر
operaio (m) metallurgico	qofl sāz	قفل ساز
falegname (m)	najjār	نجار
tornitore (m)	tarrāš kār	تراش کار
operaio (m) edile	kārgar-e sāxtemāni	کارگر ساختمانی
saldatore (m)	juš kār	جوش کار

professore (m)	porofosor	پروفسور
architetto (m)	me'mār	معمار
storico (m)	movarrex	مورخ
scienziato (m)	dānešmand	دانشمند
fisico (m)	fizikdān	فیزیکدان
chimico (m)	šimi dān	شیمی دان

archeologo (m)	bāstān-šenās	باستان شناس
geologo (m)	zamin-šenās	زمین شناس
ricercatore (m)	pažuhešgar	پژوهشگر

baby-sitter (m, f)	parastār bače	پرستار بچه
insegnante (m, f)	āmuzgār	آموزگار

redattore (m)	virāstār	ویراستار
redattore capo (m)	sardabir	سردبیر
corrispondente (m)	xabarnegār	خبرنگار
dattilografa (f)	māšin nevis	ماشین نویس

designer (m)	tarāh	طراح
esperto (m) informatico	kāršenās kāmpiyuter	کارشناس کامپیوتر
programmatore (m)	barnāme-ye nevis	برنامه نویس
ingegnere (m)	mohandes	مهندس

marittimo (m)	malavān	ملوان
marinaio (m)	malavān	ملوان
soccorritore (m)	nejāt-e dahande	نجات دهنده

pompiere (m)	ātaš nešān	آتش نشان
poliziotto (m)	polis	پلیس
guardiano (m)	mohāfez	محافظ
detective (m)	kārāgāh	کارآگاه

doganiere (m)	ma'mur-e gomrok	مامور گمرک
guardia (f) del corpo	mohāfez-e šaxsi	محافظ شخصی
guardia (f) carceraria	negahbān zendān	نگهبان زندان
ispettore (m)	bāzres	بازرس

sportivo (m)	varzeškār	ورزشکار
allenatore (m)	morabbi	مربی

macellaio (m)	qassāb	قصاب
calzolaio (m)	kaffāš	كفاش
uomo (m) d'affari	bāzargān	بازرگان
caricatore (m)	bārbar	باربر

| stilista (m) | tarrāh-e lebas | طراح لباس |
| modella (f) | model-e zan | مدل زن |

131. Attività lavorative. Condizione sociale

| scolaro (m) | dāneš-āmuz | دانش آموز |
| studente (m) | dānešju | دانشجو |

filosofo (m)	filsuf	فيلسوف
economista (m)	eqtesāddān	اقتصاددان
inventore (m)	moxtare'	مخترع

disoccupato (m)	bikār	بيكار
pensionato (m)	bāznešaste	بازنشسته
spia (f)	jāsus	جاسوس

detenuto (m)	zendāni	زندانى
scioperante (m)	e'tesāb konande	اعتصاب كننده
burocrate (m)	ma'mur-e edāri	مأمور ادارى
viaggiatore (m)	mosāfer	مسافر

omosessuale (m)	hamjens-e bāz	همجنس باز
hacker (m)	haker	هكر
hippy (m, f)	hipi	هيپى

bandito (m)	rāhzan	راهزن
sicario (m)	ādamkoš	آدمكش
drogato (m)	mo'tād	معتاد
trafficante (m) di droga	forušande-ye mavādd-e moxadder	فروشنده مواد مخدر

| prostituta (f) | fāheše | فاحشه |
| magnaccia (m) | jākeš | جاكش |

stregone (m)	jādugar	جادوگر
strega (f)	jādugar	جادوگر
pirata (m)	dozd-e daryāyi	دزد دريايى
schiavo (m)	borde	برده
samurai (m)	sāmurāyi	ساموراىى
selvaggio (m)	vahši	وحشى

Sport

132. Tipi di sport. Sportivi

sportivo (m)	varzeškār	ورزشکار
sport (m)	anvā-e varzeš	انواع ورزش
pallacanestro (m)	basketbāl	بسکتبال
cestista (m)	basketbālist	بسکتبالیست
baseball (m)	beysbāl	بیسبال
giocatore (m) di baseball	beysbālist	بیسبالیست
calcio (m)	futbāl	فوتبال
calciatore (m)	futbālist	فوتبالیست
portiere (m)	darvāze bān	دروازه بان
hockey (m)	hāki	هاکی
hockeista (m)	hāki-ye bāz	هاکی باز
pallavolo (m)	vālibāl	والیبال
pallavolista (m)	vālibālist	والیبالیست
pugilato (m)	boks	بوکس
pugile (m)	boksor	بوکسور
lotta (f)	kešti	کشتی
lottatore (m)	košti gir	کشتی گیر
karate (m)	kārāte	کاراته
karateka (m)	kārāte-e bāz	کاراته باز
judo (m)	jodo	جودو
judoista (m)	jodo bāz	جودو باز
tennis (m)	tenis	تنیس
tennista (m)	tenis bāz	تنیس باز
nuoto (m)	šenā	شنا
nuotatore (m)	šenāgar	شناگر
scherma (f)	šamširbāzi	شمشیربازی
schermitore (m)	šamširbāz	شمشیرباز
scacchi (m pl)	šatranj	شطرنج
scacchista (m)	šatranj bāz	شطرنج باز
alpinismo (m)	kuhnavardi	کوهنوردی
alpinista (m)	kuhnavard	کوهنورد
corsa (f)	do	دو

corridore (m)	davande	دونده
atletica (f) leggera	varzeš	ورزش
atleta (m)	varzeškār	ورزشکار

| ippica (f) | asb savāri | اسب سواری |
| fantino (m) | savārkār | سوارکار |

pattinaggio (m) artistico	raqs ruy yax	رقص روی یخ
pattinatore (m)	eskeyt bāz	اسکیت باز
pattinatrice (f)	eskeyt bāz	اسکیت باز

| pesistica (f) | vazne bardār-i | وزنه برداری |
| pesista (m) | vazne bardār | وزنه بردار |

| automobilismo (m) | mosābeqe-ye otomobilrāni | مسابقة اتومبیلرانی |
| pilota (m) | otomobilrān | اتومبیلران |

| ciclismo (m) | dočarxe savāri | دوچرخه سواری |
| ciclista (m) | dočarxe savār | دوچرخه سوار |

salto (m) in lungo	pareš-e tul	پرش طول
salto (m) con l'asta	pareš bā neyze	پرش با نیزه
saltatore (m)	pareš konande	پرش کننده

133. Tipi di sport. Varie

football (m) americano	futbāl-e āmrikāyi	فوتبال آمریکایی
badminton (m)	badminton	بدمینتون
biathlon (m)	biatlon	بیاتلون
biliardo (m)	bilyārd	بیلیارد

bob (m)	surtme	سورتمه
culturismo (m)	badansāzi	بدنسازی
pallanuoto (m)	vāterpolo	واترپولو
pallamano (m)	handbāl	هندبال
golf (m)	golf	گلف

canottaggio (m)	qāyeq rāni	قایق رانی
immersione (f) subacquea	dāyving	دایوینگ
sci (m) di fondo	eski-ye sahrānavardi	اسکی صحرانوردی
tennis (m) da tavolo	ping pong	پینگ پونگ

vela (f)	qāyeq-rāni bādbani	قایق رانی بادبانی
rally (m)	rāli	رالی
rugby (m)	rāgbi	راگبی
snowboard (m)	snowbord	اسنوبورد
tiro (m) con l'arco	tirandāzi bā kamān	تیراندازی با کمان

134. Palestra

| bilanciere (m) | hālter | هالتر |
| manubri (m pl) | dambel | دمبل |

attrezzo (m) sportivo	māšin-e tamrin	ماشین تمرین
cyclette (f)	dočarxe-ye tamrin	دوچرخه تمرین
tapis roulant (m)	pist-e do	پیست دو

sbarra (f)	bārfiks	بارفیکس
parallele (f pl)	pārālel	پارالل
cavallo (m)	xarak	خرک
materassino (m)	tošak	تشک

corda (f) per saltare	tanāb	طناب
aerobica (f)	āirobik	ایروبیک
yoga (m)	yugā	یوگا

135. Hockey

hockey (m)	hāki	هاکی
hockeista (m)	hāki-ye bāz	هاکی باز
giocare a hockey	hākey bāzi kardan	هاکی بازی کردن
ghiaccio (m)	yax	یخ

disco (m)	mohre	مهره
bastone (m) da hockey	čub-e hāki	چوب هاکی
pattini (m pl)	eskeyt ruy yax	اسکیت روی یخ

| bordo (m) | taxte | تخته |
| tiro (m) | šut | شوت |

portiere (m)	darvāze bān	دروازه بان
gol (m)	gol	گل
segnare un gol	gol zadan	گل زدن

tempo (m)	dowre	دوره
secondo tempo (m)	dowre-ye dovvom	دورۀ دوم
panchina (f)	nimkat-e zaxire	نیمکت ذخیره

136. Calcio

calcio (m)	futbāl	فوتبال
calciatore (m)	futbālist	فوتبالیست
giocare a calcio	futbāl bāzi kardan	فوتبال بازی کردن

La Prima Divisione	lig-e bartar	لیگ برتر
società (f) calcistica	bāšgāh-e futbāl	باشگاه فوتبال
allenatore (m)	morabbi	مربی
proprietario (m)	sāheb	صاحب

squadra (f)	tim	تیم
capitano (m) di squadra	kāpitān-e tim	کاپیتان تیم
giocatore (m)	bāzikon	بازیکن
riserva (f)	bāzikon-e zaxire	بازیکن ذخیره
attaccante (m)	forvārd	فوروارد
centrocampista (m)	forvārd vasat	فوروارد وسط

bomber (m)	golzan	گلزن
terzino (m)	defā'	دفاع
mediano (m)	hāfbak	هافبک
partita (f)	mosābeqe	مسابقه
incontrarsi (vr)	molāqāt kardan	ملاقات کردن
finale (m)	fināl	فینال
semifinale (m)	nime nahāyi	نیمه نهایی
campionato (m)	mosābeqe-ye qahremāni	مسابقه قهرمانی
tempo (m)	nime	نیمه
primo tempo (m)	nime-ye avval	نیمه اول
intervallo (m)	hāf tāym	هاف تایم
porta (f)	darvāze	دروازه
portiere (m)	darvāze bān	دروازه بان
palo (m)	tir-e darvāze	تیر دروازه
traversa (f)	tir-e ofoqi	تیر افقی
rete (f)	tur	تور
subire un gol	gol xordan	گل خوردن
pallone (m)	tup	توپ
passaggio (m)	pās	پاس
calcio (m), tiro (m)	zarbe	ضربه
tirare un calcio	zarbe zadan	ضربه زدن
calcio (m) di punizione	zarbe-ye xatā	ضربة خطا
calcio (m) d'angolo	korner	کرنر
attacco (m)	hamle	حمله
contrattacco (m)	zedd-e hamle	ضد حمله
combinazione (f)	mānovr	مانور
arbitro (m)	dāvar	داور
fischiare (vi)	sut zadan	سوت زدن
fischio (m)	sut	سوت
fallo (m)	xatā	خطا
fare un fallo	xatā kardan	خطا کردن
espellere dal campo	az zamin exrāj kardan	از زمین اخراج کردن
cartellino (m) giallo	kārt-e zard	کارت زرد
cartellino (m) rosso	kārt-e qermez	کارت قرمز
squalifica (f)	rad-e salāhiyat	رد صلاحیت
squalificare (vt)	rad-e salāhiyat kardan	رد صلاحیت کردن
rigore (m)	penālti	پنالتی
barriera (f)	divār-e defā'i	دیوار دفاعی
segnare (~ un gol)	gol zadan	گل زدن
gol (m)	gol	گل
segnare un gol	gol zadan	گل زدن
sostituzione (f)	ta'viz	تعویض
sostituire (vt)	ta'viz kardan	تعویض کردن
regole (f pl)	qavā'ed	قواعد
tattica (f)	tāktik	تاکتیک
stadio (m)	varzešgāh	ورزشگاه
tribuna (f)	teribun	تریبون

tifoso, fan (m)	tarafdār	طرفدار
gridare (vi)	faryād zadan	فریاد زدن
tabellone (m) segnapunti	skorbord	اسکوربورد
punteggio (m)	emtiyāz	امتیاز
sconfitta (f)	šekast	شکست
subire una sconfitta	bāxtan	باختن
pareggio (m)	mosāvi	مساوی
pareggiare (vi)	bāzi rā mosāvi kardan	بازی رامساوی کردن
vittoria (f)	piruzi	پیروزی
vincere (vi)	piruz šodan	پیروز شدن
campione (m)	qahremān	قهرمان
migliore (agg)	behtarin	بهترین
congratularsi (con qn per qc)	tabrik goftan	تبریک گفتن
commentatore (m)	mofasser	مفسر
commentare (vt)	tafsir kardan	تفسیر کردن
trasmissione (f)	paxš	پخش

137. Sci alpino

sci (m pl)	eski	اسکی
sciare (vi)	eski kardan	اسکی کردن
stazione (f) sciistica	pist-e eski	پیست اسکی
sciovia (f)	telesk-i	تلسکی
bastoni (m pl) da sci	čub-e eski	چوب اسکی
pendio (m)	šib	شیب
slalom (m)	eslālom	اسلالوم

138. Tennis. Golf

golf (m)	golf	گلف
golf club (m)	bāšgāh-e golf	باشگاه گلف
golfista (m)	bāzikon-e golf	بازیکن گلف
buca (f)	gowdāl	گودال
mazza (f) da golf	čub-e golf	چوب گلف
carrello (m) da golf	čarx-e hāmele golf	چرخ حامل گلف
tennis (m)	tenis	تنیس
campo (m) da tennis	zamin-e tenis	زمین تنیس
battuta (f)	servis	سرویس
servire (vt)	servis zadan	سرویس زدن
racchetta (f)	rāket	راکت
rete (f)	tur	تور
palla (f)	tup	توپ

139. Scacchi

scacchi (m pl)	šatranj	شطرنج
pezzi (m pl) degli scacchi	mohrehā-ye šatranj	مهره های شطرنج
scacchista (m)	šatranj bāz	شطرنج باز
scacchiera (f)	taxte-ye šatranj	تخته شطرنج
pezzo (m)	mohre-ye šatranj	مهره شطرنج

| Bianchi (m pl) | sefid | سفید |
| Neri (m pl) | siyāh | سیاه |

pedina (f)	piyāde	پیاده
alfiere (m)	fil	فیل
cavallo (m)	asb	اسب
torre (f)	rox	رخ
regina (f)	vazir	وزیر
re (m)	šāh	شاه

mossa (m)	harekat	حرکت
muovere (vt)	harekat kardan	حرکت کردن
sacrificare (vt)	qorbāni kardan	قربانی کردن
arrocco (m)	mohreye qal'e	مهرهٔ قلعه
scacco (m)	kiš	کیش
scacco matto (m)	māt	مات

torneo (m) di scacchi	mosābeqe-ye šatranj	مسابقهٔ شطرنج
gran maestro (m)	ostād-e bozorg	استاد بزرگ
combinazione (f)	tarkib	ترکیب
partita (f) (~ a scacchi)	dor-e bazi	دوربازی
dama (f)	bāzi-ye čekerz	بازی چکرز

140. Pugilato

pugilato (m), boxe (f)	boks	بوکس
incontro (m)	mobāreze	مبارزه
incontro (m) di boxe	mosābeqe-ye boks	مسابقه بوکس
round (m)	rānd	راند

| ring (m) | ring | رینگ |
| gong (m) | nāqus | ناقوس |

| pugno (m) | zarbe | ضربه |
| knock down (m) | nāk dān | ناک داون |

| knock-out (m) | nāk owt | ناک اوت |
| mettere knock-out | nākowt kardan | ناک اوت کردن |

| guantone (m) da pugile | dastkeš-e boks | دستکش بوکس |
| arbitro (m) | dāvar | داور |

peso (m) leggero	vazn-e sabok	وزن سبک
peso (m) medio	vazn-e motevasset	وزن متوسط
peso (m) massimo	vazn-e sangin	وزن سنگین

141. Sport. Varie

Giochi (m pl) Olimpici	bāzihā-ye olampik	بازی‌های المپیک
vincitore (m)	barande	برنده
ottenere la vittoria	piruz šodan	پیروز شدن
vincere (vi)	piruz šodan	پیروز شدن

| leader (m), capo (m) | rahbar | رهبر |
| essere alla guida | lider budan | لیدر بودن |

primo posto (m)	rotbe-ye avval	رتبه اول
secondo posto (m)	rotbe-ye dovvom	رتبه دوم
terzo posto (m)	rotbe-ye sevvom	رتبه سوم

medaglia (f)	medāl	مدال
trofeo (m)	kāp	کاپ
coppa (f) (trofeo)	jām	جام
premio (m)	jāyeze	جایزه
primo premio (m)	jāyeze-ye asli	جایزهٔ اصلی

| record (m) | rekord | رکورد |
| stabilire un record | rekord gozāštan | رکورد گذاشتن |

| finale (m) | fināl | فینال |
| finale (agg) | pāyāni | پایانی |

| campione (m) | qahremān | قهرمان |
| campionato (m) | mosābeqe-ye qahremāni | مسابقه قهرمانی |

stadio (m)	varzešgāh	ورزشگاه
tribuna (f)	teribun	تریبون
tifoso, fan (m)	tarafdār	طرفدار
avversario (m)	raqib	رقیب

| partenza (f) | šoru' | شروع |
| traguardo (m) | entehā | انتها |

| sconfitta (f) | šekast | شکست |
| perdere (vt) | bāxtan | باختن |

arbitro (m)	dāvar	داور
giuria (f)	hey'at-e dāvarān	هیئت داوران
punteggio (m)	emtiyāz	امتیاز
pareggio (m)	mosāvi	مساوی
pareggiare (vi)	bāzi rā mosāvi kardan	بازی رامساوی کردن
punto (m)	emtiyāz	امتیاز
risultato (m)	natije	نتیجه

| tempo (primo ~) | dowre | دوره |
| intervallo (m) | hāf tāym | هاف تایم |

doping (m)	doping	دوپینگ
penalizzare (vt)	jarime kardan	جریمه کردن
squalificare (vt)	rad-e salāhiyat kardan	رد صلاحیت کردن
attrezzatura (f)	asbāb	اسباب

giavellotto (m)	neyze	نیزه
peso (m) (sfera metallica)	vazne	وزنه
biglia (f) (palla)	tup	توپ

obiettivo (m)	hadaf	هدف
bersaglio (m)	nešangah	نشانگاه
sparare (vi)	tirandāzi kardan	تیراندازی کردن
preciso (agg)	dorost	درست

allenatore (m)	morabbi	مربی
allenare (vt)	tamrin dādan	تمرین دادن
allenarsi (vr)	tamrin kardan	تمرین کردن
allenamento (m)	tamrin	تمرین

palestra (f)	sālon-e varzeš	سالن ورزش
esercizio (m)	tamrin	تمرین
riscaldamento (m)	garm kardan	گرم کردن

Istruzione

142. Scuola

scuola (f)	madrese	مدرسه
direttore (m) di scuola	modir-e madrese	مدیر مدرسه
allievo (m)	dāneš-āmuz	دانش آموز
allieva (f)	dāneš-āmuz	دانش آموز
scolaro (m)	dāneš-āmuz	دانش آموز
scolara (f)	dāneš-āmuz	دانش آموز
insegnare (qn)	āmuxtan	آموختن
imparare (una lingua)	yād gereftan	یاد گرفتن
imparare a memoria	az hefz kardan	از حفظ کردن
studiare (vi)	yād gereftan	یاد گرفتن
frequentare la scuola	tahsil kardan	تحصیل کردن
andare a scuola	madrese raftan	مدرسه رفتن
alfabeto (m)	alefbā	الفبا
materia (f)	mabhas	مبحث
classe (f)	kelās	کلاس
lezione (f)	dars	درس
ricreazione (f)	zang-e tafrih	زنگ تفریح
campanella (f)	zang	زنگ
banco (m)	miz-e tahrir	میز تحریر
lavagna (f)	taxte-ye siyāh	تخته سیاه
voto (m)	nomre	نمره
voto (m) alto	nomre-ye xub	نمرۀ خوب
voto (m) basso	nomre-ye bad	نمرۀ بد
dare un voto	nomre gozāštan	نمره گذاشتن
errore (m)	eštebāh	اشتباه
fare errori	eštebāh kardan	اشتباه کردن
correggere (vt)	eslāh kardan	اصلاح کردن
bigliettino (m)	taqallob	تقلب
compiti (m pl)	taklif manzel	تکلیف منزل
esercizio (m)	tamrin	تمرین
essere presente	hozur dāštan	حضور داشتن
essere assente	qāyeb budan	غایب بودن
mancare le lezioni	az madrese qāyeb budan	ازمدرسه غایب بودن
punire (vt)	tanbih kardan	تنبیه کردن
punizione (f)	tanbih	تنبیه
comportamento (m)	raftār	رفتار

pagella (f)	gozāreš-e ruzāne	گزارش روزانه
matita (f)	medād	مداد
gomma (f) per cancellare	pāk kon	پاک کن
gesso (m)	gač	گچ
astuccio (m) portamatite	qalamdān	قلمدان
cartella (f)	kif madrese	کیف مدرسه
penna (f)	xodkār	خودکار
quaderno (m)	daftar	دفتر
manuale (m)	ketāb-e darsi	کتاب درسی
compasso (m)	pargār	پرگار
disegnare (tracciare)	rasm kardan	رسم کردن
disegno (m) tecnico	rasm-e fani	رسم فنی
poesia (f)	šeʼr	شعر
a memoria	az hefz	از حفظ
imparare a memoria	az hefz kardan	از حفظ کردن
vacanze (f pl) scolastiche	taʼtilāt	تعطیلات
essere in vacanza	dar taʼtilāt budan	در تعطیلات بودن
passare le vacanze	taʼtilāt rā gozarāndan	تعطیلات را گذراندن
prova (f) scritta	emtehān	امتحان
composizione (f)	enšāʼ	انشاء
dettato (m)	dikte	دیکته
esame (m)	emtehān	امتحان
sostenere un esame	emtehān dādan	امتحان دادن
esperimento (m)	āzmāyeš	آزمایش

143. Istituto superiore. Università

accademia (f)	farhangestān	فرهنگستان
università (f)	dānešgāh	دانشگاه
facoltà (f)	dāneškade	دانشکده
studente (m)	dānešju	دانشجو
studentessa (f)	dānešju	دانشجو
docente (m, f)	ostād	استاد
aula (f)	kelās	کلاس
diplomato (m)	fāreqottahsil	فارغ التحصیل
diploma (m)	diplom	دیپلم
tesi (f)	pāyān nāme	پایان نامه
ricerca (f)	tahqiqe elmi	تحقیق علمی
laboratorio (m)	āzmāyešgāh	آزمایشگاه
lezione (f)	soxanrāni	سخنرانی
compagno (m) di corso	ha mdowre i	هم دوره ای
borsa (f) di studio	burse tahsili	بورس تحصیلی
titolo (m) accademico	daraje-ye elmi	درجهٔ علمی

144. Scienze. Discipline

matematica (f)	riyāziyāt	ریاضیات
algebra (f)	jabr	جبر
geometria (f)	hendese	هندسه
astronomia (f)	setāre-šenāsi	ستاره شناسی
biologia (f)	zist-šenāsi	زیست شناسی
geografia (f)	joqrāfiyā	جغرافیا
geologia (f)	zamin-šenāsi	زمین شناسی
storia (f)	tārix	تاریخ
medicina (f)	pezeški	پزشکی
pedagogia (f)	olume tarbiyati	علوم تربیتی
diritto (m)	hoquq	حقوق
fisica (f)	fizik	فیزیک
chimica (f)	šimi	شیمی
filosofia (f)	falsafe	فلسفه
psicologia (f)	ravānšenāsi	روانشناسی

145. Sistema di scrittura. Ortografia

grammatica (f)	gerāmer	گرامر
lessico (m)	vājegān	واژگان
fonetica (f)	sadā-šenāsi	صداشناسی
sostantivo (m)	esm	اسم
aggettivo (m)	sefat	صفت
verbo (m)	fe'l	فعل
avverbio (m)	qeyd	قید
pronome (m)	zamir	ضمیر
interiezione (f)	harf-e nedā	حرف ندا
preposizione (f)	harf-e ezāfe	حرف اضافه
radice (f)	riše-ye kalame	ریشه کلمه
desinenza (f)	pasvand	پسوند
prefisso (m)	pišvand	پیشوند
sillaba (f)	hejā	هجا
suffisso (m)	pasvand	پسوند
accento (m)	fešar-e hejā	فشار هجا
apostrofo (m)	āpostrof	آپوستروف
punto (m)	noqte	نقطه
virgola (f)	virgul	ویرگول
punto (m) e virgola	noqte virgul	نقطه ویرگول
due punti	donoqte	دونقطه
puntini di sospensione	čand noqte	چند نقطه
punto (m) interrogativo	alāmat-e soāl	علامت سؤال
punto (m) esclamativo	alāmat-e taajjob	علامت تعجب

virgolette (f pl)	giyume	گیومه
tra virgolette	dar giyume	در گیومه
parentesi (f pl)	parãntez	پرانتز
tra parentesi	dar parãntez	در پرانتز

trattino (m)	xatt-e vãsel	خط واصل
lineetta (f)	xatt-e tire	خط تیره
spazio (m) (tra due parole)	fãsele	فاصله

lettera (f)	harf	حرف
lettera (f) maiuscola	harf-e bozorg	حرف بزرگ

vocale (f)	sedãdãr	صدادار
consonante (f)	sãmet	صامت

proposizione (f)	jomle	جمله
soggetto (m)	nahãd	نهاد
predicato (m)	gozãre	گزاره

riga (f)	satr	سطر
a capo	sar-e satr	سر سطر
capoverso (m)	band	بند

parola (f)	kalame	کلمه
gruppo (m) di parole	ebãrat	عبارت
espressione (f)	bayãn	بیان
sinonimo (m)	moterãdef	مترادف
antonimo (m)	motezãd	متضاد

regola (f)	qã'ede	قاعده
eccezione (f)	estesnã	استثنا
giusto (corretto)	sahih	صحیح

coniugazione (f)	sarf	صرف
declinazione (f)	sarf-e kalemãt	صرف کلمات
caso (m) nominativo	hãlat	حالت
domanda (f)	soãl	سؤال
sottolineare (vt)	xatt kešidan	خط کشیدن
linea (f) tratteggiata	noqte čin	نقطه چین

146. Lingue straniere

lingua (f)	zabãn	زبان
straniero (agg)	xãreji	خارجی
lingua (f) straniera	zabãn-e xãreji	زبان خارجی
studiare (vt)	dars xãndan	درس خواندن
imparare (una lingua)	yãd gereftan	یاد گرفتن

leggere (vi, vt)	xãndan	خواندن
parlare (vi, vt)	harf zadan	حرف زدن
capire (vt)	fahmidan	فهمیدن
scrivere (vi, vt)	neveštan	نوشتن
rapidamente	sari'	سریع
lentamente	ãheste	آهسته

correntemente	ravān	روان
regole (f pl)	qavā'ed	قواعد
grammatica (f)	gerāmer	گرامر
lessico (m)	vājegān	واژگان
fonetica (f)	āvā-šenāsi	آواشناسی

manuale (m)	ketāb-e darsi	کتاب درسی
dizionario (m)	farhang-e loqat	فرهنگ لغت
manuale (m) autodidattico	xod-āmuz	خودآموز
frasario (m)	ketāb-e mokāleme	کتاب مکالمه

cassetta (f)	kāst	کاست
videocassetta (f)	kāst-e video	کاست ویدئو
CD (m)	si-di	سیدی
DVD (m)	dey vey dey	دی وی دی

alfabeto (m)	alefbā	الفبا
compitare (vt)	heji kardan	هجی کردن
pronuncia (f)	talaffoz	تلفظ

accento (m)	lahje	لهجه
con un accento	bā lahje	با لهجه
senza accento	bi lahje	بی لهجه

| vocabolo (m) | kalame | کلمه |
| significato (m) | ma'ni | معنی |

corso (m) (~ di francese)	dowre	دوره
iscriversi (vr)	nām-nevisi kardan	نام نویسی کردن
insegnante (m, f)	ostād	استاد

traduzione (f) (fare una ~)	tarjome	ترجمه
traduzione (f) (un testo)	tarjome	ترجمه
traduttore (m)	motarjem	مترجم
interprete (m)	motarjem-e šafāhi	مترجم شفاهی

| poliglotta (m) | čand zabāni | چند زبانی |
| memoria (f) | hāfeze | حافظه |

147. Personaggi delle fiabe

Babbo Natale (m)	bābā noel	بابا نوئل
Cenerentola (f)	sinderelā	سیندرلا
sirena (f)	pari-ye daryāyi	پری دریایی
Nettuno (m)	nepton	نپتون

mago (m)	sāher	ساحر
fata (f)	sāher	ساحر
magico (agg)	jāduyi	جادویی
bacchetta (f) magica	asā-ye sehrāmiz	عصای سحرآمیز

fiaba (f), favola (f)	afsāne	افسانه
miracolo (m)	mo'jeze	معجزه
nano (m)	kutule	کوتوله

trasformarsi in …	tabdil šodan	تبدیل شدن
fantasma (m)	šabah	شبح
spettro (m)	šabah	شبح
mostro (m)	qul	غول
drago (m)	eždehā	اژدها
gigante (m)	qul	غول

148. Segni zodiacali

Ariete (m)	borj-e haml	برج حمل
Toro (m)	borj-e sowr	برج ثور
Gemelli (m pl)	borj-e jowzā	برج جوزا
Cancro (m)	saratān	سرطان
Leone (m)	šir	شیر
Vergine (f)	borj-e sonbole	برج سنبله

Bilancia (f)	borj-e mizān	برج میزان
Scorpione (m)	borj-e aqrab	برج عقرب
Sagittario (m)	borj-e qows	برج قوس
Capricorno (m)	borj-e jeddi	برج جدی
Acquario (m)	borj-e dalow	برج دلو
Pesci (m pl)	borj-e hut	برج حوت

carattere (m)	šaxsiyat	شخصیت
tratti (m pl) del carattere	xosusiyāt-e axlāqi	خصوصیات اخلاقی
comportamento (m)	raftār	رفتار
predire il futuro	fāl gereftan	فال گرفتن
cartomante (f)	fālgir	فالگیر
oroscopo (m)	tāle' bini	طالع بینی

Arte

149. Teatro

teatro (m)	teātr	تئاتر
opera (f)	operā	اپرا
operetta (f)	operā-ye kučak	اپرای کوچک
balletto (m)	bāle	باله
cartellone (m)	e'lān-e namāyeš	اعلان نمایش
compagnia (f) teatrale	hey'at honarpišegān	هیئت هنرپیشگان
tournée (f)	safar	سفر
andare in tourn?e	dar tur budan	در تور بودن
fare le prove	tamrin kardan	تمرین کردن
prova (f)	tamrin	تمرین
repertorio (m)	roperator	رپراتور
rappresentazione (f)	namāyeš	نمایش
spettacolo (m)	namāyeš	نمایش
opera (f) teatrale	namāyeš nāme	نمایش نامه
biglietto (m)	belit	بلیط
botteghino (m)	belit-foruši	بلیت فروشی
hall (f)	lābi	لابی
guardaroba (f)	komod-e lebās	کمد لباس
cartellino (m) del guardaroba	žeton	ژتون
binocolo (m)	durbin	دوربین
maschera (f)	rāhnamā	راهنما
platea (f)	sandali-ye orkestr	صندلی ارکستر
balconata (f)	bālkon	بالکن
prima galleria (f)	bālkon-e avval	بالکن اول
palco (m)	jāygāh-e vižhe	جایگاه ویژه
fila (f)	radif	ردیف
posto (m)	jā	جا
pubblico (m)	hozzār	حضار
spettatore (m)	tamāšāči	تماشاچی
battere le mani	kaf zadan	کف زدن
applauso (m)	tašviq	تشویق
ovazione (f)	šādi-va sorur	شادی و سرور
palcoscenico (m)	sahne	صحنه
sipario (m)	parde	پرده
scenografia (f)	sahne	صحنه
quinte (f pl)	pošt-e sahne	پشت صحنه
scena (f) (l'ultima ~)	sahne	صحنه
atto (m)	parde	پرده
intervallo (m)	ānterākt	آنتراکت

150. Cinema

| attore (m) | bāzigar | بازیگر |
| attrice (f) | bāzigar | بازیگر |

cinema (m) (industria)	sinamā	سینما
film (m)	film	فیلم
puntata (f)	qesmat	قسمت

film (m) giallo	film-e polisi	فیلم پلیسی
film (m) d'azione	film-e akšen	فیلم اکشن
film (m) d'avventure	film-e mājarāyi	فیلم ماجرایی
film (m) di fantascienza	film-e elmi-ye taxayyoli	فیلم علمی تخیلی
film (m) d'orrore	film-e tarsnāk	فیلم ترسناک

film (m) comico	komedi	کمدی
melodramma (m)	meloderām	ملودرام
dramma (m)	derām	درام

film (m) a soggetto	film-e honari	فیلم هنری
documentario (m)	film-e mostanad	فیلم مستند
cartoni (m pl) animati	kārton	کارتون
cinema (m) muto	film-e sāmet	فیلم صامت

parte (f)	naqš	نقش
parte (f) principale	naqš-e asli	نقش اصلی
recitare (vi, vt)	bāzi kardan	بازی کردن

star (f), stella (f)	setāre-ye sinamā	ستارۀ سینما
noto (agg)	mašhur	مشهور
famoso (agg)	mašhur	مشهور
popolare (agg)	saršenās	سرشناس

sceneggiatura (f)	senāriyo	سناریو
sceneggiatore (m)	senārist	سناریست
regista (m)	kārgardān	کارگردان
produttore (m)	tahiye konande	تهیه کننده
assistente (m)	dastyār	دستیار
cameraman (m)	filmbardār	فیلمبردار
cascatore (m)	badalkār	بدلکار
controfigura (f)	dublur	دوبلور

girare un film	film gereftan	فیلم گرفتن
provino (m)	test	تست
ripresa (f)	film bardār-i	فیلم برداری
troupe (f) cinematografica	goruh film bar dār-i	گروه فیلم برداری
set (m)	mahal film bar dār-i	محل فیلم برداری
cinepresa (f)	durbin	دوربین

cinema (m) (~ all'aperto)	sinamā	سینما
schermo (m)	parde	پرده
proiettare un film	film-e nešān dādan	فیلم نشان دادن

| colonna (f) sonora | musiqi-ye matn | موسیقی متن |
| effetti (m pl) speciali | jelvehā-ye vižhe | جلوه های ویژه |

sottotitoli (m pl)	zirnevis	زیرنویس
titoli (m pl) di coda	titrāj	تیتراژ
traduzione (f)	tarjome	ترجمه

151. Pittura

arte (f)	honar	هنر
belle arti (f pl)	honarhā-ye zibā	هنرهای زیبا
galleria (f) d'arte	gāleri-ye honari	گالری هنری
mostra (f)	namāyešgāh-e honari	نمایشگاه هنری

pittura (f)	naqqāši	نقاشی
grafica (f)	honar-e gerāfik	هنر گرافیک
astrattismo (m)	honar-e ābestre	هنر آبستره
impressionismo (m)	ampersiyonism	امپرسیونیسم

quadro (m)	tasvir	تصویر
disegno (m)	naqqāši	نقاشی
cartellone, poster (m)	poster	پوستر

illustrazione (f)	tasvir	تصویر
miniatura (f)	minyātor	مینیاتور
copia (f)	nosxe	نسخه
riproduzione (f)	taksir	تکثیر

mosaico (m)	muzāik	موزائیک
vetrata (f)	naqqāši ruy šiše	نقاشی روی شیشه
affresco (m)	naqqāši ruy gač	نقاشی روی گچ
incisione (f)	gerāvur	گراور

busto (m)	mojassame-ye nimtane	مجسمهٔ نیم تنه
scultura (f)	mojassame sāz-i	مجسمه سازی
statua (f)	mojassame	مجسمه
gesso (m)	gač	گچ
in gesso	gači	گچی

ritratto (m)	temsāl	تمثال
autoritratto (m)	tasvir-e naqqāš	تصویر نقاش
paesaggio (m)	manzare	منظره
natura (f) morta	tabi'at-e bijān	طبیعت بیجان
caricatura (f)	kārikātor	کاریکاتور
abbozzo (m)	tarh-e moqaddamāti	طرح مقدماتی

colore (m)	rang	رنگ
acquerello (m)	āb-o rang	آب ورنگ
olio (m)	rowqan	روغن
matita (f)	medād	مداد
inchiostro (m) di china	morakkab	مرکب
carbone (m)	zoqāl	زغال

disegnare (a matita)	naqqāši kardan	نقاشی کردن
dipingere (un quadro)	naqqāši kardan	نقاشی کردن
posare (vi)	žest gereftan	ژست گرفتن
modello (m)	model-e naqqāši	مدل نقاشی

modella (f)	model-e naqqāši	مدل نقاشی
pittore (m)	naqqāš	نقاش
opera (f) d'arte	asar-e honari	اثر هنری
capolavoro (m)	šāhkār	شاهكار
laboratorio (m) (di artigiano)	kārgāh	كارگاه
tela (f)	bum-e naqāši	بوم نقاشی
cavalletto (m)	sepāye-ye naqqāši	سه پايهٔ نقاشی
tavolozza (f)	taxte-ye rang	تختهٔ رنگ
cornice (f) (~ di un quadro)	qāb	قاب
restauro (m)	maremmat	مرمت
restaurare (vt)	marammat kardan	مرمت كردن

152. Letteratura e poesia

letteratura (f)	adabiyāt	ادبيات
autore (m)	moallef	مؤلف
pseudonimo (m)	taxallos	تخلص
libro (m)	ketāb	كتاب
volume (m)	jeld	جلد
sommario (m), indice (m)	fehrest	فهرست
pagina (f)	safhe	صفحه
protagonista (m)	qahremān-e asli	قهرمان اصلی
autografo (m)	dast-e xat	دست خط
racconto (m)	hekāyat	حكايت
romanzo (m) breve	dāstān	داستان
romanzo (m)	ramān	رمان
opera (f) (~ letteraria)	ta'lif	تأليف
favola (f)	afsāne	افسانه
giallo (m)	dastane jenai	داستان جنايی
verso (m)	še'r	شعر
poesia (f) (~ lirica)	še'r	شعر
poema (m)	še'r	شعر
poeta (m)	šā'er	شاعر
narrativa (f)	dāstān	داستان
fantascienza (f)	elmi-ye taxayyoli	علمی تخيلی
avventure (f pl)	sargozašt	سرگذشت
letteratura (f) formativa	adabiyāt-e āmuzeši	ادبيات آموزشی
libri (m pl) per l'infanzia	adabiyāt-e kudak	ادبيات كودک

153. Circo

circo (m)	sirak	سيرک
tendone (m) del circo	sirak-e sayār	سيرک سيار
programma (m)	barnāme	برنامه
spettacolo (m)	namāyeš	نمايش
numero (m)	parde	پرده

arena (f)	sahne-ye sirak	صحنه سیرک
pantomima (m)	pāntomim	پانتومیم
pagliaccio (m)	dalqak	دلقک

acrobata (m)	ākrobāt	آکروبات
acrobatica (f)	band-e bāzi	بند بازی
ginnasta (m)	žimināstik kār	ژیمناستیک کار
ginnastica (m)	žimināstik	ژیمناستیک
salto (m) mortale	salto	سالتو

forzuto (m)	qavi heykal	قوی هیکل
domatore (m)	rām konande	رام کننده
cavallerizzo (m)	savārkār	سوارکار
assistente (m)	dastyār	دستیار

acrobazia (f)	širin kāri	شیرین کاری
gioco (m) di prestigio	šoʻbade bāzi	شعبده بازی
prestigiatore (m)	šoʻbade bāz	شعبده باز

giocoliere (m)	tardast	تردست
giocolare (vi)	tardasti kardan	تردستی کردن
ammaestratore (m)	morabbi-ye heyvānāt	مربی حیوانات
ammaestramento (m)	taʻlim heyvānāt	تعلیم حیوانات
ammaestrare (vt)	tarbiyat kardan	تربیت کردن

154. Musica. Musica pop

musica (f)	musiqi	موسیقی
musicista (m)	muzisiyan	موزیسین
strumento (m) musicale	abzār-e musiqi	ابزار موسیقی
suonare ...	navāxtan	نواختن

chitarra (f)	gitār	گیتار
violino (m)	viyolon	ویولون
violoncello (m)	viyolonsel	ویولون سل
contrabbasso (m)	konterbās	کونتربیاس
arpa (f)	čang	چنگ

pianoforte (m)	piyāno	پیانو
pianoforte (m) a coda	piyāno-e bozorg	پیانوی بزرگ
organo (m)	arg	ارگ

strumenti (m pl) a fiato	sāzhā-ye bādi	سازهای بادی
oboe (m)	abva	ابوا
sassofono (m)	saksofon	ساکسوفون
clarinetto (m)	qare ney	قره نی
flauto (m)	folut	فلوت
tromba (f)	šeypur	شیپور

| fisarmonica (f) | ākordeon | آکوردئون |
| tamburo (m) | tabl | طبل |

| duetto (m) | daste-ye do nafare | دسته دو نفره |
| trio (m) | daste-ye se nafar-i | دستۀ سه نفری |

quartetto (m)	daste-ye čāhārnafari	دستهٔ چهارنفری
coro (m)	kar	کر
orchestra (f)	orkesr	ارکستر
musica (f) pop	musiqi-ye pāp	موسیقی پاپ
musica (f) rock	musiqi-ye rāk	موسیقی راک
gruppo (m) rock	goruh-e rāk	گروه راک
jazz (m)	jāz	جاز
idolo (m)	mahbub	محبوب
ammiratore (m)	havādār	هوادار
concerto (m)	konsert	کنسرت
sinfonia (f)	samfoni	سمفونی
composizione (f)	tasnif	تصنیف
comporre (vt), scrivere (vt)	tasnif kardan	تصنیف کردن
canto (m)	āvāz	آواز
canzone (f)	tarāne	ترانه
melodia (f)	āhang	آهنگ
ritmo (m)	ritm	ریتم
blues (m)	musiqi-ye boluz	موسیقی بلوز
note (f pl)	daftar-e not	دفتر نت
bacchetta (f)	čub-e rahbari	چوب رهبری
arco (m)	ārše	آرشه
corda (f)	sim	سیم
custodia (f) (~ della chitarra)	qalāf	غلاف

Ristorante. Intrattenimento. Viaggi

155. Escursione. Viaggio

turismo (m)	gardešgari	گردشگری
turista (m)	turist	توریست
viaggio (m) (all'estero)	mosãferat	مسافرت
avventura (f)	mãjarã	ماجرا
viaggio (m) (corto)	safar	سفر
vacanza (f)	moraxxasi	مرخصی
essere in vacanza	dar moraxassi budan	در مرخصی بودن
riposo (m)	esterãhat	استراحت
treno (m)	qatãr	قطار
in treno	bã qatãr	با قطار
aereo (m)	havãpeymã	هواپیما
in aereo	bã havãpeymã	با هواپیما
in macchina	bã otomobil	با اتومبیل
in nave	dar kešti	با کشتی
bagaglio (m)	bãr	بار
valigia (f)	čamedãn	چمدان
carrello (m)	čarx-e hamle bar	چرخ حمل بار
passaporto (m)	gozarnãme	گذرنامه
visto (m)	ravãdid	روادید
biglietto (m)	belit	بلیط
biglietto (m) aereo	belit-e havãpeymã	بلیط هواپیما
guida (f)	ketãb-e rãhnamã	کتاب راهنما
carta (f) geografica	naqše	نقشه
località (f)	mahal	محل
luogo (m)	jã	جا
ogetti (m pl) esotici	qarãyeb	غرایب
esotico (agg)	qarib	غریب
sorprendente (agg)	heyrat angiz	حیرت انگیز
gruppo (m)	goruh	گروه
escursione (f)	gardeš	گردش
guida (f) (cicerone)	rãhnamã-ye tur	راهنمای تور

156. Hotel

albergo (m)	hotel	هتل
motel (m)	motel	متل
tre stelle	se setãre	سه ستاره

| cinque stelle | panj setāre | پنج ستاره |
| alloggiare (vi) | māndan | ماندن |

camera (f)	otāq	اتاق
camera (f) singola	otāq-e yeknafare	اتاق یک نفره
camera (f) doppia	otāq-e do nafare	اتاق دو نفره
prenotare una camera	otāq rezerv kardan	اتاق رزرو کردن

| mezza pensione (f) | nim pānsiyon | نیم پانسیون |
| pensione (f) completa | pānsiyon | پانسیون |

con bagno	bā vān	با وان
con doccia	bā duš	با دوش
televisione (f) satellitare	televiziyon-e māhvārei	تلویزیون ماهواره ای
condizionatore (m)	tahviye-ye matbu'	تهیه مطبوع
asciugamano (m)	howle	حوله
chiave (f)	kelid	کلید

amministratore (m)	edāre-ye konande	اداره کننده
cameriera (f)	mostaxdem	مستخدم
portabagagli (m)	bārbar	باربر
portiere (m)	darbān	دربان

ristorante (m)	resturān	رستوران
bar (m)	bār	بار
colazione (f)	sobhāne	صبحانه
cena (f)	šām	شام
buffet (m)	bufe	بوفه

| hall (f) (atrio d'ingresso) | lābi | لابی |
| ascensore (m) | āsānsor | آسانسور |

| NON DISTURBARE | mozāhem našavid | مزاحم نشوید |
| VIETATO FUMARE! | sigār kešidan mamnu' | سیگار کشیدن ممنوع |

157. Libri. Lettura

libro (m)	ketāb	کتاب
autore (m)	moallef	مؤلف
scrittore (m)	nevisande	نویسنده
scrivere (vi, vt)	neveštan	نوشتن

lettore (m)	xānande	خواننده
leggere (vi, vt)	xāndan	خواندن
lettura (f) (sala di ~)	motāle'e	مطالعه

| in silenzio (leggere ~) | be ārāmi | به آرامی |
| ad alta voce | boland | بلند |

pubblicare (vt)	montašer kardan	منتشر کردن
pubblicazione (f)	entešār	انتشار
editore (m)	nāšer	ناشر
casa (f) editrice	entešārāt	انتشارات
uscire (vi)	montašer šodan	منتشر شدن

| uscita (f) | našr | نشر |
| tiratura (f) | tirāž | تیراژ |

| libreria (f) | ketāb-foruši | کتاب فروشی |
| biblioteca (f) | ketābxāne | کتابخانه |

romanzo (m) breve	dāstān	داستان
racconto (m)	hekāyat	حکایت
romanzo (m)	ramān	رمان
giallo (m)	dastane jenai	داستان جنایی

memorie (f pl)	xāterāt	خاطرات
leggenda (f)	afsāne	افسانه
mito (m)	osture	اسطوره

poesia (f), versi (m pl)	še'r	شعر
autobiografia (f)	zendegināme	زندگینامه
opere (f pl) scelte	āsār-e montaxab	آثار منتخب
fantascienza (f)	elmi-ye taxayyoli	علمی تخیلی

titolo (m)	onvān	عنوان
introduzione (f)	moqaddame	مقدمه
frontespizio (m)	safhe-ye onvān	صفحه عنوان

capitolo (m)	fasl	فصل
frammento (m)	gozide	گزیده
episodio (m)	qesmat	قسمت

soggetto (m)	suže	سوژه
contenuto (m)	mazmun	مضمون
sommario (m)	fehrest	فهرست
protagonista (m)	qahremān-e asli	قهرمان اصلی

volume (m)	jeld	جلد
copertina (f)	jeld	جلد
rilegatura (f)	sahhāfi	صحافی
segnalibro (m)	čub-e alef	چوب الف

pagina (f)	safhe	صفحه
sfogliare (~ le pagine)	varaq zadan	ورق زدن
margini (m pl)	hāšiye	حاشیه
annotazione (f)	hāšiye nevisi	حاشیه نویسی
nota (f) (a fondo pagina)	pāvaraqi	پاورقی

testo (m)	matn	متن
carattere (m)	font	فونت
refuso (m)	qalat čāpi	غلط چاپی

traduzione (f)	tarjome	ترجمه
tradurre (vt)	tarjome kardan	ترجمه کردن
originale (m) (leggere l'~)	nosxe-ye asli	نسخهٔ اصلی

famoso (agg)	mašhur	مشهور
sconosciuto (agg)	nāšenāxte	ناشناخته
interessante (agg)	jāleb	جالب
best seller (m)	por foruš	پر فروش

dizionario (m)	farhang-e loqat	فرهنگ لغت
manuale (m)	ketāb-e darsi	کتاب درسی
enciclopedia (f)	dāyeratolma'āref	دایره المعارف

158. Caccia. Pesca

caccia (f)	šekār	شکار
cacciare (vt)	šekār kardan	شکار کردن
cacciatore (m)	šekārči	شکارچی

sparare (vi)	tirandāzi kardan	تیراندازی کردن
fucile (m)	tofang	تفنگ
cartuccia (f)	fešang	فشنگ
pallini (m pl) da caccia	sāčme	ساچمه

tagliola (f) (~ per orsi)	tale	تله
trappola (f) (~ per uccelli)	dām	دام
cadere in trappola	dar tale oftādan	در تله افتادن
tendere una trappola	tale gozāštan	تله گذاشتن

bracconiere (m)	šekārči-ye qeyr-e qānuni	شکارچی غیر قانونی
cacciagione (m)	šekār	شکار
cane (m) da caccia	sag-e šekāri	سگ شکاری
safari (m)	safar-e ektešāfi āfriqā	سفر اکتشافی آفریقا
animale (m) impagliato	heyvān-e model	حیوان مدل

pescatore (m)	māhigir	ماهیگیر
pesca (f)	māhigiri	ماهیگیری
pescare (vi)	māhi gereftan	ماهی گرفتن

canna (f) da pesca	čub māhi gir-i	چوب ماهی گیری
lenza (f)	nax-e māhigiri	نخ ماهیگیری
amo (m)	qollāb	قلاب

| galleggiante (m) | šenāvar | شناور |
| esca (f) | to'me | طعمه |

| lanciare la canna | qollāb andāxtan | قلاب انداختن |
| abboccare (pesce) | gāz gereftan | گاز گرفتن |

| pescato (m) | seyd | صید |
| buco (m) nel ghiaccio | surāx dar yax | سوراخ دریخ |

rete (f)	tur	تور
barca (f)	qāyeq	قایق
prendere con la rete	bā tur-e māhi gereftan	با تورماهی گرفتن
gettare la rete	tur andāxtan	تور انداختن

| tirare le reti | tur rā birun āvardan | تور را بیرون آوردن |
| cadere nella rete | be tur oftādan | به تور افتادن |

baleniere (m)	seyād-e nahang	صیاد نهنگ
baleniera (f) (nave)	kešti-ye seyd-e nahang	کشتی صید نهنگ
rampone (m)	neyze	نیزه

159. Ciochi. Biliardo

biliardo (m)	bilyārd	بيليارد
sala (f) da biliardo	otāq-e bilyārd	اتاق بيليارد
bilia (f)	tup	توپ
imbucare (vt)	tup vāred-e pākat kardan	توپ وارد پاكت كردن
stecca (f) da biliardo	čub-e bilyārd	چوب بيليارد
buca (f)	pākat	پاكت

160. Giochi. Carte da gioco

quadri (m pl)	xešt	خشت
picche (f pl)	peyk	پيك
cuori (m pl)	del	دل
fiori (m pl)	xāj	خاج
asso (m)	tak xāl	تک خال
re (m)	šāh	شاه
donna (f)	bi bi	بی بی
fante (m)	sarbāz	سرباز
carta (f) da gioco	varaq	ورق
carte (f pl)	varaq	ورق
briscola (f)	xāl-e hokm	خال حكم
mazzo (m) di carte	daste-ye varaq	دستة ورق
punto (m)	xāl	خال
dare le carte	varaq dādan	ورق دادن
mescolare (~ le carte)	bar zadan	بر زدن
turno (m)	harekat	حركت
baro (m)	moteqalleb	متقلب

161. Casinò. Roulette

casinò (m)	kāzino	كازينو
roulette (f)	rolet	رولت
puntata (f)	šart bandi	شرط بندی
puntare su …	šart bandi kardan	شرط بندی كردن
rosso (m)	sorx	سرخ
nero (m)	siyāh	سياه
puntare sul rosso	ru-ye sorx-e šart-bandi kardan	روی سرخ شرط بندی كردن
puntare sul nero	ru-ye siyāh-e šart-bandi kardan	روی سياه شرط بندی كردن
croupier (m)	mas'ul-e bāzi	مسئول بازی
far girare la ruota	gardāndan-e čarx	گرداندن چرخ
regole (f pl) del gioco	qavā'ede bāzi	قواعد بازی
fiche (f)	žeton	ژتون

vincere (vi, vt)	piruz šodan	پیروز شدن
vincita (f)	bord	برد
perdere (vt)	bāxtan	باختن
perdita (f)	bāxt	باخت
giocatore (m)	bāzikon	بازیکن
black jack (m)	balak jak	بلک جک
gioco (m) dei dadi	tās bāzi	تاس بازی
dadi (m pl)	tās	تاس
slot machine (f)	māšin asal-at	ماشین اسلات

162. Riposo. Giochi. Varie

passeggiare (vi)	gardeš kardan	گردش کردن
passeggiata (f)	gardeš	گردش
gita (f)	siyāhat	سیاحت
avventura (f)	mājarā	ماجرا
picnic (m)	pik nik	پیک نیک
gioco (m)	bāzi	بازی
giocatore (m)	bāzikon	بازیکن
partita (f) (~ a scacchi)	dor-e bazi	دوربازی
collezionista (m)	kolleksiyoner	کلکسیونر
collezionare (vt)	jam'-e āvari kardan	جمع آوری کردن
collezione (f)	koleksiyon	کلکسیون
cruciverba (m)	kalamāt-e moteqāte'	کلمات متقاطع
ippodromo (m)	meydān-e asb-e davāni	میدان اسب دوانی
discoteca (f)	disko	دیسکو
sauna (f)	sonā	سونا
lotteria (f)	baxt-e āzmāyi	بخت آزمایی
campeggio (m)	rāh peymāyi	راه پیمایی
campo (m)	ordugāh	اردوگاه
tenda (f) da campeggio	čādor	چادر
bussola (f)	qotb namā	قطب نما
campeggiatore (m)	kamp nešin	کمپ نشین
guardare (~ un film)	tamāšā kardan	تماشا کردن
telespettatore (m)	tamāšāči	تماشاچی
trasmissione (f)	barnāme-ye televiziyoni	برنامه تلویزیونی

163. Fotografia

macchina (f) fotografica	durbin-e akkāsi	دوربین عکاسی
fotografia (f)	aks	عکس
fotografo (m)	akkās	عکاس
studio (m) fotografico	ātolye-ye akkāsi	آتلیة عکاسی

album (m) di fotografie	ālbom-e aks	عکس آلبوم
obiettivo (m)	lenz-e durbin	لنز دوربین
teleobiettivo (m)	lenz-e tale-ye foto	لنز تله فوتو
filtro (m)	filter	فیلتر
lente (f)	lenz	لنز

ottica (f)	optik	اپتیک
diaframma (m)	diyāfrāgm	دیافراگم
tempo (m) di esposizione	sorʻat-e bāz šodan-e lenz	سرعت بازشدن لنز
mirino (m)	namā yāb	نما یاب

fotocamera (f) digitale	durbin-e dijitāl	دوربین دیجیتال
cavalletto (m)	se pāye	سه پایه
flash (m)	feleš	فلش

fotografare (vt)	akkāsi kardan	عکاسی کردن
fare foto	aks gereftan	عکس گرفتن
fotografarsi	aks gereftan	عکس گرفتن

fuoco (m)	noqte-ye kānuni	نقطه کانونی
mettere a fuoco	motemarkez kardan	متمرکز کردن
nitido (agg)	vāzeh	واضح
nitidezza (f)	vozuh	وضوح

| contrasto (m) | konterāst | کنتراست |
| contrastato (agg) | konterāst | کنتراست |

foto (f)	aks	عکس
negativa (f)	film-e negātiv	فیلم نگاتیو
pellicola (f) fotografica	film	فیلم
fotogramma (m)	čārcub	چارچوب
stampare (~ le foto)	čāp kardan	چاپ کردن

164. Spiaggia. Nuoto

spiaggia (f)	pelāž	پلاژ
sabbia (f)	šen	شن
deserto (agg)	xāli	خالی

abbronzatura (f)	hammām-e āftāb	حمام آفتاب
abbronzarsi (vr)	hammām-e āftāb gereftan	حمام آفتاب گرفتن
abbronzato (agg)	boronze	برنزه
crema (f) solare	kerem-e zedd-e āftāb	کرم ضد آفتاب

bikini (m)	māyo-ye do tekke	مایوی دو تکه
costume (m) da bagno	māyo	مایو
slip (m) da bagno	māyo	مایو

piscina (f)	estaxr	استخر
nuotare (vi)	šenā kardan	شنا کردن
doccia (f)	duš	دوش
cambiarsi (~ i vestiti)	lebās avaz kardan	لباس عوض کردن
asciugamano (m)	howle	حوله
barca (f)	qāyeq	قایق

motoscafo (m)	qāyeq-e motori	قایق موتوری
sci (m) nautico	eski-ye ruy-ye āb	اسکی روی آب
pedalò (m)	qāyeq-e pedāli	قایق پدالی
surf (m)	mowj savāri	موج سواری
surfista (m)	mowj savār	موج سوار

autorespiratore (m)	eskowba	اسکوبا
pinne (f pl)	bālehā-ye qavvāsi	باله های غواصی
maschera (f)	māsk	ماسک
subacqueo (m)	qavvās	غواص
tuffarsi (vr)	širje raftan	شیرجه رفتن
sott'acqua	zir-e ābi	زیر آبی

ombrellone (m)	čatr	چتر
sdraio (f)	sandali-ye rāhati	صندلی راحتی
occhiali (m pl) da sole	eynak āftābi	عینک آفتابی
materasso (m) ad aria	tošak-e ābi	تشک آبی

| giocare (vi) | bāzi kardan | بازی کردن |
| fare il bagno | ābtani kardan | آبتنی کردن |

pallone (m)	tup	توپ
gonfiare (vt)	bād kardan	باد کردن
gonfiabile (agg)	bādi	بادی

onda (f)	mowj	موج
boa (f)	šenāvar	شناور
annegare (vi)	qarq šodan	غرق شدن

salvare (vt)	najāt dādan	نجات دادن
giubbotto (m) di salvataggio	jeliqe-ye nejāt	جلیقۀ نجات
osservare (vt)	mošāhede kardan	مشاهده کردن
bagnino (m)	nejāt-e dahande	نجات دهنده

ATTREZZATURA TECNICA. MEZZI DI TRASPORTO

Attrezzatura tecnica

165. Computer

computer (m)	kãmpiyuter	کامپیوتر
computer (m) portatile	lap tãp	لپ تاپ
accendere (vt)	rowšan kardan	روشن کردن
spegnere (vt)	xãmuš kardan	خاموش کردن
tastiera (f)	sahfe kelid	صحفه کلید
tasto (m)	kelid	کلید
mouse (m)	mãows	ماوس
tappetino (m) del mouse	mãows pad	ماوس پد
tasto (m)	dokme	دکمه
cursore (m)	makãn namã	مکان نما
monitor (m)	monitor	مونیتور
schermo (m)	safhe	صفحه
disco (m) rigido	hãrd disk	هارد دیسک
spazio (m) sul disco rigido	hajm-e hard	حجم هارد
memoria (f)	hãfeze	حافظه
memoria (f) operativa	hãfeze-ye ram	حافظه رم
file (m)	parvande	پرونده
cartella (f)	puše	پوشه
aprire (vt)	bãz kardan	باز کردن
chiudere (vt)	bastan	بستن
salvare (vt)	zaxire kardan	ذخیره کردن
eliminare (vt)	hazf kardan	حذف کردن
copiare (vt)	kopi kardan	کپی کردن
ordinare (vt)	tabaqe bandi kardan	طبقه بندی کردن
trasferire (vt)	kopi kardan	کپی کردن
programma (m)	barnãme	برنامه
software (m)	narm afzãr	نرم افزار
programmatore (m)	barnãme-ye nevis	برنامه نویس
programmare (vt)	barnãme-nevisi kardan	برنامه نویسی کردن
hacker (m)	haker	هکر
password (f)	kalame-ye obur	کلمه عبور
virus (m)	virus	ویروس
trovare (un virus, ecc.)	peydã kardan	پیدا کردن
byte (m)	bãyt	بایت

megabyte (m)	megābāyt	مگابایت
dati (m pl)	dāde-hā	داده ها
database (m)	pāygāh dāde-hā	پایگاه داده ها

cavo (m)	kābl	کابل
sconnettere (vt)	jodā kardan	جدا کردن
collegare (vt)	vasl kardan	وصل کردن

166. Internet. Posta elettronica

internet (f)	internet	اینترنت
navigatore (m)	morurgar	مرورگر
motore (m) di ricerca	motor-e jostoju	موتور جستجو
provider (m)	erāe-ye dehande	ارائه دهنده

webmaster (m)	tarrāh-e vebsāyt	طراح وب سایت
sito web (m)	veb-sāyt	وب سایت
pagina web (f)	safhe-ye veb	صفحه وب

| indirizzo (m) | nešāni | نشانی |
| rubrica (f) indirizzi | daftarče-ye nešāni | دفترچه نشانی |

casella (f) di posta	sanduq-e post	صندوق پست
posta (f)	post	پست
troppo piena (agg)	por	پر

messaggio (m)	payām	پیام
messaggi (m pl) in arrivo	payāmhā-ye vorudi	پیامهای ورودی
messaggi (m pl) in uscita	payāmhā-ye xoruji	پیامهای خروجی

mittente (m)	ferestande	فرستنده
inviare (vt)	ferestādan	فرستادن
invio (m)	ersāl	ارسال

| destinatario (m) | girande | گیرنده |
| ricevere (vt) | gereftan | گرفتن |

| corrispondenza (f) | mokātebe | مکاتبه |
| essere in corrispondenza | mokātebe kardan | مکاتبه کردن |

file (m)	parvande	پرونده
scaricare (vt)	dānlod kardan	دانلود کردن
creare (vt)	ijād kardan	ایجاد کردن
eliminare (vt)	hazf kardan	حذف کردن
eliminato (agg)	hazf šode	حذف شده

connessione (f)	ertebāt	ارتباط
velocità (f)	sor'at	سرعت
modem (m)	modem	مودم
accesso (m)	dastyābi	دستیابی
porta (f)	dargāh	درگاه

| collegamento (m) | ertebāt | ارتباط |
| collegarsi a ... | vasl šodan | وصل شدن |

| scegliere (vt) | entexāb kardan | انتخاب کردن |
| cercare (vt) | jostoju kardan | جستجو کردن |

167. Elettricità

elettricità (f)	barq	برق
elettrico (agg)	barqi	برقی
centrale (f) elettrica	nirugāh	نیروگاه
energia (f)	enerži	انرژی
energia (f) elettrica	niru-ye barq	نیروی برق

lampadina (f)	lāmp	لامپ
torcia (f) elettrica	čerāq-e dasti	چراغ دستی
lampione (m)	čerāq-e barq	چراغ برق

luce (f)	nur	نور
accendere (luce)	rowšan kardan	روشن کردن
spegnere (vt)	xāmuš kardan	خاموش کردن
spegnere la luce	čerāq rā xāmuš kardan	چراغ را خاموش کردن

fulminarsi (vr)	suxtan	سوختن
corto circuito (m)	ettesāli	اتصالی
rottura (f) (~ di un cavo)	sim qatʼ šode	سیم قطع شده
contatto (m)	tamās	تماس

interruttore (m)	kelid	کلید
presa (f) elettrica	periz	پریز
spina (f)	došāxe	دوشاخه
prolunga (f)	sim-e sayār	سیم سیار

fusibile (m)	fiyuz	فیوز
filo (m)	sim	سیم
impianto (m) elettrico	sim keši	سیم کشی

ampere (m)	āmper	آمپر
intensità di corrente	šeddat-e jaryān	شدت جریان
volt (m)	volt	ولت
tensione (f)	voltāž	ولتاژ

| apparecchio (m) elettrico | vasile-ye barqi | وسیله برقی |
| indicatore (m) | šāxes | شاخص |

elettricista (m)	barq-e kār	برق کار
saldare (vt)	lahim kardan	لحیم کردن
saldatoio (m)	hoviye	هویه
corrente (f)	jaryān-e barq	جریان برق

168. Utensili

utensile (m)	abzār	ابزار
utensili (m pl)	abzār	ابزار
impianto (m)	tajhizāt	تجهیزات

martello (m)	čakoš	چکش
giravite (m)	pič gušti	پیچ گوشتی
ascia (f)	tabar	تبر

sega (f)	arre	اره
segare (vt)	arre kardan	اره کردن
pialla (f)	rande	رنده
piallare (vt)	rande kardan	رنده کردن
saldatoio (m)	hoviye	هویه
saldare (vt)	lahim kardan	لحیم کردن

lima (f)	sowhān	سوهان
tenaglie (f pl)	gāzanbor	گازانبر
pinza (f) a punte piatte	anbordast	انبردست
scalpello (m)	eskene	اسکنه

punta (f) da trapano	sar-matte	سرمته
trapano (m) elettrico	matte barqi	مته برقی
trapanare (vt)	surāx kardan	سوراخ کردن

coltello (m)	kārd	کارد
coltello (m) da tasca	čāqu-ye jibi	چاقوی جیبی
lama (f)	tiqe	تیغه

affilato (coltello ~)	tiz	تیز
smussato (agg)	konad	کند
smussarsi (vr)	konad šodan	کند شدن
affilare (vt)	tiz kardan	تیز کردن

bullone (m)	pič	پیچ
dado (m)	mohre	مهره
filettatura (f)	šiyār	شیار
vite (f)	pič	پیچ

chiodo (m)	mix	میخ
testa (f) di chiodo	sar-e mix	سر میخ

regolo (m)	xat keš	خط کش
nastro (m) metrico	metr	متر
livella (f)	tarāz	تراز
lente (f) d'ingradimento	zarre bin	ذره بین

strumento (m) di misurazione	abzār-e andāzegir-i	ابزاراندازه گیری
misurare (vt)	andāze gereftan	اندازه گرفتن
scala (f) graduata	safhe-ye modarraj	صفحهٔ مدرج
lettura, indicazione (f)	dastgāh-e xaneš	دستگاه خوانش

compressore (m)	komperesor	کمپرسور
microscopio (m)	mikroskop	میکروسکوپ

pompa (f) (~ dell'acqua)	pomp	پمپ
robot (m)	robāt	روبات
laser (m)	leyzer	لیزر

chiave (f)	āčār	آچار
nastro (m) adesivo	navār-e časb	نوار چسب

colla (f)	časb	چسب
carta (f) smerigliata	kāqaz-e sonbāde	کاغذ سنباده
molla (f)	fanar	فنر
magnete (m)	āhan-e robā	آهن ربا
guanti (m pl)	dastkeš	دستکش

corda (f)	tanāb	طناب
cordone (m)	band	بند
filo (m) (~ del telefono)	sim	سیم
cavo (m)	kābl	کابل

mazza (f)	potk	پتک
palanchino (m)	deylam	دیلم
scala (f) a pioli	nardebān	نردبان
scala (m) a libretto	nardebān-e sabok	نردبان سبک

avvitare (stringere)	pič kardan	پیچ کردن
svitare (vt)	bāz kardan	باز کردن
stringere (vt)	fešordan	فشردن
incollare (vt)	časbāndan	چسباندن
tagliare (vt)	boridan	بریدن

guasto (m)	xarābi	خرابی
riparazione (f)	ta'mir	تعمیر
riparare (vt)	ta'mir kardan	تعمیر کردن
regolare (~ uno strumento)	tanzim kardan	تنظیم کردن

verificare (ispezionare)	barresi kardan	بررسی کردن
controllo (m)	barresi	بررسی
lettura, indicazione (f)	dastgāh-e xaneš	دستگاه خوانش

sicuro (agg)	motmaen	مطمئن
complesso (agg)	pičide	پیچیده

arrugginire (vi)	zang zadan	زنگ زدن
arrugginito (agg)	zang zade	زنگ زده
ruggine (f)	zang	زنگ

Mezzi di trasporto

169. Aeroplano

aereo (m)	havāpeymā	هواپیما
biglietto (m) aereo	belit-e havāpeymā	بلیط هواپیما
compagnia (f) aerea	šerkat-e havāpeymāyi	شرکت هواپیمایی
aeroporto (m)	forudgāh	فرودگاه
supersonico (agg)	māvarā sowt	ماوراء صوت

comandante (m)	kāpitān	کاپیتان
equipaggio (m)	xadame	خدمه
pilota (m)	xalabān	خلبان
hostess (f)	mehmāndār-e havāpeymā	مهماندار هواپیما
navigatore (m)	nāvbar	ناویر

ali (f pl)	bāl-hā	بال ها
coda (f)	dam	دم
cabina (f)	kābin	کابین
motore (m)	motor	موتور
carrello (m) d'atterraggio	šāssi	شاسی
turbina (f)	turbin	توربین

elica (f)	parvāne	پروانه
scatola (f) nera	ja'be-ye siyāh	جعبه سیاه
barra (f) di comando	farmān	فرمان
combustibile (m)	suxt	سوخت

safety card (f)	dasturol'amal	دستورالعمل
maschera (f) ad ossigeno	māsk-e oksižen	ماسک اکسیژن
uniforme (f)	oniform	اونیفورم

giubbotto (m) di salvataggio	jeliqe-ye nejāt	جلیقة نجات
paracadute (m)	čatr-e nejāt	چترنجات

decollo (m)	parvāz	پرواز
decollare (vi)	parvāz kardan	پرواز کردن
pista (f) di decollo	bānd-e forudgāh	باند فرودگاه

visibilità (f)	meydān did	میدان دید
volo (m)	parvāz	پرواز

altitudine (f)	ertefā'	ارتفاع
vuoto (m) d'aria	čāle-ye havāyi	چاله هوایی

posto (m)	jā	جا
cuffia (f)	guši	گوشی
tavolinetto (m) pieghevole	sini-ye tāšow	سینی تاشو
oblò (m), finestrino (m)	panjere	پنجره
corridoio (m)	rāhrow	راهرو

170. Treno

treno (m)	qatār	قطار
elettrotreno (m)	qatār-e barqi	قطار برقی
treno (m) rapido	qatār-e sari'osseyr	قطارسریع السیر
locomotiva (f) diesel	lokomotiv-e dizel	لوکوموتیو دیزل
locomotiva (f) a vapore	lokomotiv-e boxar	لوکوموتیو بخار

carrozza (f)	vāgon	واگن
vagone (m) ristorante	vāgon-e resturān	واگن رستوران

rotaie (f pl)	reyl-hā	ریل ها
ferrovia (f)	rāh āhan	راه آهن
traversa (f)	reyl-e band	ریل بند

banchina (f) (~ ferroviaria)	sakku-ye rāh-āhan	سکوی راه آهن
binario (m) (~ 1, 2)	masir	مسیر
semaforo (m)	nešanar	نشانبر
stazione (f)	istgāh	ایستگاه

macchinista (m)	rānande	راننده
portabagagli (m)	bārbar	باربر
cuccettista (m, f)	rāhnamā-ye qatār	راهنمای قطار
passeggero (m)	mosāfer	مسافر
controllore (m)	kontorol či	کنترل چی

corridoio (m)	rāhrow	راهرو
freno (m) di emergenza	tormoz-e ezterāri	ترمز اضطراری

scompartimento (m)	kupe	کوپه
cuccetta (f)	taxt-e kupe	تخت کوپه
cuccetta (f) superiore	taxt-e bālā	تخت بالا
cuccetta (f) inferiore	taxt-e pāyin	تخت پایین
biancheria (f) da letto	raxt-e xāb	رخت خواب

biglietto (m)	belit	بلیط
orario (m)	barnāme	برنامه
tabellone (m) orari	barnāme-ye zamāni	برنامه زمانی

partire (vi)	tark kardan	ترک کردن
partenza (f)	harekat	حرکت
arrivare (di un treno)	residan	رسیدن
arrivo (m)	vorud	ورود

arrivare con il treno	bā qatār āmadan	با قطار آمدن
salire sul treno	savār-e qatār šodan	سوار قطار شدن
scendere dal treno	az qatār piyāde šodan	از قطار پیاده شدن

deragliamento (m)	sānehe	سانحه
deragliare (vi)	az xat xārej šodan	از خط خارج شدن

locomotiva (f) a vapore	lokomotiv-e boxar	لوکوموتیو بخار
fuochista (m)	ātaškār	آتشکار
forno (m)	ātašdān	آتشدان
carbone (m)	zoqāl sang	زغال سنگ

171. Nave

| nave (f) | kešti | کشتی |
| imbarcazione (f) | kešti | کشتی |

piroscafo (m)	kešti-ye boxāri	کشتی بخاری
barca (f) fluviale	qāyeq-e rudxāne	قایق رودخانه
transatlantico (m)	kešti-ye tafrihi	کشتی تفریحی
incrociatore (m)	razm nāv	رزم ناو

yacht (m)	qāyeq-e tafrihi	قایق تفریحی
rimorchiatore (m)	yadak keš	یدک کش
chiatta (f)	kešti-ye bārkeše yadaki	کشتی بارکش یدکی
traghetto (m)	kešti-ye farābar	کشتی فرابر

| veliero (m) | kešti-ye bādbāni | کشتی بادبانی |
| brigantino (m) | košti dozdān daryā-yi | کشتی دزدان دریایی |

| rompighiaccio (m) | kešti-ye yaxšekan | کشتی یخ شکن |
| sottomarino (m) | zirdaryāyi | زیردریایی |

barca (f)	qāyeq	قایق
scialuppa (f)	qāyeq-e tafrihi	قایق تفریحی
scialuppa (f) di salvataggio	qāyeq-e nejāt	قایق نجات
motoscafo (m)	qāyeq-e motori	قایق موتوری

capitano (m)	kāpitān	کاپیتان
marittimo (m)	malavān	ملوان
marinaio (m)	malavān	ملوان
equipaggio (m)	xadame	خدمه

nostromo (m)	sar malavān	سر ملوان
mozzo (m) di nave	šāgerd-e malavān	شاگرد ملوان
cuoco (m)	āšpaz-e kešti	آشپز کشتی
medico (m) di bordo	pezešk-e kešti	پزشک کشتی

ponte (m)	arše-ye kešti	عرشهٔ کشتی
albero (m)	dakal	دکل
vela (f)	bādbān	بادبان

stiva (f)	anbār	انبار
prua (f)	sine-ye kešti	سینه کشتی
poppa (f)	aqab kešti	عقب کشتی
remo (m)	pāru	پارو
elica (f)	parvāne	پروانه

cabina (f)	otāq-e kešti	اتاق کشتی
quadrato (m) degli ufficiali	otāq-e afsarān	اتاق افسران
sala (f) macchine	motor xāne	موتور خانه
ponte (m) di comando	pol-e farmāndehi	پل فرماندهی
cabina (f) radiotelegrafica	kābin-e bisim	کابین بی سیم
onda (f)	mowj	موج
giornale (m) di bordo	roxdād nāme	رخداد نامه
cannocchiale (m)	teleskop	تلسکوپ
campana (f)	nāqus	ناقوس

bandiera (f)	parčam	پرچم
cavo (m) (~ d'ormeggio)	tanāb	طناب
nodo (m)	gereh	گره

ringhiera (f)	narde	نرده
passerella (f)	pol	پل

ancora (f)	langar	لنگر
levare l'ancora	langar kešidan	لنگر کشیدن
gettare l'ancora	langar andāxtan	لنگر انداختن
catena (f) dell'ancora	zanjir-e langar	زنجیر لنگر

porto (m)	bandar	بندر
banchina (f)	eskele	اسکله
ormeggiarsi (vr)	pahlu gereftan	پهلو گرفتن
salpare (vi)	tark kardan	ترک کردن

viaggio (m)	mosāferat	مسافرت
crociera (f)	safar-e daryāyi	سفر دریایی
rotta (f)	masir	مسیر
itinerario (m)	masir	مسیر

tratto (m) navigabile	kešti-ye ru	کشتی رو
secca (f)	mahall-e kam omq	محل کم عمق
arenarsi (vr)	be gel nešastan	به گل نشستن

tempesta (f)	tufān	طوفان
segnale (m)	alāmat	علامت
affondare (andare a fondo)	qarq šodan	غرق شدن
Uomo in mare!	kas-i dar hāl-e qarq šodan-ast!	کسی در حال غرق شدن است!

SOS	sos	SOS
salvagente (m) anulare	kamarband-e nejāt	کمربند نجات

172. Aeroporto

aeroporto (m)	forudgāh	فرودگاه
aereo (m)	havāpeymā	هواپیما
compagnia (f) aerea	šerkat-e havāpeymāyi	شرکت هواپیمایی
controllore (m) di volo	ma'mur-e kontorol-e terāfik-e havāyi	مأمور کنترل ترافیک هوایی

partenza (f)	azimat	عزیمت
arrivo (m)	vorud	ورود
arrivare (vi)	residan	رسیدن

ora (f) di partenza	zamān-e parvāz	زمان پرواز
ora (f) di arrivo	zamān-e vorud	زمان ورود

essere ritardato	ta'xir kardan	تأخیر کردن
volo (m) ritardato	ta'xir-e parvāz	تأخیر پرواز

tabellone (m) orari	tāblo-ye ettelā'āt	تابلوی اطلاعات
informazione (f)	ettelā'āt	اطلاعات

| annunciare (vt) | e'lām kardan | اعلام کردن |
| volo (m) | parvāz | پرواز |

| dogana (f) | gomrok | گمرک |
| doganiere (m) | ma'mur-e gomrok | مأمور گمرک |

dichiarazione (f)	ežhār-nāme	اظهارنامه
riempire	por kardan	پر کردن
(~ una dichiarazione)		
riempire una dichiarazione	ezhār-nāme rā por kardan	اظهارنامه را پر کردن
controllo (m) passaporti	kontorol-e gozarnāme	کنترل گذرنامه

bagaglio (m)	bār	بار
bagaglio (m) a mano	bār-e dasti	بار دستی
carrello (m)	čarx-e hamle bar	چرخ حمل بار

atterraggio (m)	forud	فرود
pista (f) di atterraggio	bānd-e forudgāh	باند فرودگاه
atterrare (vi)	nešastan	نشستن
scaletta (f) dell'aereo	pellekān	پلکان

check-in (m)	ček in	چک این
banco (m) del check-in	bāje-ye kontorol	باجه کنترل
fare il check-in	čekin kardan	چکاین کردن
carta (f) d'imbarco	kārt-e parvāz	کارت پرواز
porta (f) d'imbarco	gi-yat xoruj	گیت خروج

transito (m)	terānzit	ترانزیت
aspettare (vt)	montazer budan	منتظر بودن
sala (f) d'attesa	tālār-e entezār	تالار انتظار
accompagnare (vt)	badraqe kardan	بدرقه کردن
congedarsi (vr)	xodāhāfezi kardan	خداحافظی کردن

173. Bicicletta. Motocicletta

bicicletta (f)	dočarxe	دوچرخه
motorino (m)	eskuter	اسکوتر
motocicletta (f)	motorsiklet	موتورسیکلت

andare in bicicletta	bā dočarxe raftan	با دوچرخه رفتن
manubrio (m)	farmān-e dočarxe	فرمان دوچرخه
pedale (m)	pedāl	پدال
freni (m pl)	tormoz	ترمز
sellino (m)	zin	زین

pompa (f)	pomp	پمپ
portabagagli (m)	tarakband	ترکبند
fanale (m) anteriore	čerāq-e jelo	چراغ جلو
casco (m)	kolāh-e imeni	کلاه ایمنی

ruota (f)	čarx	چرخ
parafango (m)	golgir	گلگیر
cerchione (m)	towqe	طوقه
raggio (m)	parre	پره

Automobili

174. Tipi di automobile

automobile (f)	otomobil	اتومبیل
auto (f) sportiva	otomobil-e varzeši	اتومبیل ورزشی
limousine (f)	limozin	لیموزین
fuoristrada (m)	jip	جیپ
cabriolet (m)	kābriyole	کابریولیه
pulmino (m)	mini bus	مینی بوس
ambulanza (f)	āmbolāns	آمبولانس
spazzaneve (m)	māšin-e barfrub	ماشین برف روب
camion (m)	kāmiyon	کامیون
autocisterna (f)	tānker	تانکر
furgone (m)	kāmiyon	کامیون
motrice (f)	tereyler	تریلر
rimorchio (m)	yadak	یدک
confortevole (agg)	rāhat	راحت
di seconda mano	dast-e dovvom	دست دوم

175. Automobili. Carrozzeria

cofano (m)	kāput	کاپوت
parafango (m)	golgir	گلگیر
tetto (m)	saqf	سقف
parabrezza (m)	šiše-ye jelo	شیشه جلو
retrovisore (m)	āyene-ye did-e aqab	آینه دید عقب
lavacristallo (m)	pak konande	پاک کننده
tergicristallo (m)	barf pāk kon	برف پاک کن
finestrino (m) laterale	šiše-ye baqal	شیشه بغل
alzacristalli (m)	šiše bālābar	شیشه بالابر
antenna (f)	ānten	آنتن
tettuccio (m) apribile	sanrof	سانروف
paraurti (m)	separ	سپر
bagagliaio (m)	sanduq-e aqab	صندوق عقب
portapacchi (m)	bārband	باربند
portiera (f)	darb	درب
maniglia (f)	dastgire-ye dar	دستگیرهٔ در
serratura (f)	qofl	قفل
targa (f)	pelāk	پلاک
marmitta (f)	xafe kon	خفه کن

serbatoio (m) della benzina	bāk-e benzin	باک بنزین
tubo (m) di scarico	lule-ye egzoz	لولهٔ اگزوز
acceleratore (m)	gāz	گاز
pedale (m)	pedāl	پدال
pedale (m) dell'acceleratore	pedāl-e gāz	پدال گاز
freno (m)	tormoz	ترمز
pedale (m) del freno	pedāl-e tormoz	پدال ترمز
frenare (vi)	tormoz kardan	ترمز کردن
freno (m) a mano	tormoz-e dasti	ترمز دستی
frizione (f)	kelāč	کلاچ
pedale (m) della frizione	pedāl-e kelāč	پدال کلاچ
disco (m) della frizione	disk-e kelāč	دیسک کلاچ
ammortizzatore (m)	komak-e fanar	کمک فنر
ruota (f)	čarx	چرخ
ruota (f) di scorta	zāpās	زاپاس
copriruota (m)	qālpāq	قالپاق
ruote (f pl) motrici	čarxhā-ye moharrek	چرخ های محرک
a trazione anteriore	mehvarhā-ye jelo	محورهای جلو
a trazione posteriore	mehvarhā-ye aqab	محورهای عقب
a trazione integrale	tamām-e čarx	تمام چرخ
scatola (f) del cambio	ja'be-ye dande	جعبهٔ دنده
automatico (agg)	otumātik	اتوماتیک
meccanico (agg)	mekāniki	مکانیکی
leva (f) del cambio	ahrom-e ja'be dande	اهرم جعبه دنده
faro (m)	čerāq-e jelo	چراغ جلو
luci (f pl), fari (m pl)	čerāq-hā	چراغ ها
luci (f pl) anabbaglianti	nur-e pāin	نور پائین
luci (f pl) abbaglianti	nur-e bālā	نور بالا
luci (f pl) di arresto	čerāq-e tormoz	چراغ ترمز
luci (f pl) di posizione	čerāqhā-ye pārk	چراغ های پارک
luci (f pl) di emergenza	čerāqha-ye xatar	چراغ های خطر
fari (m pl) antinebbia	čerāqhā-ye meh-e šekan	چراغ های مه شکن
freccia (f)	čerāq-e rāhnamā	چراغ راهنما
luci (f pl) di retromarcia	čerāq-e dande-ye aqab	چراغ دنده عقب

176. Automobili. Vano passeggeri

abitacolo (m)	dāxel-e xodrow	داخل خودرو
di pelle	čarmi	چرمی
in velluto	maxmali	مخملی
rivestimento (m)	tuduzi	تودوزی
strumento (m) di bordo	abzār	ابزار
cruscotto (m)	safhe-ye dāšbord	صفحه داشبورد
tachimetro (m)	sor'at sanj	سرعت سنج

lancetta (f)	aqrabe	عقربه
contachilometri (m)	kilumetr-e šomār	کیلومتر شمار
indicatore (m)	nešāngar	نشانگر
livello (m)	sath	سطح
spia (f) luminosa	lāmp	لامپ

volante (m)	farmān	فرمان
clacson (m)	buq	بوق
pulsante (m)	dokme	دکمه
interruttore (m)	kelid	کلید

sedile (m)	sandali	صندلی
spalliera (f)	pošti-ye sandali	پشتی صندلی
appoggiatesta (m)	zir-e seri	زیر سری
cintura (f) di sicurezza	kamarband-e imeni	کمربند ایمنی
allacciare la cintura	kamarband rā bastan	کمربند را بستن
regolazione (f)	tanzim	تنظیم

airbag (m)	kise-ye havā	کیسه هوا
condizionatore (m)	tahviye-ye matbu'	تهویه مطبوع

radio (f)	rādiyo	رادیو
lettore (m) CD	paxš konande-ye si di	پخش کننده سی دی
accendere (vt)	rowšan kardan	روشن کردن
antenna (f)	ānten	آنتن
vano (m) portaoggetti	dāšbord	داشبورد
portacenere (m)	zir-sigāri	زیرسیگاری

177. Automobili. Motore

motore (m)	motor	موتور
a diesel	dizel	دیزل
a benzina	benzin	بنزین

cilindrata (f)	hajm-e motor	حجم موتور
potenza (f)	niru	نیرو
cavallo vapore (m)	asb-e boxār	اسب بخار
pistone (m)	pistun	پیستون
cilindro (m)	silandr	سیلندر
valvola (f)	supāp	سوپاپ

iniettore (m)	anžektor	انژکتور
generatore (m)	ženerātor	ژنراتور
carburatore (m)	kārborātor	کاربراتور
olio (m) motore	rowqan-e motor	روغن موتور

radiatore (m)	rādiyātor	رادیاتور
liquido (m) di raffreddamento	māye-'e sard konande	مایع سرد کننده
ventilatore (m)	fan-e xonak konande	فن خنک کننده

batteria (m)	bātri-ye māšin	باتری ماشین
motorino (m) d'avviamento	estārt	استارت
accensione (f)	ehterāq	احتراق
candela (f) d'accensione	šam'-e motor	شمع موتور

morsetto (m)	pāyāne	پایانه
più (m)	mosbat	مثبت
meno (m)	manfi	منفی
fusibile (m)	fiyuz	فیوز

filtro (m) dell'aria	filter-e havā	فیلتر هوا
filtro (m) dell'olio	filter-e rowqan	فیلتر روغن
filtro (m) del carburante	filter-e suxt	فیلتر سوخت

178. Automobili. Incidente. Riparazione

incidente (m)	tasādof	تصادف
incidente (m) stradale	tasādof	تصادف
sbattere contro …	barxord kardan	برخورد کردن
avere un incidente	tasādof kardan	تصادف کردن
danno (m)	āsib	آسیب
illeso (agg)	sālem	سالم

guasto (m), avaria (f)	xarābi	خرابی
essere rotto	xarāb šodan	خراب شدن
cavo (m) di rimorchio	sim-e boksel	سیم بکسل

foratura (f)	pančar	پنچر
essere a terra	pančar šodan	پنچر شدن
gonfiare (vt)	bād kardan	باد کردن
pressione (f)	fešār	فشار
controllare (verificare)	barresi kardan	بررسی کردن

riparazione (f)	ta'mir	تعمیر
officina (f) meccanica	ta'mirgāh-e xodro	تعمیرگاه خودرو
pezzo (m) di ricambio	qet'e-ye yadaki	قطعه یدکی
pezzo (m)	qet'e	قطعه

bullone (m)	pič	پیچ
bullone (m) a vite	pič	پیچ
dado (m)	mohre	مهره
rondella (f)	vāšer	واشر
cuscinetto (m)	yātāqān	یاتاقان

tubo (m)	lule	لوله
guarnizione (f)	vāšer	واشر
filo (m), cavo (m)	sim	سیم

cric (m)	jak	جک
chiave (f)	āčār	آچار
martello (m)	čakoš	چکش
pompa (f)	pomp	پمپ
giravite (m)	pič gušti	پیچ گوشتی

estintore (m)	kapsul-e ātašnešāni	کپسول آتش نشانی
triangolo (m) di emergenza	alāmat-e ehtiyāt	علامت احتیاط

spegnersi (vr)	xāmuš šodan	خاموش شدن
spegnimento (m) motore	tavaqqof	توقف

essere rotto	xarāb budan	خراب بودن
surriscaldarsi (vr)	juš āvardan	جوش آوردن
intasarsi (vr)	masdud šodan	مسدود شدن
ghiacciarsi (di tubi, ecc.)	yax bastan	یخ بستن
spaccarsi (vr)	tarakidan	ترکیدن

pressione (f)	fešār	فشار
livello (m)	sath	سطح
lento (cinghia ~a)	za'if	ضعیف

ammaccatura (f)	foruraftegi	فرورفتگی
battito (m) (nel motore)	sedā	صدا
fessura (f)	tarak	ترک
graffiatura (f)	xarāš	خراش

179. Automobili. Strada

strada (f)	rāh	راه
autostrada (f)	bozorgrāh	بزرگراه
superstrada (f)	āzād-e rāh	آزاد راه
direzione (f)	samt	سمت
distanza (f)	masāfat	مسافت

ponte (m)	pol	پل
parcheggio (m)	pārking	پارکینگ
piazza (f)	meydān	میدان
svincolo (m)	dowr bargardān	دوربرگردان
galleria (f), tunnel (m)	tunel	تونل

distributore (m) di benzina	pomp-e benzin	پمپ بنزین
parcheggio (m)	pārking	پارکینگ
pompa (f) di benzina	pomp-e benzin	پمپ بنزین
officina (f) meccanica	ta'mirgāh-e xodro	تعمیرگاه خودرو
fare benzina	benzin zadan	بنزین زدن
carburante (m)	suxt	سوخت
tanica (f)	dabbe	دبه

asfalto (m)	āsfālt	آسفالت
segnaletica (f) stradale	alāmat-e gozari	علامت گذاری
cordolo (m)	labe-ye jadval	لبه جدول
barriera (f) di sicurezza	narde	نرده
fosso (m)	juy	جوی
ciglio (m) della strada	kenār rāh	کنار راه
lampione (m)	tir-e barq	تیر برق

guidare (~ un veicolo)	rāndan	راندن
girare (~ a destra)	pičidan	پیچیدن
fare un'inversione a U	dowr zadan	دور زدن
retromarcia (m)	dande aqab	دنده عقب

suonare il clacson	buq zadan	بوق زدن
colpo (m) di clacson	buq	بوق
incastrarsi (vr)	gir kardan	گیر کردن
impantanarsi (vr)	sor xordan	سر خوردن

spegnere (~ il motore)	xāmuš kardan	خاموش کردن
velocità (f)	sorʻat	سرعت
superare i limiti di velocità	az sorʻat-e mojāz gozāštan	ازسرعت مجاز گذشتن
multare (vt)	jarime kardan	جریمه کردن
semaforo (m)	čerāq-e rāhnamā	چراغ راهنما
patente (f) di guida	govāhi-nāme-ye rānandegi	گواهینامهٔ رانندگی

passaggio (m) a livello	taqāto'	تقاطع
incrocio (m)	čahārrāh	چهارراه
passaggio (m) pedonale	xatt-e āber-e piyāde	خط عابرپیاده
curva (f)	pič	پیچ
zona (f) pedonale	mantaqe-ye āber-e piyāde	منطقهٔ عابر پیاده

180. Segnaletica stradale

codice (m) stradale	āyinnāme-ye rāhnamāyi va rānandegi	آیین نامهٔ راهنمایی ورانندگی
segnale (m) stradale	alāem-e rāhnamāyi-yo rānandegi	علائم راهنمایی ورانندگی
sorpasso (m)	sebqat	سبقت
curva (f)	pič	پیچ
inversione ad U	dowr	دور
rotatoria (f)	harekat dar meydān	حرکت درمیدان
divieto d'accesso	vorud-e mamnu'	ورود ممنوع
divieto di transito	obur-e vasāyel-e naqliye mamnuʻ	عبور وسایل نقلیه ممنوع
divieto di sorpasso	sebqat mamnuʻ	سبقت ممنوع
divieto di sosta	pārk-e mamnuʻ	پارک ممنوع
divieto di fermata	tavaqqof mamnuʻ	توقف ممنوع
curva (f) pericolosa	pič-e xatarnāk	پیچ خطرناک
discesa (f) ripida	sarāšibi-ye tond	سراشیبی تند
senso (m) unico	masir-e yektarafe	مسیر یک طرفه
passaggio (m) pedonale	xatt-e āber-e piyāde	خط عابرپیاده
strada (f) scivolosa	jādde-ye laqzande	جاده لغزنده
dare la precedenza	re'āyat-e haq-e taqaddom	رعایت حق تقدم

GENTE. SITUAZIONI QUOTIDIANE

Situazioni quotidiane

181. Vacanze. Evento

festa (f)	jašn	جشن
festa (f) nazionale	eyd-e melli	عید ملی
festività (f) civile	ruz-e jašn	روز جشن
festeggiare (vt)	jašn gereftan	جشن گرفتن
avvenimento (m)	vāqe'e	واقعه
evento (m) (organizzare un ~)	ruydād	رویداد
banchetto (m)	ziyāfat	ضیافت
ricevimento (m)	ziyāfat	ضیافت
festino (m)	jašn	جشن
anniversario (m)	sālgard	سالگرد
giubileo (m)	sālgard	سالگرد
festeggiare (vt)	jašn gereftan	جشن گرفتن
Capodanno (m)	sāl-e now	سال نو
Buon Anno!	sāl-e now mobārak	سال نو مبارک
Babbo Natale (m)	bābā noel	بابا نوئل
Natale (m)	kerismas	کریسمس
Buon Natale!	kerismas mobārak!	کریسمس مبارک!
Albero (m) di Natale	kāj kerismas	کاج کریسمس
fuochi (m pl) artificiali	ātaš-e bāzi	آتش بازی
nozze (f pl)	arusi	عروسی
sposo (m)	dāmād	داماد
sposa (f)	arus	عروس
invitare (vt)	da'vat kardan	دعوت کردن
invito (m)	da'vatnāme	دعوتنامه
ospite (m)	mehmān	مهمان
andare a trovare	be mehmāni raftan	به مهمانی رفتن
accogliere gli invitati	az mehmānān esteqbāl kardan	از مهمانان استقبال کردن
regalo (m)	hedye	هدیه
offrire (~ un regalo)	hadye dādan	هدیه دادن
ricevere i regali	hediye gereftan	هدیه گرفتن
mazzo (m) di fiori	daste-ye gol	دسته گل
auguri (m pl)	tabrik	تبریک
augurare (vt)	tabrik goftan	تبریک گفتن

cartolina (f)	kārt-e tabrik	کارت تبریک
mandare una cartolina	kārt-e tabrik ferestādan	کارت تبریک فرستادن
ricevere una cartolina	kārt-e tabrik gereftan	کارت تبریک گرفتن

brindisi (m)	be salāmati-ye kas-i nušidan	به سلامتی کسی نوشیدن
offrire (~ qualcosa da bere)	pazirāyi kardan	پذیرایی کردن
champagne (m)	šāmpāyn	شامپاین

divertirsi (vr)	šādi kardan	شادی کردن
allegria (f)	šādi	شادی
gioia (f)	maserrat	مسرت

| danza (f), ballo (m) | raqs | رقص |
| ballare (vi, vt) | raqsidan | رقصیدن |

| valzer (m) | raqs-e vāls | رقص والس |
| tango (m) | raqs tāngo | رقص تانگو |

182. Funerali. Sepoltura

cimitero (m)	qabrestān	قبرستان
tomba (f)	qabr	قبر
croce (f)	salib	صلیب
pietra (f) tombale	sang-e qabr	سنگ قبر
recinto (m)	hesār	حصار
cappella (f)	kelisā-ye kučak	کلیسای کوچک

morte (f)	marg	مرگ
morire (vi)	mordan	مردن
defunto (m)	marhum	مرحوم
lutto (m)	azā	عزا

seppellire (vt)	dafn kardan	دفن کردن
sede (f) di pompe funebri	xadamat-e kafno dafn	خدمات کفن ودفن
funerale (m)	tašyi-'e jenāze	تشییع جنازه
corona (f) di fiori	tāj-e gol	تاج گل
bara (f)	tābut	تابوت
carro (m) funebre	na'š keš	نعش کش
lenzuolo (m) funebre	kafan	کفن

corteo (m) funebre	tašyi-'e jenāze	تشییع جنازه
urna (f) funeraria	zarf-e xākestar-e morde	ظرف خاکستر مرده
crematorio (m)	morde suz xāne	مرده سوز خانه

necrologio (m)	āgahi-ye tarhim	آگهی ترحیم
piangere (vi)	gerye kardan	گریه کردن
singhiozzare (vi)	zār zār gerye kardan	زار زارگریه کردن

183. Guerra. Soldati

| plotone (m) | daste | دسته |
| compagnia (f) | goruhān | گروهان |

reggimento (m)	hang	هنگ
esercito (m)	arteš	ارتش
divisione (f)	laškar	لشکر
distaccamento (m)	daste	دسته
armata (f)	laškar	لشکر
soldato (m)	sarbāz	سرباز
ufficiale (m)	afsar	افسر
soldato (m) semplice	sarbāz	سرباز
sergente (m)	goruhbān	گروهبان
tenente (m)	sotvān	ستوان
capitano (m)	kāpitān	کاپیتان
maggiore (m)	sargord	سرگرد
colonnello (m)	sarhang	سرهنگ
generale (m)	ženerāl	ژنرال
marinaio (m)	malavān	ملوان
capitano (m)	kāpitān	کاپیتان
nostromo (m)	sar malavān	سر ملوان
artigliere (m)	tupči	توپچی
paracadutista (m)	sarbāz-e čatrbāz	سرباز چترباز
pilota (m)	xalabān	خلبان
navigatore (m)	nāvbar	ناوبر
meccanico (m)	mekānik	مکانیک
geniere (m)	mohandes estehkāmāt	مهندس استحکامات
paracadutista (m)	čatr bāz	چترباز
esploratore (m)	ettelā'āti	اطلاعاتی
cecchino (m)	tak tir andāz	تک تیر انداز
pattuglia (f)	gašt	گشت
pattugliare (vt)	gašt zadan	گشت زدن
sentinella (f)	negahbān	نگهبان
guerriero (m)	jangju	جنگجو
patriota (m)	mihan parast	میهن پرست
eroe (m)	qahremān	قهرمان
eroina (f)	qahremān-e zan	قهرمان زن
traditore (m)	xāen	خائن
tradire (vt)	xiyānat kardan	خیانت کردن
disertore (m)	farāri	فراری
disertare (vi)	farāri budan	فراری بودن
mercenario (m)	mozdur	مزدور
recluta (f)	sarbāz-e jadid	سرباز جدید
volontario (m)	dāvtalab	داوطلب
ucciso (m)	morde	مرده
ferito (m)	zaxmi	زخمی
prigioniero (m) di guerra	asir	اسیر

184. Guerra. Azioni militari. Parte 1

guerra (f)	jang	جنگ
essere in guerra	jangidan	جنگیدن
guerra (f) civile	jang-e dāxeli	جنگ داخلی
perfidamente	xāenāne	خائنانه
dichiarazione (f) di guerra	e'lān-e jang	اعلان جنگ
dichiarare (~ guerra)	e'lān kardan	اعلان کردن
aggressione (f)	tajāvoz	تجاوز
attaccare (vt)	hamle kardan	حمله کردن
invadere (vt)	tajāvoz kardan	تجاوز کردن
invasore (m)	tajāvozgar	تجاوزگر
conquistatore (m)	fāteh	فاتح
difesa (f)	defā'	دفاع
difendere (~ un paese)	defā' kardan	دفاع کردن
difendersi (vr)	az xod defā' kardan	از خود دفاع کردن
nemico (m)	došman	دشمن
avversario (m)	moxālef	مخالف
ostile (agg)	došman	دشمن
strategia (f)	rāhbord	راهبرد
tattica (f)	tāktik	تاکتیک
ordine (m)	farmān	فرمان
comando (m)	dastur	دستور
ordinare (vt)	farmān dādan	فرمان دادن
missione (f)	ma'muriyat	مأموریت
segreto (agg)	mahramāne	محرمانه
battaglia (f)	jang	جنگ
combattimento (m)	nabard	نبرد
attacco (m)	hamle	حمله
assalto (m)	yureš	یورش
assalire (vt)	yureš bordan	یورش بردن
assedio (m)	mohāsere	محاصره
offensiva (f)	hamle	حمله
passare all'offensiva	hamle kardan	حمله کردن
ritirata (f)	aqab nešini	عقب نشینی
ritirarsi (vr)	aqab nešini kardan	عقب نشینی کردن
accerchiamento (m)	mohāsere	محاصره
accerchiare (vt)	mohāsere kardan	محاصره کردن
bombardamento (m)	bombārān-e havāyi	بمباران هوایی
lanciare una bomba	bomb āndaxtan	بمب انداختن
bombardare (vt)	bombārān kardan	بمباران کردن
esplosione (f)	enfejār	انفجار
sparo (m)	tirandāzi	تیراندازی

sparare un colpo	tirandāzi kardan	تیراندازی کردن
sparatoria (f)	tirandāzi	تیراندازی
puntare su ...	nešāne raftan	نشانه رفتن
puntare (~ una pistola)	šhellik kardan	شلیک کردن
colpire (~ il bersaglio)	residan	رسیدن
affondare (mandare a fondo)	qarq šodan	غرق شدن
falla (f)	surāx	سوراخ
affondare (andare a fondo)	qarq šodan	غرق شدن
fronte (m) (~ di guerra)	jebhe	جبهه
evacuazione (f)	taxliye	تخلیه
evacuare (vt)	taxliye kardan	تخلیه کردن
trincea (f)	sangar	سنگر
filo (m) spinato	sim-e xārdār	سیم خاردار
sbarramento (m)	hesār	حصار
torretta (f) di osservazione	borj	برج
ospedale (m) militare	bimārestān-e nezāmi	بیمارستان نظامی
ferire (vt)	majruh kardan	مجروح کردن
ferita (f)	zaxm	زخم
ferito (m)	zaxmi	زخمی
rimanere ferito	zaxmi šodan	زخمی شدن
grave (ferita ~)	zaxm-e saxt	زخم سخت

185. Guerra. Azioni militari. Parte 2

prigionia (f)	esārat	اسارت
fare prigioniero	be esārat gereftan	به اسارت گرفتن
essere prigioniero	dar esārat budan	در اسارت بودن
essere fatto prigioniero	be esārat oftādan	به اسارت افتادن
campo (m) di concentramento	ordugāh-e kār-e ejbāri	اردوگاه کار اجباری
prigioniero (m) di guerra	asir	اسیر
fuggire (vi)	farār kardan	فرار کردن
tradire (vt)	xiyānat kardan	خیانت کردن
traditore (m)	xāen	خائن
tradimento (m)	xiyānat	خیانت
fucilare (vt)	tirbārān kardan	تیرباران کردن
fucilazione (f)	tirbārān	تیرباران
divisa (f) militare	uniform	یونیفرم
spallina (f)	daraje-ye sarduši	درجه سردوشی
maschera (f) antigas	māsk-e zedd-e gāz	ماسک ضد گاز
radiotrasmettitore (m)	dastgāh-e bisim	دستگاه بی سیم
codice (m)	ramz	رمز
complotto (m)	mahramāne budan	محرمانه بودن
parola (f) d'ordine	ramz	رمز
mina (f)	min	مین

minare (~ la strada)	min gozāštan	مین گذاشتن
campo (m) minato	meydān-e min	میدان مین
allarme (m) aereo	āžir-e havāyi	آژیر هوایی
allarme (m)	āžir	آژیر
segnale (m)	alāmat	علامت
razzo (m) di segnalazione	monavvar	منور
quartier (m) generale	setād	ستاد
esplorazione (m)	šenāsāyi	شناسایی
situazione (f)	vaz'iyat	وضعیت
rapporto (m)	gozāreš	گزارش
agguato (m)	kamin	کمین
rinforzo (m)	taqviyat	تقویت
bersaglio (m)	hadaf giri	هدف گیری
terreno (m) di caccia	meydān-e tir	میدان تیر
manovre (f pl)	mānovr	مانور
panico (m)	vahšat	وحشت
devastazione (f)	xarābi	خرابی
distruzione (m)	xarābi-hā	خرابی ها
distruggere (vt)	xarāb kardan	خراب کردن
sopravvivere (vi, vt)	zende māndan	زنده ماندن
disarmare (vt)	xal'-e selāh kardan	خلع سلاح کردن
maneggiare (una pistola, ecc.)	be kār bordan	به کار بردن
Attenti!	xabardār!	خبردار!
Riposo!	āzād!	آزاد!
atto (m) eroico	delāvari	دلاوری
giuramento (m)	sowgand	سوگند
giurare (vi)	sowgand xordan	سوگند خوردن
decorazione (f)	pādāš	پاداش
decorare (qn)	medāl dādan	مدال دادن
medaglia (f)	medāl	مدال
ordine (m) (~ al Merito)	nešān	نشان
vittoria (f)	piruzi	پیروزی
sconfitta (m)	šekast	شکست
armistizio (m)	ātaš bas	آتش بس
bandiera (f)	parčam	پرچم
gloria (f)	eftexār	افتخار
parata (f)	reže	رژه
marciare (in parata)	reže raftan	رژه رفتن

186. Armi

armi (f pl)	selāh	سلاح
arma (f) da fuoco	aslahe-ye garm	اسلحۀ گرم

arma (f) bianca	aslahe-ye sard	اسلحهٔ سرد
armi (f pl) chimiche	taslihāt-e šimiyāyi	تسلیمات شیمیایی
nucleare (agg)	haste i	هسته ای
armi (f pl) nucleari	taslihāt-e hastei	تسلیمات هسته ای
bomba (f)	bomb	بمب
bomba (f) atomica	bomb-e atomi	بمب اتمی
pistola (f)	kolt	کلت
fucile (m)	tofang	تفنگ
mitra (m)	mosalsal-e xodkār	مسلسل خودکار
mitragliatrice (f)	mosalsal	مسلسل
bocca (f)	sar-e lule-ye tofang	سر لوله تفنگ
canna (f)	lule-ye tofang	لوله تفنگ
calibro (m)	kālibr	کالیبر
grilletto (m)	māše	ماشه
mirino (m)	nešāne ravi	نشانه روی
caricatore (m)	xešāb	خشاب
calcio (m)	qondāq	قنداق
bomba (f) a mano	nārenjak	نارنجک
esplosivo (m)	mādde-ye monfajere	مادهٔ منفجره
pallottola (f)	golule	گلوله
cartuccia (f)	fešang	فشنگ
carica (f)	mohemmāt	مهمات
munizioni (f pl)	mohemmāt	مهمات
bombardiere (m)	bomb-afkan	بمبافکن
aereo (m) da caccia	jangande	جنگنده
elicottero (m)	helikopter	هلیکوپتر
cannone (m) antiaereo	tup-e zedd-e havāyi	توپ ضد هوایی
carro (m) armato	tānk	تانک
cannone (m)	tup	توپ
artiglieria (f)	tupxāne	توپخانه
cannone (m)	tofang	تفنگ
mirare a ...	šhellik kardan	شلیک کردن
proiettile (m)	xompāre	خمپاره
granata (f) da mortaio	xompāre	خمپاره
mortaio (m)	xompāre andāz	خمپاره انداز
scheggia (f)	tarkeš	ترکش
sottomarino (m)	zirdaryāyi	زیردریایی
siluro (m)	eždar	اژدر
missile (m)	mušak	موشک
caricare (~ una pistola)	por kardan	پر کردن
sparare (vi)	tirandāzi kardan	تیراندازی کردن
puntare su ...	nešāne raftan	نشانه رفتن
baionetta (f)	sarneyze	سرنیزه
spada (f)	šamšir	شمشیر

sciabola (f)	šamšir	شمشیر
lancia (f)	neyze	نیزه
arco (m)	kamān	کمان
freccia (f)	tir	تیر
moschetto (m)	tofang fetile-i	تفنگ فتیله‌ای
balestra (f)	kamān zanburak-i	کمان زنبورکی

187. Gli antichi

primitivo (agg)	avvaliye	اولیه
preistorico (agg)	piš az tārix	پیش از تاریخ
antico (agg)	qadimi	قدیمی
Età (f) della pietra	asr-e hajar	عصر حجر
Età (f) del bronzo	asr-e mafraq	عصر مفرغ
epoca (f) glaciale	dowre-ye yaxbandān	دورهٔ یخبندان
tribù (f)	qabile	قبیله
cannibale (m)	ādam xār	آدم خوار
cacciatore (m)	šekārči	شکارچی
cacciare (vt)	šekār kardan	شکار کردن
mammut (m)	māmut	ماموت
caverna (f), grotta (f)	qār	غار
fuoco (m)	ātaš	آتش
falò (m)	ātaš	آتش
pittura (f) rupestre	qār negāre	غار نگاره
strumento (m) di lavoro	abzār-e kār	ابزار کار
lancia (f)	neyze	نیزه
ascia (f) di pietra	tabar-e sangi	تبر سنگی
essere in guerra	jangidan	جنگیدن
addomesticare (vt)	rām kardan	رام کردن
idolo (m)	bot	بت
idolatrare (vt)	parastidan	پرستیدن
superstizione (f)	xorāfe	خرافه
rito (m)	marāsem	مراسم
evoluzione (f)	takāmol	تکامل
sviluppo (m)	pišraft	پیشرفت
estinzione (f)	enqerāz	انقراض
adattarsi (vr)	sāzgār šodan	سازگار شدن
archeologia (f)	bāstān-šenāsi	باستان شناسی
archeologo (m)	bāstān-šenās	باستان شناس
archeologico (agg)	bāstān-šenāsi	باستان شناسی
sito (m) archeologico	mahall-e haffārihā	محل حفاری ها
scavi (m pl)	haffāri-hā	حفاری ها
reperto (m)	yāfteh	یافته
frammento (m)	qet'e	قطعه

188. Il Medio Evo

popolo (m)	mellat	ملت
popoli (m pl)	mellat-hā	ملت ها
tribù (f)	qabile	قبیله
tribù (f pl)	qabāyel	قبایل

barbari (m pl)	barbar-hā	بربر ها
galli (m pl)	gul-hā	گول ها
goti (m pl)	gat-hā	گت ها
slavi (m pl)	eslāv-hā	اسلاو ها
vichinghi (m pl)	vāyking-hā	وایکینگ ها

| romani (m pl) | rumi-hā | رومی ها |
| romano (agg) | rumi | رومی |

bizantini (m pl)	bizānsi-hā	بیزانسی ها
Bisanzio (m)	bizāns	بیزانس
bizantino (agg)	bizānsi	بیزانسی

imperatore (m)	emperātur	امپراطور
capo (m)	rahbar	رهبر
potente (un re ~)	moqtader	مقتدر
re (m)	šāh	شاه
governante (m) (sovrano)	hākem	حاکم

cavaliere (m)	šovālie	شوالیه
feudatario (m)	feodāl	فئودال
feudale (agg)	feodāli	فئودالی
vassallo (m)	ra'yat	رعیت

duca (m)	duk	دوک
conte (m)	kont	کنت
barone (m)	bāron	بارون
vescovo (m)	osqof	اسقف

armatura (f)	zereh	زره
scudo (m)	separ	سپر
spada (f)	šamšir	شمشیر
visiera (f)	labe-ye kolāh	لبه کلاه
cotta (f) di maglia	jowšan	جوشن

| crociata (f) | jang-e salibi | جنگ صلیبی |
| crociato (m) | jangju-ye salibi | جنگجوی صلیبی |

territorio (m)	qalamrow	قلمرو
attaccare (vt)	hamle kardan	حمله کردن
conquistare (vt)	fath kardan	فتح کردن
occupare (invadere)	ešqāl kardan	اشغال کردن

assedio (m)	mohāsere	محاصره
assediato (agg)	mahsur	محصور
assediare (vt)	mohāsere kardan	محاصره کردن
inquisizione (f)	taftiš-e aqāyed	تفتیش عقاید
inquisitore (m)	mofatteš	مفتش

tortura (f)	šekanje	شکنجه
crudele (agg)	bi rahm	بی رحم
eretico (m)	molhed	ملحد
eresia (f)	ertedād	ارتداد

navigazione (f)	daryānavardi	دریانوردی
pirata (m)	dozd-e daryāyi	دزد دریایی
pirateria (f)	dozdi-ye daryāyi	دزدی دریایی
arrembaggio (m)	hamle ruye arše	حمله روی عرشه
bottino (m)	qanimat	غنیمت
tesori (m)	ganj	گنج

scoperta (f)	kašf	کشف
scoprire (~ nuove terre)	kašf kardan	کشف کردن
spedizione (f)	safar	سفر

moschettiere (m)	tofangdār	تفنگدار
cardinale (m)	kārdināl	کاردینال
araldica (f)	nešān-šenāsi	نشان شناسی
araldico (agg)	manquš	منقوش

189. Leader. Capo. Le autorità

re (m)	šāh	شاه
regina (f)	maleke	ملکه
reale (agg)	šāhi	شاهی
regno (m)	pādšāhi	پادشاهی

| principe (m) | šāhzāde | شاهزاده |
| principessa (f) | pranses | پرنسس |

presidente (m)	ra'is jomhur	رئیس جمهور
vicepresidente (m)	mo'āven-e rais-e jomhur	معاون رئیس جمهور
senatore (m)	senātor	سناتور

monarca (m)	pādšāh	پادشاه
governante (m) (sovrano)	hākem	حاکم
dittatore (m)	diktātor	دیکتاتور
tiranno (m)	zālem	ظالم
magnate (m)	najib zāde	نجیب زاده

direttore (m)	modir	مدیر
capo (m)	ra'is	رئیس
dirigente (m)	modir	مدیر
capo (m)	ra'is	رئیس
proprietario (m)	sāheb	صاحب

leader (m)	rahbar	رهبر
capo (m) (~ delegazione)	ra'is	رئیس
autorità (f pl)	maqāmāt	مقامات
superiori (m pl)	roasā	رؤسا

| governatore (m) | farmāndār | فرماندار |
| console (m) | konsul | کنسول |

diplomatico (m)	diplomāt	دیپلمات
sindaco (m)	šahrdār	شهردار
sceriffo (m)	kalāntar	کلانتر

imperatore (m)	emperātur	امپراطور
zar (m)	tezār	تزار
faraone (m)	fer'own	فرعون
khan (m)	xān	خان

190. Strada. Via. Indicazioni

strada (f)	rāh	راه
cammino (m)	rāh	راه

superstrada (f)	āzād-e rāh	آزاد راه
autostrada (f)	bozorgrāh	بزرگراه
strada (f) statale	rāh-e beyn-e eyālati	راه بین ایالتی

strada (f) principale	rāh-e asli	راه اصلی
strada (f) sterrata	jādde-ye xāki	جاده خاکی

viottolo (m)	gozargāh	گذرگاه
sentiero (m)	kure-ye rāh	کوره راه

Dove? (~ è?)	kojā?	کجا؟
Dove? (~ vai?)	kojā?	کجا؟
Di dove?, Da dove?	az kojā?	از کجا؟

direzione (f)	samt	سمت
indicare (~ la strada)	nešān dādan	نشان دادن

a sinistra (girare ~)	be čap	به چپ
a destra (girare ~)	be rāst	به راست
dritto (avv)	mostaqim be jelo	مستقیم به جلو
indietro (tornare ~)	be aqab	به عقب

curva (f)	pič	پیچ
girare (~ a destra)	pičidan	پیچیدن
fare un'inversione a U	dowr zadan	دور زدن

essere visibile	qābel-e mošāhede budan	قابل مشاهده بودن
apparire (vi)	padidār šodan	پدیدار شدن

sosta (f) (breve fermata)	tavaqqof	توقف
riposarsi, fermarsi (vr)	esterāhat kardan	استراحت کردن
riposo (m)	esterāhat	استراحت

perdersi (vr)	gom šodan	گم شدن
portare verso ...	be jā-yi bordan	به جایی بردن
raggiungere (arrivare a)	residan be	رسیدن به
tratto (m) di strada	emtedād	امتداد

asfalto (m)	āsfālt	آسفالت
cordolo (m)	labe-ye jadval	لبه جدول

fosso (m)	juy	جوی
tombino (m)	dariče	دریچه
ciglio (m) della strada	kenār rāh	کنار راه
buca (f)	gowdāl	گودال

andare (a piedi)	raftan	رفتن
sorpassare (vt)	sebqat gereftan	سبقت گرفتن

passo (m)	gām	گام
a piedi	piyāde	پیاده

sbarrare (~ la strada)	masdud kardan	مسدود کردن
sbarra (f)	māne'	مانع
vicolo (m) cieco	bon bast	بن بست

191. Infrangere la legge. Criminali. Parte 1

bandito (m)	rāhzan	راهزن
delitto (m)	jenāyat	جنایت
criminale (m)	jenāyatkār	جنایتکار

ladro (m)	dozd	دزد
rubare (vi, vt)	dozdidan	دزدیدن
ruberia (f)	dozdi	دزدی
reato (m) di furto	serqat	سرقت

rapire (vt)	ādam robudan	آدم ربودن
rapimento (m)	ādam robāyi	آدم ربایی
rapitore (m)	ādam robā	آدم ربا

riscatto (m)	bāj	باج
chiedere il riscatto	bāj xāstan	باج خواستن

rapinare (vt)	serqat kardan	سرقت کردن
rapina (f)	serqat	سرقت
rapinatore (m)	qāratgar	غارتگر

estorcere (vt)	axxāzi kardan	اخاذی کردن
estorsore (m)	axxāz	اخاذ
estorsione (f)	axxāzi	اخاذی

uccidere (vt)	koštan	کشتن
assassinio (m)	qatl	قتل
assassino (m)	qātel	قاتل

sparo (m)	tirandāzi	تیراندازی
tirare un colpo	tirandāzi kardan	تیراندازی کردن
abbattere (con armi da fuoco)	bā tir zadan	با تیر زدن
sparare (vi)	tirandāzi kardan	تیراندازی کردن
sparatoria (f)	tirandāzi	تیراندازی

incidente (m) (rissa, ecc.)	vāqe'e	واقعه
rissa (f)	zad-o xord	زد و خورد
Aiuto!	komak!	کمک!

vittima (f)	qorbāni	قربانی
danneggiare (vt)	xesārat resāndan	خسارت رساندن
danno (m)	xesārat	خسارت
cadavere (m)	jasad	جسد
grave (reato ~)	vaxim	وخیم

aggredire (vt)	hamle kardan	حمله کردن
picchiare (vt)	zadan	زدن
malmenare (picchiare)	kotak zadan	کتک زدن
sottrarre (vt)	bezur gereftan	به زور گرفتن
accoltellare a morte	čāqu zadan	چاقو زدن
mutilare (vt)	ma'yub kardan	معیوب کردن
ferire (vt)	majruh kardan	مجروح کردن

ricatto (m)	šāntāž	شانتاژ
ricattare (vt)	axxāzi kardan	اخاذی کردن
ricattatore (m)	axxāz	اخاذ

estorsione (f)	axxāzi	اخاذی
estortore (m)	axxāz	اخاذ
gangster (m)	gāngester	گانگستر
mafia (f)	māfiyā	مافیا

borseggiatore (m)	jib bor	جیب بر
scassinatore (m)	sāreq	سارق
contrabbando (m)	qāčāq	قاچاق
contrabbandiere (m)	qāčāqči	قاچاقچی

falsificazione (f)	qollābi	قلابی
falsificare (vt)	ja'l kardan	جعل کردن
falso, falsificato (agg)	ja'li	جعلی

192. Infrangere la legge. Criminali. Parte 2

stupro (m)	tajāvoz be nāmus	تجاوز به ناموس
stuprare (vt)	tajāvoz kardan	تجاوز کردن
stupratore (m)	zenā konande	زنا کننده
maniaco (m)	majnun	مجنون

prostituta (f)	fāheše	فاحشه
prostituzione (f)	fāhešegi	فاحشگی
magnaccia (m)	jākeš	جاکش

drogato (m)	mo'tād	معتاد
trafficante (m) di droga	forušande-ye mavādd-e moxadder	فروشندۀ مواد مخدر

far esplodere	monfajer kardan	منفجر کردن
esplosione (f)	enfejār	انفجار
incendiare (vt)	ātaš zadan	آتش زدن
incendiario (m)	ātaš afruz	آتش افروز

terrorismo (m)	terorism	تروریسم
terrorista (m)	terorist	تروریست

ostaggio (m)	gerowgān	گروگان
imbrogliare (vt)	farib dādan	فریب دادن
imbroglio (m)	farib	فریب
imbroglione (m)	hoqqe bāz	حقه باز
corrompere (vt)	rešve dādan	رشوه دادن
corruzione (f)	rešve	رشوه
bustarella (f)	rešve	رشوه
veleno (m)	zahr	زهر
avvelenare (vt)	masmum kardan	مسموم کردن
avvelenarsi (vr)	masmum šodan	مسموم شدن
suicidio (m)	xod-koši	خودکشی
suicida (m)	xod-koši konande	خودکشی کننده
minacciare (vt)	tahdid kardan	تهدید کردن
minaccia (f)	tahdid	تهدید
attentare (vi)	su'-e qasd kardan	سوء قصد کردن
attentato (m)	su'-e qasd	سوء قصد
rubare (~ una macchina)	robudan	ربودن
dirottare (~ un aereo)	havāpeymā robāyi	هواپیما ربایی
vendetta (f)	enteqām	انتقام
vendicare (vt)	enteqām gereftan	انتقام گرفتن
torturare (vt)	šekanje dādan	شکنجه دادن
tortura (f)	šekanje	شکنجه
maltrattare (vt)	aziyat kardan	اذیت کردن
pirata (m)	dozd-e daryāyi	دزد دریایی
teppista (m)	owbāš	اوباش
armato (agg)	mosallah	مسلح
violenza (f)	xošunat	خشونت
illegale (agg)	qeyr-e qānuni	غیر قانونی
spionaggio (m)	jāsusi	جاسوسی
spiare (vi)	jāsusi kardan	جاسوسی کردن

193. Polizia. Legge. Parte 1

giustizia (f)	edālat	عدالت
tribunale (m)	dādgāh	دادگاه
giudice (m)	qāzi	قاضی
giurati (m)	hey'at-e monsefe	هیئت منصفه
processo (m) con giuria	hey'at-e monsefe	هیئت منصفه
giudicare (vt)	mohākeme kardan	محاکمه کردن
avvocato (m)	vakil	وکیل
imputato (m)	mottaham	متهم
banco (m) degli imputati	jāygāh-e mottaham	جایگاه متهم
accusa (f)	ettehām	اتهام

accusato (m)	mottaham	متهم
condanna (f)	hokm	حکم
condannare (vt)	mahkum kardan	محکوم کردن

colpevole (m)	moqasser	مقصر
punire (vt)	mojāzāt kardan	مجازات کردن
punizione (f)	mojāzāt	مجازات

multa (f), ammenda (f)	jarime	جریمه
ergastolo (m)	habs-e abad	حبس ابد
pena (f) di morte	e'dām	اعدام
sedia (f) elettrica	sandali-ye barqi	صندلی برقی
impiccagione (f)	čube-ye dār	چوبه دار

| giustiziare (vt) | e'dām kardan | اعدام کردن |
| esecuzione (f) | e'dām | اعدام |

prigione (f)	zendān	زندان
cella (f)	sellul-e zendān	سلول زندان
scorta (f)	eskort	اسکورت
guardia (f) carceraria	negahbān zendān	نگهبان زندان
prigioniero (m)	zendāni	زندانی

| manette (f pl) | dastband | دستبند |
| mettere le manette | dastband zadan | دستبند زدن |

fuga (f)	farār	فرار
fuggire (vi)	farār kardan	فرار کردن
scomparire (vi)	nāpadid šodan	ناپدید شدن
liberare (vt)	āzād kardan	آزاد کردن
amnistia (f)	afv-e omumi	عفو عمومی

polizia (f)	polis	پلیس
poliziotto (m)	polis	پلیس
commissariato (m)	kalāntari	کلانتری
manganello (m)	bātum	باتوم
altoparlante (m)	bolandgu	بلندگو

macchina (f) di pattuglia	māšin-e gašt	ماشین گشت
sirena (f)	āžir-e xatar	آژیر خطر
mettere la sirena	āžir rā rowšan kardan	آژیررا روشن کردن
suono (m) della sirena	sedā-ye āžir	صدای آژیر

luogo (m) del crimine	mahall-e jenāyat	محل جنایت
testimone (m)	šāhed	شاهد
libertà (f)	āzādi	آزادی
complice (m)	hamdast	همدست
fuggire (vi)	maxfi šodan	مخفی شدن
traccia (f)	rad	رد

194. Polizia. Legge. Parte 2

| ricerca (f) (≈ di un criminale) | jostoju | جستجو |
| cercare (vt) | jostoju kardan | جستجو کردن |

sospetto (m)	šok	شک
sospetto (agg)	maškuk	مشکوک
fermare (vt)	motevaghef kardan	متوقف کردن
arrestare (qn)	dastgir kardan	دستگیر کردن
causa (f)	parvande	پرونده
inchiesta (f)	tahqiq	تحقیق
detective (m)	kārāgāh	کارآگاه
investigatore (m)	bāzpors	بازپرس
versione (f)	farziye	فرضیه
movente (m)	angize	انگیزه
interrogatorio (m)	bāzporsi	بازپرسی
interrogare (sospetto)	bāzporsi kardan	بازپرسی کردن
interrogare (vicini)	estentāq kardan	استنطاق کردن
controllo (m) (~ di polizia)	taftiš	تفتیش
retata (f)	mohāsere	محاصره
perquisizione (f)	taftiš	تفتیش
inseguimento (m)	ta'qib	تعقیب
inseguire (vt)	ta'qib kardan	تعقیب کردن
essere sulle tracce	donbāl kardan	دنبال کردن
arresto (m)	bāzdāšt	بازداشت
arrestare (qn)	bāzdāšt kardan	بازداشت کردن
catturare (~ un ladro)	dastgir kardan	دستگیر کردن
cattura (f)	dastgiri	دستگیری
documento (m)	sanad	سند
prova (f), reperto (m)	esbāt	اثبات
provare (vt)	esbāt kardan	اثبات کردن
impronta (f) del piede	rad-e pā	رد پا
impronte (f pl) digitali	asar-e angošt	اثر انگشت
elemento (m) di prova	šavāhed	شواهد
alibi (m)	ozr-e qeybat	عذر غیبت
innocente (agg)	bi gonāh	بی گناه
ingiustizia (f)	bi edālati	بی عدالتی
ingiusto (agg)	qeyr-e ādelāne	غیر عادلانه
criminale (agg)	jenāyi	جنایی
confiscare (vt)	mosādere kardan	مصادره کردن
droga (f)	mavādd-e moxadder	مواد مخدر
armi (f pl)	selāh	سلاح
disarmare (vt)	xal'-e selāh kardan	خلع سلاح کردن
ordinare (vt)	farmān dādan	فرمان دادن
sparire (vi)	nāpadid šodan	ناپدید شدن
legge (f)	qānun	قانون
legale (agg)	qānuni	قانونی
illegale (agg)	qeyr-e qānuni	غیر قانونی
responsabilità (f)	mas'uliyat	مسئولیت
responsabile (agg)	mas'ul	مسئول

LA NATURA

La Terra. Parte 1

195. L'Universo

cosmo (m)	fazā	فضا
cosmico, spaziale (agg)	fazāyi	فضایی
spazio (m) cosmico	fazā-ye keyhān	فضای کیهان
mondo (m)	jahān	جهان
universo (m)	giti	گیتی
galassia (f)	kahkešān	کهکشان
stella (f)	setāre	ستاره
costellazione (f)	surat-e falaki	صورت فلکی
pianeta (m)	sayyāre	سیاره
satellite (m)	māhvāre	ماهواره
meteorite (m)	sang-e āsmāni	سنگ آسمانی
cometa (f)	setāre-ye donbāle dār	ستارهٔ دنباله دار
asteroide (m)	šahāb	شهاب
orbita (f)	madār	مدار
ruotare (vi)	gardidan	گردیدن
atmosfera (f)	jav	جو
il Sole	āftāb	آفتاب
sistema (m) solare	manzume-ye šamsi	منظومه شمسی
eclisse (f) solare	kosuf	کسوف
la Terra	zamin	زمین
la Luna	māh	ماه
Marte (m)	merrix	مریخ
Venere (f)	zahre	زهره
Giove (m)	moštari	مشتری
Saturno (m)	zohal	زحل
Mercurio (m)	atārod	عطارد
Urano (m)	orānus	اورانوس
Nettuno (m)	nepton	نپتون
Plutone (m)	poloton	پلوتون
Via (f) Lattea	kahkešān rāh-e širi	کهکشان راه شیری
Orsa (f) Maggiore	dobb-e akbar	دب اکبر
Stella (f) Polare	setāre-ye qotbi	ستاره قطبی
marziano (m)	merrixi	مریخی
extraterrestre (m)	farā zamini	فرا زمینی

| alieno (m) | mowjud fazāyi | موجود فضایی |
| disco (m) volante | bošqāb-e parande | بشقاب پرنده |

nave (f) spaziale	fazā peymā	فضا پیما
stazione (f) spaziale	istgāh-e fazāyi	ایستگاه فضایی
lancio (m)	rāh andāzi	راه اندازی

motore (m)	motor	موتور
ugello (m)	nāzel	نازل
combustibile (m)	suxt	سوخت

cabina (f) di pilotaggio	kābin	کابین
antenna (f)	ānten	آنتن
oblò (m)	panjere	پنجره
batteria (f) solare	bātri-ye xoršidi	باطری خورشیدی
scafandro (m)	lebās-e fazānavardi	لباس فضانوردی

| imponderabilità (f) | bi vazni | بی وزنی |
| ossigeno (m) | oksižen | اکسیژن |

| aggancio (m) | vasl | وصل |
| agganciarsi (vr) | vasl kardan | وصل کردن |

osservatorio (m)	rasadxāne	رصدخانه
telescopio (m)	teleskop	تلسکوپ
osservare (vt)	mošāhede kardan	مشاهده کردن
esplorare (vt)	kašf kardan	کشف کردن

196. La Terra

la Terra	zamin	زمین
globo (m) terrestre	kare-ye zamin	کرۀ زمین
pianeta (m)	sayyāre	سیاره

atmosfera (f)	jav	جو
geografia (f)	joqrāfiyā	جغرافیا
natura (f)	tabi'at	طبیعت

mappamondo (m)	kare-ye joqrāfiyāyi	کرۀ جغرافیایی
carta (f) geografica	naqše	نقشه
atlante (m)	atlas	اطلس

| Europa (f) | orupā | اروپا |
| Asia (f) | āsiyā | آسیا |

| Africa (f) | āfriqā | آفریقا |
| Australia (f) | ostorāliyā | استرالیا |

America (f)	emrikā	امریکا
America (f) del Nord	emrikā-ye šomāli	امریکای شمالی
America (f) del Sud	emrikā-ye jonubi	امریکای جنوبی

| Antartide (f) | qotb-e jonub | قطب جنوب |
| Artico (m) | qotb-e šomāl | قطب شمال |

197. Punti cardinali

nord (m)	šomāl	شمال
a nord	be šomāl	به شمال
al nord	dar šomāl	در شمال
del nord (agg)	šomāli	شمالی
sud (m)	jonub	جنوب
a sud	be jonub	به جنوب
al sud	dar jonub	در جنوب
del sud (agg)	jonubi	جنوبی
ovest (m)	qarb	غرب
a ovest	be qarb	به غرب
all'ovest	dar qarb	در غرب
dell'ovest, occidentale	qarbi	غربی
est (m)	šarq	شرق
a est	be šarq	به شرق
all'est	dar šarq	در شرق
dell'est, orientale	šarqi	شرقی

198. Mare. Oceano

mare (m)	daryā	دریا
oceano (m)	oqyānus	اقیانوس
golfo (m)	xalij	خلیج
stretto (m)	tange	تنگه
terra (f) (terra firma)	zamin	زمین
continente (m)	qāre	قاره
isola (f)	jazire	جزیره
penisola (f)	šeb-e jazire	شبه جزیره
arcipelago (m)	majma'-ol-jazāyer	مجمع‌الجزایر
baia (f)	xalij-e kučak	خلیج کوچک
porto (m)	langargāh	لنگرگاه
laguna (f)	mordāb	مرداب
capo (m)	damāqe	دماغه
atollo (m)	jazire-ye marjāni	جزیره مرجانی
scogliera (f)	tappe-ye daryāyi	تپه دریایی
corallo (m)	marjān	مرجان
barriera (f) corallina	tappe-ye marjāni	تپه مرجانی
profondo (agg)	amiq	عمیق
profondità (f)	omq	عمق
abisso (m)	partgāh	پرتگاه
fossa (f) (~ delle Marianne)	derāz godāl	درازگودال
corrente (f)	jaryān	جریان
circondare (vt)	ehāte kardan	احاطه کردن

| litorale (m) | sāhel | ساحل |
| costa (f) | sāhel | ساحل |

alta marea (f)	mod	مد
bassa marea (f)	jazr	جزر
banco (m) di sabbia	sāhel-e šeni	ساحل شنی
fondo (m)	qa'r	قعر

onda (f)	mowj	موج
cresta (f) dell'onda	nok	نوک
schiuma (f)	kaf	کف

tempesta (f)	tufān-e daryāyi	طوفان دریایی
uragano (m)	tufān	طوفان
tsunami (m)	sonāmi	سونامی
bonaccia (f)	sokun-e daryā	سکین دریا
tranquillo (agg)	ārām	آرام

| polo (m) | qotb | قطب |
| polare (agg) | qotbi | قطبی |

latitudine (f)	arz-e joqrāfiyāyi	عرض جغرافیایی
longitudine (f)	tul-e joqrāfiyāyi	طول جغرافیایی
parallelo (m)	movāzi	موازی
equatore (m)	xatt-e ostavā	خط استوا

cielo (m)	āsemān	آسمان
orizzonte (m)	ofoq	افق
aria (f)	havā	هوا

faro (m)	fānus-e daryāyi	فانوس دریایی
tuffarsi (vr)	širje raftan	شیرجه رفتن
affondare (andare a fondo)	qarq šodan	غرق شدن
tesori (m)	ganj	گنج

199. Nomi dei mari e degli oceani

Oceano (m) Atlantico	oqyānus-e atlas	اقیانوس اطلس
Oceano (m) Indiano	oqyānus-e hend	اقیانوس هند
Oceano (m) Pacifico	oqyānus-e ārām	اقیانوس آرام
mar (m) Glaciale Artico	oqyānus-e monjamed-e šomāli	اقیانوس منجمد شمالی

mar (m) Nero	daryā-ye siyāh	دریای سیاه
mar (m) Rosso	daryā-ye sorx	دریای سرخ
mar (m) Giallo	daryā-ye zard	دریای زرد
mar (m) Bianco	daryā-ye sefid	دریای سفید

mar (m) Caspio	daryā-ye xazar	دریای خزر
mar (m) Morto	daryā-ye morde	دریای مرده
mar (m) Mediterraneo	daryā-ye meditarāne	دریای مدیترانه

| mar (m) Egeo | daryā-ye eže | دریای اژه |
| mar (m) Adriatico | daryā-ye ādriyātik | دریای آدریاتیک |

mar (m) Arabico	daryā-ye arab	دریای عرب
mar (m) del Giappone	daryā-ye žāpon	دریای ژاپن
mare (m) di Bering	daryā-ye brinq	دریای برینگ
mar (m) Cinese meridionale	daryā-ye čin-e jonubi	دریای چین جنوبی
mar (m) dei Coralli	daryā-ye marjān	دریای مرجان
mar (m) di Tasman	daryā-ye tās-emān	دریای تاسمان
mar (m) dei Caraibi	daryā-ye kārāib	دریای کارائیب
mare (m) di Barents	daryā-ye barntz	دریای بارنتز
mare (m) di Kara	daryā-ye kārā	دریای کارا
mare (m) del Nord	daryā-ye šomāl	دریای شمال
mar (m) Baltico	daryā-ye bāltik	دریای بالتیک
mare (m) di Norvegia	daryā-ye norvež	دریای نروژ

200. Montagne

monte (m), montagna (f)	kuh	کوه
catena (f) montuosa	rešte-ye kuh	رشته کوه
crinale (m)	selsele-ye jebāl	سلسله جبال
cima (f)	qolle	قله
picco (m)	qolle	قله
piedi (m pl)	dāmane-ye kuh	دامنهٔ کوه
pendio (m)	šib	شیب
vulcano (m)	ātaš-fešān	آتشفشان
vulcano (m) attivo	ātaš-fešān-e fa'āl	آتش فشان فعال
vulcano (m) inattivo	ātaš-fešān-e xāmuš	آتش فشان خاموش
eruzione (f)	favarān	فوران
cratere (m)	dahāne-ye ātašfešān	دهانهٔ آتش فشان
magma (m)	māgmā	ماگما
lava (f)	godāze	گدازه
fuso (lava ~a)	godāxte	گداخته
canyon (m)	tange	تنگ
gola (f)	darre-ye tang	دره تنگ
crepaccio (m)	tange	تنگ
precipizio (m)	partgāh	پرتگاه
passo (m), valico (m)	gozargāh	گذرگاه
altopiano (m)	falāt	فلات
falesia (f)	saxre	صخره
collina (f)	tappe	تپه
ghiacciaio (m)	yaxčāl	یخچال
cascata (f)	ābšār	آبشار
geyser (m)	češme-ye āb-e garm	چشمهٔ آب گرم
lago (m)	daryāče	دریاچه
pianura (f)	jolge	جلگه
paesaggio (m)	manzare	منظره

eco (f)	en'ekās-e sowt	انعکاس صوت
alpinista (m)	kuhnavard	کوهنورد
scalatore (m)	saxre-ye navard	صخره نورد
conquistare (~ una cima)	fath kardan	فتح کردن
scalata (f)	so'ud	صعود

201. Nomi delle montagne

Alpi (f pl)	ālp	آلپ
Monte (m) Bianco	moan belān	مون بلان
Pirenei (m pl)	pirene	پیرنه

Carpazi (m pl)	kuhhā-ye kārpāt	کوههای کارپات
gli Urali (m pl)	kuhe-i orāl	کوههای اورال
Caucaso (m)	qafqāz	قفقاز
Monte (m) Elbrus	alborz	البرز

Monti (m pl) Altai	āltāy	آلتای
Tien Shan (m)	tiyān šān	تیان شان
Pamir (m)	pāmir	پامیر
Himalaia (m)	himāliyā-vo	هیمالیا
Everest (m)	everest	اورست

| Ande (f pl) | ānd | آند |
| Kilimangiaro (m) | kelimānjāro | کلیمانجارو |

202. Fiumi

fiume (m)	rudxāne	رودخانه
fonte (f) (sorgente)	češme	چشمه
letto (m) (~ del fiume)	bastar	بستر
bacino (m)	howze	حوضه
sfociare nel ...	rixtan	ریختن

| affluente (m) | enše'āb | انشعاب |
| riva (f) | sāhel | ساحل |

corrente (f)	jaryān	جریان
a valle	be samt-e pāin-e rudxāne	به سمت پائین رودخانه
a monte	be samt-e bālā-ye rudxāne	به سمت بالای رودخانه

inondazione (f)	seyl	سیل
piena (f)	toqyān	طغیان
straripare (vi)	toqyān kardan	طغیان کردن
inondare (vt)	toqyān kardan	طغیان کردن

| secca (f) | tangāb | تنگاب |
| rapida (f) | tondāb | تندآب |

diga (f)	sad	سد
canale (m)	kānāl	کانال
bacino (m) di riserva	maxzan-e āb	مخزن آب

chiusa (f)	ābgir	آبگیر
specchio (m) d'acqua	maxzan-e āb	مخزن آب
palude (f)	bātlāq	باتلاق
pantano (m)	lajan zār	لجن زار
vortice (m)	gerdāb	گرداب

ruscello (m)	ravad	رود
potabile (agg)	āšāmidani	آشامیدنی
dolce (di acqua ~)	širin	شیرین

ghiaccio (m)	yax	یخ
ghiacciarsi (vr)	yax bastan	یخ بستن

203. Nomi dei fiumi

Senna (f)	sen	سن
Loira (f)	lavār	لوآر

Tamigi (m)	timz	تیمز
Reno (m)	rāyn	راین
Danubio (m)	dānub	دانوب

Volga (m)	volgā	ولگا
Don (m)	don	دن
Lena (f)	lenā	لنا

Fiume (m) Giallo	rud-e zard	رود زرد
Fiume (m) Azzurro	yāng tese	یانگ تسه
Mekong (m)	mekung	مکونگ
Gange (m)	gong	گنگ

Nilo (m)	neyl	نیل
Congo (m)	kongo	کنگو
Okavango	okavango	اوکاوانگو
Zambesi (m)	zāmbezi	زامبزی
Limpopo (m)	rud-e limpupu	رود لیمپوپو
Mississippi (m)	mi si si pi	می سی سی پی

204. Foresta

foresta (f)	jangal	جنگل
forestale (agg)	jangali	جنگلی

foresta (f) fitta	jangal-e anbuh	جنگل انبوه
boschetto (m)	biše	بیشه
radura (f)	marqzār	مرغزار

roveto (m)	biše-hā	بیشه ها
boscaglia (f)	bute zār	بوته زار

sentiero (m)	kure-ye rāh	کوره راه
calanco (m)	darre	دره

albero (m)	deraxt	درخت
foglia (f)	barg	برگ
fogliame (m)	šāx-o barg	شاخ و برگ

caduta (f) delle foglie	barg rizi	برگ ریزی
cadere (vi)	rixtan	ریختن
cima (f)	nok	نوک

ramo (m), ramoscello (m)	šāxe	شاخه
ramo (m)	šāxe	شاخه
gemma (f)	šokufe	شکوفه
ago (m)	suzan	سوزن
pigna (f)	maxrut-e kāj	مخروط کاج

cavità (f)	surāx	سوراخ
nido (m)	lāne	لانه
tana (f) (del fox, ecc.)	lāne	لانه

tronco (m)	tane	تنه
radice (f)	riše	ریشه
corteccia (f)	pust	پوست
musco (m)	xaze	خزه

sradicare (vt)	rišekan kardan	ریشه کن کردن
abbattere (~ un albero)	boridan	بریدن
disboscare (vt)	boridan	بریدن
ceppo (m)	kande-ye deraxt	کندۀ درخت

falò (m)	ātaš	آتش
incendio (m) boschivo	ātaš suzi	آتش سوزی
spegnere (vt)	xāmuš kardan	خاموش کردن

guardia (f) forestale	jangal bān	جنگل بان
protezione (f)	mohāfezat	محافظت
proteggere (~ la natura)	mohāfezat kardan	محافظت کردن
bracconiere (m)	šekārči-ye qeyr-e qānuni	شکارچی غیر قانونی
tagliola (f) (~ per orsi)	tale	تله

| raccogliere (vt) | čidan | چیدن |
| perdersi (vr) | gom šodan | گم شدن |

205. Risorse naturali

risorse (f pl) naturali	manābe-'e tabii	منابع طبیعی
minerali (m pl)	mavādd-e ma'dani	مواد معدنی
deposito (m) (~ di carbone)	tah nešast	ته نشست
giacimento (m) (~ petrolifero)	meydān	میدان

estrarre (vt)	estexrāj kardan	استخراج کردن
estrazione (f)	estexrāj	استخراج
minerale (m) grezzo	sang-e ma'dani	سنگ معدنی
miniera (f)	ma'dan	معدن
pozzo (m) di miniera	ma'dan	معدن
minatore (m)	ma'dančí	معدنچی

| gas (m) | gāz | گاز |
| gasdotto (m) | lule-ye gāz | لولۀ گاز |

petrolio (m)	naft	نفت
oleodotto (m)	lule-ye naft	لولۀ نفت
torre (f) di estrazione	čāh-e naft	چاه نفت
torre (f) di trivellazione	dakal-e haffāri	دکل حفاری
petroliera (f)	tānker	تانکر

sabbia (f)	šen	شن
calcare (m)	sang-e āhak	سنگ آهک
ghiaia (f)	sangrize	سنگریزه
torba (f)	turb	تورب
argilla (f)	xāk-e ros	خاک رس
carbone (m)	zoqāl sang	زغال سنگ

ferro (m)	āhan	آهن
oro (m)	talā	طلا
argento (m)	noqre	نقره
nichel (m)	nikel	نیکل
rame (m)	mes	مس

zinco (m)	ruy	روی
manganese (m)	mangenez	منگنز
mercurio (m)	jive	جیوه
piombo (m)	sorb	سرب

minerale (m)	mādde-ye ma'dani	مادۀ معدنی
cristallo (m)	bolur	بلور
marmo (m)	marmar	مرمر
uranio (m)	orāniyom	اورانیوم

La Terra. Parte 2

206. Tempo

tempo (m)	havā	هوا
previsione (f) del tempo	piš bini havā	پیش بینی هوا
temperatura (f)	damā	دما
termometro (m)	damāsanj	دماسنج
barometro (m)	havāsanj	هواسنج
umido (agg)	martub	مرطوب
umidità (f)	rotubat	رطوبت
caldo (m), afa (f)	garmā	گرما
molto caldo (agg)	dāq	داغ
fa molto caldo	havā xeyli garm ast	هوا خیلی گرم است
fa caldo	havā garm ast	هوا گرم است
caldo, mite (agg)	garm	گرم
fa freddo	sard ast	سرد است
freddo (agg)	sard	سرد
sole (m)	āftāb	آفتاب
splendere (vi)	tābidan	تابیدن
di sole (una giornata ~)	āftābi	آفتابی
sorgere, levarsi (vr)	tolu' kardan	طلوع کردن
tramontare (vi)	qorob kardan	غروب کردن
nuvola (f)	abr	ابر
nuvoloso (agg)	abri	ابری
nube (f) di pioggia	abr-e bārānzā	ابر باران زا
nuvoloso (agg)	tire	تیره
pioggia (f)	bārān	باران
piove	bārān mibārad	باران می بارد
piovoso (agg)	bārāni	بارانی
piovigginare (vi)	nam-nam bāridan	نم نم باریدن
pioggia (f) torrenziale	bārān šodid	باران شدید
acquazzone (m)	ragbār	رگبار
forte (una ~ pioggia)	šadid	شدید
pozzanghera (f)	čāle	چاله
bagnarsi (~ sotto la pioggia)	xis šodan	خیس شدن
foschia (f), nebbia (f)	meh	مه
nebbioso (agg)	meh ālud	مه آلود
neve (f)	barf	برف
nevica	barf mibārad	برف می بارد

207. Rigide condizioni metereologiche. Disastri naturali

temporale (m)	tufān	طوفان
fulmine (f)	barq	برق
lampeggiare (vi)	barq zadan	برق زدن

tuono (m)	ra'd	رعد
tuonare (vi)	qorridan	غریدن
tuona	ra'd mizanad	رعد می زند

| grandine (f) | tagarg | تگرگ |
| grandina | tagarg mibārad | تگرگ می بارد |

| inondare (vt) | toqyān kardan | طغیان کردن |
| inondazione (f) | seyl | سیل |

terremoto (m)	zamin-larze	زمین لرزه
scossa (f)	tekān	تکان
epicentro (m)	kānun-e zaminlarze	کانون زمین لرزه

| eruzione (f) | favarān | فوران |
| lava (f) | godāze | گدازه |

| tromba (f), tornado (m) | gerdbād | گردباد |
| tifone (m) | tufān | طوفان |

uragano (m)	tufān	طوفان
tempesta (f)	tufān	طوفان
tsunami (m)	sonāmi	سونامی

ciclone (m)	gerdbād	گردباد
maltempo (m)	havā-ye bad	هوای بد
incendio (m)	ātaš suzi	آتش سوزی
disastro (m)	balā-ye tabi'i	بلای طبیعی
meteorite (m)	sang-e āsmāni	سنگ آسمانی

valanga (f)	bahman	بهمن
slavina (f)	bahman	بهمن
tempesta (f) di neve	kulāk	کولاک
bufera (f) di neve	barf-o burān	برف و بوران

208. Rumori. Suoni

silenzio (m)	sokut	سکوت
suono (m)	sedā	صدا
rumore (m)	sar-o sedā	سر و صدا
far rumore	sar-o sedā kardan	سر و صدا کردن
rumoroso (agg)	por sar-o sedā	پر سر و صدا

ad alta voce (parlare ~)	boland	بلند
alto (voce ~a)	boland	بلند
costante (agg)	dāemi	دائمی
grido (m)	faryād	فریاد

gridare (vi)	faryād zadan	فریاد زدن
sussurro (m)	najvā	نجوا
sussurrare (vi, vt)	najvā kardan	نجوا کردن

| abbaiamento (m) | vāq vāq | واق واق |
| abbaiare (vi) | vāq-vāq kardan | واق واق کردن |

gemito (m) (~ di dolore)	nāle	ناله
gemere (vi)	nāle kardan	ناله کردن
tosse (f)	sorfe	سرفه
tossire (vi)	sorfe kardan	سرفه کردن

fischio (m)	sut	سوت
fischiare (vi)	sut zadan	سوت زدن
bussata (f)	dar zadan	درزدن
bussare (vi)	dar zadan	درزدن

| crepitare (vi) | šekastan | شکستن |
| crepitio (m) | tarak | ترک |

sirena (f)	āžir-e xatar	آژیر خطر
sirena (f) (di fabbrica)	buq	بوق
emettere un fischio	buq zadan	بوق زدن
colpo (m) di clacson	buq	بوق
clacsonare (vi)	buq zadan	بوق زدن

209. Inverno

inverno (m)	zemestān	زمستان
invernale (agg)	zemestāni	زمستانی
d'inverno	dar zemestān	در زمستان

neve (f)	barf	برف
nevica	barf mibārad	برف می بارد
nevicata (f)	bāreš-e barf	بارش برف
mucchio (m) di neve	tappe-ye barf	تپهٔ برف

fiocco (m) di neve	barf-e rize	برف ریزه
palla (f) di neve	golule-ye barf	گلولهٔ برف
pupazzo (m) di neve	ādam-e barfi	آدم برفی
ghiacciolo (m)	qandil	قندیل

dicembre (m)	desāmr	دسامبر
gennaio (m)	žānvie	ژانویه
febbraio (m)	fevriye	فوریه

| gelo (m) | yaxbandān | یخبندان |
| gelido (aria ~a) | sard | سرد |

sotto zero	zir-e sefr	زیر صفر
primi geli (m pl)	avalin moje sarmā	اولین موج سرما
brina (f)	barf-e rize	برف ریزه
freddo (m)	sarmā	سرما
fa freddo	sard ast	سرد است

| pelliccia (f) | pālto-ye pustin | پالتوی پوستین |
| manopole (f pl) | dastkeš-e yek angošti | دستکش یک انگشتی |

ammalarsi (vr)	bimār šodan	بیمار شدن
raffreddore (m)	sarmā xordegi	سرما خوردگی
raffreddarsi (vr)	sarmā xordan	سرما خوردن

ghiaccio (m)	yax	یخ
ghiaccio (m) trasparente	lāye-ye yax	لایه یخ
ghiacciarsi (vr)	yax bastan	یخ بستن
banco (m) di ghiaccio	tekke-ye yax-e šenāvar	تکه یخ شناور

sci (m pl)	eski	اسکی
sciatore (m)	eski bāz	اسکی باز
sciare (vi)	eski kardan	اسکی کردن
pattinare (vi)	eskeyt bāzi kardan	اسکیت بازی کردن

Fauna

210. Mammiferi. Predatori

predatore (m)	heyvān-e darande	حیوان درنده
tigre (f)	bebar	ببر
leone (m)	šir	شیر
lupo (m)	gorg	گرگ
volpe (m)	rubāh	روباه

giaguaro (m)	jagvār	جگوار
leopardo (m)	palang	پلنگ
ghepardo (m)	yuzpalang	یوزپلنگ

pantera (f)	palang-e siyāh	پلنگ سیاه
puma (f)	yuzpalang	یوزپلنگ
leopardo (m) delle nevi	palang-e barfi	پلنگ برفی
lince (f)	siyāh guš	سیاه گوش

coyote (m)	gorg-e sahrāyi	گرگ صحرایی
sciacallo (m)	šoqāl	شغال
iena (f)	kaftār	کفتار

211. Animali selvatici

animale (m)	heyvān	حیوان
bestia (f)	heyvān	حیوان

scoiattolo (m)	sanjāb	سنجاب
riccio (m)	xārpošt	خارپشت
lepre (f)	xarguš	خرگوش
coniglio (m)	xarguš	خرگوش

tasso (m)	gurkan	گورکن
procione (f)	rākon	راکون
criceto (m)	muš-e bozorg	موش بزرگ
marmotta (f)	muš-e xormā-ye kuhi	موش خرمای کوهی

talpa (f)	muš-e kur	موش کور
topo (m)	muš	موش
ratto (m)	muš-e sahrāyi	موش صحرایی
pipistrello (m)	xoffāš	خفاش

ermellino (m)	qāqom	قاقم
zibellino (m)	samur	سمور
martora (f)	samur	سمور
donnola (f)	rāsu	راسو
visone (m)	tire-ye rāsu	تیره راسو

| castoro (m) | sag-e ābi | سگ آبی |
| lontra (f) | samur ābi | سمور آبی |

cavallo (m)	asb	اسب
alce (m)	gavazn	گوزن
cervo (m)	āhu	آهو
cammello (m)	šotor	شتر

bisonte (m) americano	gāvmiš	گاومیش
bisonte (m) europeo	gāv miš	گاو میش
bufalo (m)	bufālo	بوفالو

zebra (f)	gurexar	گورخر
antilope (f)	boz-e kuhi	بز کوهی
capriolo (m)	šukā	شوکا
daino (m)	qazāl	غزال
camoscio (m)	boz-e kuhi	بز کوهی
cinghiale (m)	gorāz	گراز

balena (f)	nahang	نهنگ
foca (f)	fak	فک
tricheco (m)	širmāhi	شیرماهی
otaria (f)	gorbe-ye ābi	گربهٔ آبی
delfino (m)	delfin	دلفین

orso (m)	xers	خرس
orso (m) bianco	xers-e sefid	خرس سفید
panda (m)	pāndā	پاندا

scimmia (f)	meymun	میمون
scimpanzè (m)	šampānze	شمپانزه
orango (m)	orāngutān	اورانگوتان
gorilla (m)	guril	گوریل
macaco (m)	mākāk	ماکاک
gibbone (m)	gibon	گیبون

elefante (m)	fil	فیل
rinoceronte (m)	kargadan	کرگدن
giraffa (f)	zarrāfe	زرافه
ippopotamo (m)	asb-e ābi	اسب آبی

| canguro (m) | kāngoro | کانگورو |
| koala (m) | kovālā | کوالا |

mangusta (f)	xadang	خدنگ
cincillà (f)	čin čila	چین چیلا
moffetta (f)	rāsu-ye badbu	راسوی بدبو
istrice (m)	taši	تشی

212. Animali domestici

gatta (f)	gorbe	گربه
gatto (m)	gorbe-ye nar	گربهٔ نر
cane (m)	sag	سگ

cavallo (m)	asb	اسب
stallone (m)	asb-e nar	اسب نر
giumenta (f)	mādiyān	مادیان

mucca (f)	gāv	گاو
toro (m)	gāv-e nar	گاو نر
bue (m)	gāv-e axte	گاو اخته

pecora (f)	gusfand	گوسفند
montone (m)	gusfand-e nar	گوسفند نر
capra (f)	boz-e mādde	بز ماده
caprone (m)	boz-e nar	بز نر

asino (m)	xar	خر
mulo (m)	qāter	قاطر

porco (m)	xuk	خوک
porcellino (m)	bače-ye xuk	بچهٔ خوک
coniglio (m)	xarguš	خرگوش

gallina (f)	morq	مرغ
gallo (m)	xorus	خروس

anatra (f)	ordak	اردک
maschio (m) dell'anatra	ordak-e nar	اردک نر
oca (f)	qāz	غاز

tacchino (m)	buqalamun-e nar	بوقلمون نر
tacchina (f)	buqalamun-e māde	بوقلمون ماده

animali (m pl) domestici	heyvānāt-e ahli	حیوانات اهلی
addomesticato (agg)	ahli	اهلی
addomesticare (vt)	rām kardan	رام کردن
allevare (vt)	parvareš dādan	پرورش دادن

fattoria (f)	mazrae	مزرعه
pollame (m)	morq-e xānegi	مرغ خانگی
bestiame (m)	dām	دام
branco (m), mandria (f)	galle	گله

scuderia (f)	establ	اصطبل
porcile (m)	āqol xuk	آغل خوک
stalla (f)	āqol gāv	آغل گاو
conigliera (f)	lanye xarguš	لانه خرگوش
pollaio (m)	morq dāni	مرغ دانی

213. Cani. Razze canine

cane (m)	sag	سگ
cane (m) da pastore	sag-e gele	سگ گله
pastore (m) tedesco	sag-e ĵerman šeperd	سگ ژرمن شپرد
barbone (m)	pudel	پودل
bassotto (m)	sag-e pākutāh	سگ پاکوتاه
bulldog (m)	buldāg	بولداگ

boxer (m)	boksor	بوکسور
mastino (m)	māstif	ماستیف
rottweiler (m)	rotveylir	روتویلیر
dobermann (m)	dobermen	دوبرمن

bassotto (m)	ba's-at	باسیت
bobtail (m)	dam čatri	دم چتری
dalmata (m)	dālmāsi	دالماسی
cocker (m)	kākir spāniyel	کاکیر سپانییل

| terranova (m) | nyufāundland | نیوفاوندلند |
| sanbernardo (m) | sant bernārd | سنت برنارد |

husky (m)	sag-e surtme	سگ سورتمه
chow chow (m)	čāu-čāu	چاو-چاو
volpino (m)	espitz	اسپیتز
carlino (m)	pāg	پاگ

214. Versi emessi dagli animali

abbaiamento (m)	vāq vāq	واق واق
abbaiare (vi)	vāq-vāq kardan	واق واق کردن
miagolare (vi)	miyu-miyu kardan	میو میو کردن
fare le fusa	xor-xor kardan	خرخر کردن

muggire (vacca)	mu-mu kardan	مو مو کردن
muggire (toro)	na're kešidan	نعره کشیدن
ringhiare (vi)	qorqor kardan	غرغر کردن

ululato (m)	zuze	زوزه
ululare (vi)	zuze kešidan	زوزه کشیدن
guaire (vi)	zuze kešidan	زوزه کشیدن

belare (pecora)	ba'ba' kardan	بع بع کردن
grugnire (maiale)	xor-xor kardan	خرخر کردن
squittire (vi)	jiq zadan	جیغ زدن

gracidare (rana)	qur-qur kardan	قورقور کردن
ronzare (insetto)	vez-vez kardan	وزوز کردن
frinire (vi)	jir-jir kardan	جیر جیر کردن

215. Cuccioli di animali

cucciolo (m)	tule	توله
micino (m)	bačče gorbe	بچه گربه
topolino (m)	bače-ye muš	بچه موش
cucciolo (m) di cane	tule-ye sag	تولۀ سگ

leprotto (m)	bače-ye xarguš	بچه خرگوش
coniglietto (m)	bače-ye xarguš	بچه خرگوش
cucciolo (m) di lupo	bače-ye gorg	بچه گرگ
cucciolo (m) di volpe	bače-ye rubāh	بچه روباه

cucciolo (m) di orso	bače-ye xers	بچهٔ خرس
cucciolo (m) di leone	bače-ye šir	بچهٔ شیر
cucciolo (m) di tigre	bače-ye bebar	بچهٔ ببر
elefantino (m)	bače-ye fil	بچهٔ فیل
porcellino (m)	bače-ye xuk	بچهٔ خوک
vitello (m)	gusāle	گوساله
capretto (m)	bozqāle	بزغاله
agnello (m)	barre	بره
cerbiatto (m)	bače-ye gavazn	بچهٔ گوزن
cucciolo (m) di cammello	bače-ye šotor	بچهٔ شتر
piccolo (m) di serpente	bače-ye mār	بچهٔ مار
piccolo (m) di rana	bače-ye qurbāqe	بچهٔ قرباغه
uccellino (m)	juje	جوجه
pulcino (m)	juje	جوجه
anatroccolo (m)	juje-ye ordak	جوجهٔ اردک

216. Uccelli

uccello (m)	parande	پرنده
colombo (m), piccione (m)	kabutar	کبوتر
passero (m)	gonješk	گنجشک
cincia (f)	morq-e zanburxār	مرغ زنبورخوار
gazza (f)	zāqi	زاغی
corvo (m)	kalāq-e siyāh	کلاغ سیاه
cornacchia (f)	kalāq	کلاغ
taccola (f)	zāq	زاغ
corvo (m) nero	kalāq-e siyāh	کلاغ سیاه
anatra (f)	ordak	اردک
oca (f)	qāz	غاز
fagiano (m)	qarqāvol	قرقاول
aquila (f)	oqāb	عقاب
astore (m)	qerqi	قرقی
falco (m)	šāhin	شاهین
grifone (m)	karkas	کرکس
condor (m)	karkas-e emrikāyi	کرکس امریکایی
cigno (m)	qu	قو
gru (f)	dornā	درنا
cicogna (f)	lak lak	لک لک
pappagallo (m)	tuti	طوطی
colibrì (m)	morq-e magas-e xār	مرغ مگس خوار
pavone (m)	tāvus	طاووس
struzzo (m)	šotormorq	شترمرغ
airone (m)	havāsil	حواصیل
fenicottero (m)	felāmingo	فلامینگو
pellicano (m)	pelikān	پلیکان

| usignolo (m) | bolbol | بلبل |
| rondine (f) | parastu | پرستو |

tordo (m)	bāstarak	باسترک
tordo (m) sasello	torqe	طرقه
merlo (m)	tukā-ye siyāh	توکای سیاه

rondone (m)	bādxorak	بادخورک
allodola (f)	čakāvak	چکاوک
quaglia (f)	belderčin	بلدرچین

picchio (m)	dārkub	دارکوب
cuculo (m)	fāxte	فاخته
civetta (f)	joqd	جغد
gufo (m) reale	šāh buf	شاه بوف
urogallo (m)	siāh xorus	سیاه خروس
fagiano (m) di monte	siāh xorus-e jangali	سیاه خروس جنگلی
pernice (f)	kabk	کبک

storno (m)	sār	سار
canarino (m)	qanāri	قناری
francolino (m) di monte	siyāh xorus-e fandoqi	سیاه خروس فندقی
fringuello (m)	sehre-ye jangali	سهره جنگلی
ciuffolotto (m)	sohre sar-e siyāh	سهره سر سیاه

gabbiano (m)	morq-e daryāyi	مرغ دریایی
albatro (m)	morq-e daryāyi	مرغ دریایی
pinguino (m)	pangoan	پنگوئن

217. Uccelli. Cinguettio e versi

cantare (vi)	xāndan	خواندن
gridare (vi)	faryād kardan	فریاد کردن
cantare (gallo)	ququli ququ kardan	قوقولی قوقو کردن
chicchirichì (m)	ququli ququ	قوقولی قوقو

chiocciare (gallina)	qodqod kardan	قدقد کردن
gracchiare (vi)	qār-qār kardan	قارقار کردن
fare qua qua	qāt-qāt kardan	قات قات کردن
pigolare (vi)	jir-jir kardan	جیر جیر کردن
cinguettare (vi)	jik-jik kardan	جیک جیک کردن

218. Pesci. Animali marini

abramide (f)	māhi-ye sim	ماهی سیم
carpa (f)	kapur	کپور
perca (f)	māhi-e luti	ماهی لوتی
pesce (m) gatto	gorbe-ye māhi	گربه ماهی
luccio (m)	ordak māhi	اردک ماهی

| salmone (m) | māhi-ye salemon | ماهی سالمون |
| storione (m) | māhi-ye xāviār | ماهی خاویار |

aringa (f)	māhi-ye šur	ماهی شور
salmone (m)	sālmon-e atlāntik	سالمون اتلانتیک
scombro (m)	māhi-ye esqumeri	ماهی اسقومری
sogliola (f)	sofre māhi	سفره ماهی

lucioperca (f)	suf	سوف
merluzzo (m)	māhi-ye rowqan	ماهی روغن
tonno (m)	tan māhi	تن ماهی
trota (f)	māhi-ye qezelālā	ماهی قزل آلا

anguilla (f)	mārmāhi	مارماهی
torpedine (f)	partomahiye barqi	پرتوماهی برقی
murena (f)	mārmāhi	مارماهی
piranha (f)	pirānā	پیرانا

squalo (m)	kuse-ye māhi	کوسه ماهی
delfino (m)	delfin	دلفین
balena (f)	nahang	نهنگ

granchio (m)	xarčang	خرچنگ
medusa (f)	arus-e daryāyi	عروس دریایی
polpo (m)	hašt pā	هشت پا

stella (f) marina	setāre-ye daryāyi	ستاره دریایی
riccio (m) di mare	xārpošt-e daryāyi	خارپشت دریایی
cavalluccio (m) marino	asb-e daryāyi	اسب دریایی

ostrica (f)	sadaf-e xorāki	صدف خوراکی
gamberetto (m)	meygu	میگو
astice (m)	xarčang-e daryāyi	خرچنگ دریایی
aragosta (f)	xarčang-e xārdār	خرچنگ خاردار

219. Anfibi. Rettili

| serpente (m) | mār | مار |
| velenoso (agg) | sammi | سمی |

vipera (f)	af'i	افعی
cobra (m)	kobrā	کبرا
pitone (m)	mār-e pinton	مار پیتون
boa (m)	mār-e bwa	مار بوا

biscia (f)	mār-e čaman	مار چمن
serpente (m) a sonagli	mār-e zangi	مار زنگی
anaconda (f)	mār-e ānākondā	مار آناکوندا

lucertola (f)	susmār	سوسمار
iguana (f)	susmār-e deraxti	سوسمار درختی
varano (m)	bozmajje	بزمجه
salamandra (f)	samandar	سمندر
camaleonte (m)	āftāb-parast	آفتاب پرست
scorpione (m)	aqrab	عقرب
tartaruga (f)	lāk pošt	لاک پشت
rana (f)	qurbāqe	قورباغه

| rospo (m) | vazaq | وزغ |
| coccodrillo (m) | temsāh | تمساح |

220. Insetti

insetto (m)	hašare	حشره
farfalla (f)	parvāne	پروانه
formica (f)	murče	مورچه
mosca (f)	magas	مگس
zanzara (f)	paše	پشه
scarabeo (m)	susk	سوسک

vespa (f)	zanbur	زنبور
ape (f)	zanbur-e asal	زنبور عسل
bombo (m)	xar zanbur	خرزنبور
tafano (m)	xarmagas	خرمگس

| ragno (m) | ankabut | عنکبوت |
| ragnatela (f) | tār-e ankabut | تارعنکبوت |

libellula (f)	sanjāqak	سنجاقک
cavalletta (f)	malax	ملخ
farfalla (f) notturna	bid	بید

scarafaggio (m)	susk	سوسک
zecca (f)	kane	کنه
pulce (f)	kak	کک
moscerino (m)	paše-ye rize	پشه ریزه

locusta (f)	malax	ملخ
lumaca (f)	halazun	حلزون
grillo (m)	jirjirak	جیرجیرک
lucciola (f)	kerm-e šab-tāb	کرم شب تاب
coccinella (f)	kafšduzak	کفشدوزک
maggiolino (m)	susk bāldār	سوسک بالدار

sanguisuga (f)	zālu	زالو
bruco (m)	kerm-e abrišam	کرم ابریشم
verme (m)	kerm	کرم
larva (f)	lārv	لارو

221. Animali. Parti del corpo

becco (m)	nok	نوک
ali (f pl)	bāl-hā	بال ها
zampa (f)	panje	پنجه
piumaggio (m)	por-o bāl	پر و بال
penna (f), piuma (f)	por	پر
cresta (f)	kākol	کاکل

| branchia (f) | ābšoš | آبشش |
| uova (f pl) | toxme mahi | تخم ماهی |

larva (f)	lārv	لارو
pinna (f)	bāle-ye māhi	باله ماهی
squama (f)	fals	فلس

zanna (f)	niš	نیش
zampa (f)	panje	پنجه
muso (m)	puze	پوزه
bocca (f)	dahān	دهان
coda (f)	dam	دم
baffi (m pl)	sebil	سبیل

zoccolo (m)	sam	سم
corno (m)	šāx	شاخ

carapace (f)	lāk	لاک
conchiglia (f)	sadaf	صدف
guscio (m) dell'uovo	puste	پوسته

pelo (m)	pašm	پشم
pelle (f)	pust	پوست

222. Azioni degli animali

volare (vi)	parvāz kardan	پرواز کردن
volteggiare (vi)	dowr zadan	دور زدن

volare via	parvāz kardan	پرواز کردن
battere le ali	bāl zadan	بال زدن

beccare (vi)	nok zadan	نوک زدن
covare (vt)	ru-ye toxm xābidan	روی تخم خوابیدن

sgusciare (vi)	az toxm birun āmadan	از تخم بیرون آمدن
fare il nido	lāne sāxtan	لانه ساختن

strisciare (vi)	xazidan	خزیدن
pungere (insetto)	gozidan	گزیدن
mordere (vt)	gāz gereftan	گاز گرفتن

fiutare (vt)	buyidan	بوییدن
abbaiare (vi)	vāq-vāq kardan	واق واق کردن
sibilare (vi)	his kardan	هیس کردن

spaventare (vt)	tarsāndan	ترساندن
attaccare (vt)	hamle kardan	حمله کردن

rodere (osso, ecc.)	javidan	جویدن
graffiare (vt)	čang zadan	چنگ زدن
nascondersi (vr)	penhān šodan	پنهان شدن

giocare (vi)	bāzi kardan	بازی کردن
cacciare (vt)	šekār kardan	شکار کردن
ibernare (vi)	dar xāb-e zemestāni budan	درخواب زمستانی بودن
estinguersi (vr)	monqarez šodan	منقرض شدن

223. Animali. Ambiente naturale

ambiente (m) naturale	zistgāh	زیستگاه
migrazione (f)	mohājerat	مهاجرت
monte (m), montagna (f)	kuh	کوه
scogliera (f)	tappe-ye daryāyi	تپه دریایی
falesia (f)	saxre	صخره
foresta (f)	jangal	جنگل
giungla (f)	jangal	جنگل
savana (f)	sāvānā	ساوانا
tundra (f)	tondrā	توندرا
steppa (f)	estep	استپ
deserto (m)	biyābān	بیابان
oasi (f)	vāhe	واحه
mare (m)	daryā	دریا
lago (m)	daryāče	دریاچه
oceano (m)	oqyānus	اقیانوس
palude (f)	bātlāq	باتلاق
di acqua dolce	ab-e širin	آب شیرین
stagno (m)	tālāb	تالاب
fiume (m)	rudxāne	رودخانه
tana (f) (dell'orso)	lāne-ye xers	لانه خرس
nido (m)	lāne	لانه
cavità (f) (~ in un albero)	surāx	سوراخ
tana (f) (del fox, ecc.)	lāne	لانه
formicaio (m)	lāne-ye murče	لانة مورچه

224. Cura degli animali

zoo (m)	bāq-e vahš	باغ وحش
riserva (f) naturale	mantaqe hefāzat šode	منطقه حفاظت شده
allevatore (m)	zaxire-ye gāh	ذخیره گاه
gabbia (f) all'aperto	lāne	لانه
gabbia (f)	qafas	قفس
canile (m)	lāne-ye sag	لانه سگ
piccionaia (f)	lāne-ye kabutar	لانه کبوتر
acquario (m)	ākvāriyom	آکواریوم
delfinario (m)	delfin xane	دلفین خانه
allevare (vt)	parvareš dādan	پرورش دادن
cucciolata (f)	juje, tule	جوجه، توله
addomesticare (vt)	rām kardan	رام کردن
ammaestrare (vt)	tarbiyat kardan	تربیت کردن
mangime (m)	xorāk	خوراک
dare da mangiare	xorāk dādan	خوراک دادن

negozio (m) di animali	forušgāh-e heyvānāt-e ahli	فروشگاه حیوانات اهلی
museruola (f)	puze band	پوزه بند
collare (m)	qallāde	قلاده
nome (m) (di un cane, ecc.)	laqab	لقب
pedigree (m)	nežād	نژاد

225. Animali. Varie

branco (m)	daste	دسته
stormo (m)	daste	دسته
banco (m)	daste	دسته
mandria (f)	galle	گله
maschio (m)	nar	نر
femmina (f)	mādde	ماده
affamato (agg)	gorosne	گرسنه
selvatico (agg)	vahši	وحشی
pericoloso (agg)	xatarnāk	خطرناک

226. Cavalli

cavallo (m)	asb	اسب
razza (f)	nežād	نژاد
puledro (m)	korre asb	کره اسب
giumenta (f)	mādiyān	مادیان
mustang (m)	asb-e vahš-i	اسب وحشی
pony (m)	asbče	اسبچه
cavallo (m) da tiro pesante	asb-e bārkeš	اسب بارکش
criniera (f)	yāl	یال
coda (f)	dam	دم
zoccolo (m)	sam	سم
ferro (m) di cavallo	na'l	نعل
ferrare (vt)	na'l zadan	نعل زدن
fabbro (m)	āhangar	آهنگر
sella (f)	zin	زین
staffa (f)	rekāb	رکاب
briglia (f)	lejām	لجام
redini (m pl)	afsār	افسار
frusta (f)	tāziyāne	تازیانه
fantino (m)	savārkār	سوارکار
sellare (vt)	zin kardan	زین کردن
montare in sella	ruy-ye zin nešastan	روی زین نشستن
galoppo (m)	čāhārna'l	چهارنعل
galoppare (vi)	čāhārna'l tāxtan	چهارنعل تاختن

trotto (m)	yurtme	یورتمه
al trotto	yurtme	یورتمه
andare al trotto	yurtme raftan	یورتمه رفتن

| cavallo (m) da corsa | asb-e mosābeqe | اسب مسابقه |
| corse (f pl) | asb-e davāni | اسب دوانی |

scuderia (f)	establ	اصطبل
dare da mangiare	xorāk dādan	خوراک دادن
fieno (m)	alaf-e xošk	علف خشک
abbeverare (vt)	āb dādan	آب دادن
lavare (~ il cavallo)	pāk kardan	پاک کردن

carro (m)	gāri	گاری
pascolare (vi)	čaridan	چریدن
nitrire (vi)	šeyhe kešidan	شیهه کشیدن
dare un calcio	lagad zadan	لگد زدن

Flora

227. Alberi

albero (m)	deraxt	درخت
deciduo (agg)	barg riz	برگ ریز
conifero (agg)	maxrutiyān	مخروطیان
sempreverde (agg)	hamiše sabz	همیشه سبز

melo (m)	deraxt-e sib	درخت سیب
pero (m)	golābi	گلابی
ciliegio (m)	gilās	گیلاس
amareno (m)	ālbālu	آلبالو
prugno (m)	ālu	آلو

betulla (f)	tus	توس
quercia (f)	balut	بلوط
tiglio (m)	zirfun	زیرفون
pioppo (m) tremolo	senowbar-e larzān	صنوبر لرزان
acero (m)	afrā	افرا
abete (m)	senowbar	صنوبر
pino (m)	kāj	کاج
larice (m)	senowbar-e ārāste	صنوبر آراسته
abete (m) bianco	šāh deraxt	شاه درخت
cedro (m)	sedr	سدر

pioppo (m)	sepidār	سپیدار
sorbo (m)	zabān gonješk-e kuhi	زبان گنجشک کوهی
salice (m)	bid	بید
alno (m)	tuskā	توسکا
faggio (m)	rāš	راش
olmo (m)	nārvan-e qermez	نارون قرمز
frassino (m)	zabān-e gonješk	زبان گنجشک
castagno (m)	šāh balut	شاه بلوط

magnolia (f)	māgnoliyā	ماگنولیا
palma (f)	naxl	نخل
cipresso (m)	sarv	سرو

mangrovia (f)	karnā	کرنا
baobab (m)	bāobāb	بائوباب
eucalipto (m)	okaliptus	اوکالیپتوس
sequoia (f)	sorx-e čub	سرخ چوب

228. Arbusti

| cespuglio (m) | bute | بوته |
| arbusto (m) | bute zār | بوته زار |

vite (f)	angur	انگور
vigneto (m)	tākestān	تاکستان

lampone (m)	tamešk	تمشک
ribes (m) nero	angur-e farangi-ye siyāh	انگور فرنگی سیاه
ribes (m) rosso	angur-e farangi-ye sorx	انگور فرنگی سرخ
uva (f) spina	angur-e farangi	انگور فرنگی

acacia (f)	aqāqiyā	اقاقیا
crespino (m)	zerešk	زرشک
gelsomino (m)	yāsaman	یاسمن

ginepro (m)	ardaj	اردج
roseto (m)	bute-ye gol-e mohammadi	بوتۀ گل محمدی
rosa (f) canina	nastaran	نسترن

229. Funghi

fungo (m)	qārč	قارچ
fungo (m) commestibile	qārč-e xorāki	قارچ خوراکی
fungo (m) velenoso	qārč-e sammi	قارچ سمی
cappello (m)	kolāhak-e qārč	کلاهک قارچ
gambo (m)	pāye	پایه

porcino (m)	qārč-e sefid	قارچ سفید
boleto (m) rufo	samāruq	سماروغ
porcinello (m)	qārč-e bulet	قارچ بولت
gallinaccio (m)	qārč-e zard	قارچ زرد
rossola (f)	qārč-e tiqe-ye tord	قارچ تیغه ترد

spugnola (f)	qārč-e morkelā	قارچ مورکلا
ovolaccio (m)	qārč-e magas	قارچ مگس
fungo (m) moscario	kolāhak-e marg	کلاهک مرگ

230. Frutti. Bacche

frutto (m)	mive	میوه
frutti (m pl)	mive jāt	میوه جات

mela (f)	sib	سیب
pera (f)	golābi	گلابی
prugna (f)	ālu	آلو

fragola (f)	tut-e farangi	توت فرنگی
amarena (f)	ālbālu	آلبالو
ciliegia (f)	gilās	گیلاس
uva (f)	angur	انگور

lampone (m)	tamešk	تمشک
ribes (m) nero	angur-e farangi-ye siyāh	انگور فرنگی سیاه
ribes (m) rosso	angur-e farangi-ye sorx	انگور فرنگی سرخ
uva (f) spina	angur-e farangi	انگور فرنگی

mirtillo (m) di palude	nārdānak-e vahši	نار دانک وحشی
arancia (f)	porteqāl	پرتقال
mandarino (m)	nārengi	نارنگی
ananas (m)	ānānās	آناناس
banana (f)	mowz	موز
dattero (m)	xormā	خرما

limone (m)	limu	ليمو
albicocca (f)	zardālu	زردآلو
pesca (f)	holu	هلو
kiwi (m)	kivi	کیوی
pompelmo (m)	gerip forut	گریپ فوروت

bacca (f)	mive-ye butei	ميوۀ بوته ای
bacche (f pl)	mivehā-ye butei	ميوه های بوته ای
mirtillo (m) rosso	tut-e farangi-ye jangali	توت فرنگی جنگلی
fragola (f) di bosco	zoqāl axte	زغال اخته
mirtillo (m)	zoqāl axte	زغال اخته

231. Fiori. Piante

fiore (m)	gol	گل
mazzo (m) di fiori	daste-ye gol	دسته گل

rosa (f)	gol-e sorx	گل سرخ
tulipano (m)	lāle	لاله
garofano (m)	mixak	ميخک
gladiolo (m)	susan-e sefid	سوسن سفيد

fiordaliso (m)	gol-e gandom	گل گندم
campanella (f)	gol-e estekāni	گل استکانی
soffione (m)	gol-e qāsedak	گل قاصدک
camomilla (f)	bābune	بابونه

aloe (m)	oloviye	آلوئه
cactus (m)	kāktus	کاکتوس
ficus (m)	fikus	فيکوس

giglio (m)	susan	سوسن
geranio (m)	gol-e šam'dāni	گل شمعدانی
giacinto (m)	sonbol	سنبل

mimosa (f)	mimosā	ميموسا
narciso (m)	narges	نرگس
nasturzio (m)	gol-e lādan	گل لادن

orchidea (f)	orkide	ارکيده
peonia (f)	gol-e ašrafi	گل اشرفی
viola (f)	banafše	بنفشه

viola (f) del pensiero	banafše-ye farangi	بنفشه فرنگی
nontiscordardimé (m)	gol-e farāmuš-am makon	گل فراموشم مکن
margherita (f)	gol-e morvārid	گل مروارید
papavero (m)	xašxāš	خشخاش

| canapa (f) | šāh dāne | شاه دانه |
| menta (f) | na'nā' | نعناع |

| mughetto (m) | muge | موگه |
| bucaneve (m) | gol-e barfi | گل برفی |

ortica (f)	gazane	گزنه
acetosa (f)	toršak	ترشک
ninfea (f)	nilufar-e abi	نیلوفر آبی
felce (f)	saraxs	سرخس
lichene (m)	golesang	گلسنگ

serra (f)	golxāne	گلخانه
prato (m) erboso	čaman	چمن
aiuola (f)	baqče-ye gol	باغچه گل

pianta (f)	giyāh	گیاه
erba (f)	alaf	علف
filo (m) d'erba	alaf	علف

foglia (f)	barg	برگ
petalo (m)	golbarg	گلبرگ
stelo (m)	sāqe	ساقه
tubero (m)	riše	ریشه

| germoglio (m) | javāne | جوانه |
| spina (f) | xār | خار |

fiorire (vi)	gol kardan	گل کردن
appassire (vi)	pažmorde šodan	پژمرده شدن
odore (m), profumo (m)	bu	بو
tagliare (~ i fiori)	boridan	بریدن
cogliere (vt)	kandan	کندن

232. Cereali, granaglie

grano (m)	dāne	دانه
cereali (m pl)	qallāt	غلات
spiga (f)	xuše	خوشه

frumento (m)	gandom	گندم
segale (f)	čāvdār	چاودار
avena (f)	jow-e sahrāyi	جو صحرایی
miglio (m)	arzan	ارزن
orzo (m)	jow	جو
mais (m)	zorrat	ذرت
riso (m)	berenj	برنج
grano (m) saraceno	gandom-e siyāh	گندم سیاه

pisello (m)	noxod	نخود
fagiolo (m)	lubiyā qermez	لوبیا قرمز
soia (f)	sowyā	سویا
lenticchie (f pl)	adas	عدس
fave (f pl)	lubiyā	لوبیا

233. Ortaggi. Verdure

| ortaggi (m pl) | sabzijāt | سبزیجات |
| verdura (f) | sabzi | سبزی |

pomodoro (m)	gowje farangi	گوجه فرنگی
cetriolo (m)	xiyār	خیار
carota (f)	havij	هویج
patata (f)	sib zamini	سیب زمینی
cipolla (f)	piyāz	پیاز
aglio (m)	sir	سیر

cavolo (m)	kalam	کلم
cavolfiore (m)	gol kalam	گل کلم
cavoletti (m pl) di Bruxelles	koll-am boruksel	کلم بروکسل
broccolo (m)	kalam borokli	کلم بروکلی

barbabietola (f)	čoqondar	چغندر
melanzana (f)	bādenjān	بادنجان
zucchina (f)	kadu sabz	کدو سبز
zucca (f)	kadu tanbal	کدو تنبل
rapa (f)	šalqam	شلغم

prezzemolo (m)	ja'fari	جعفری
aneto (m)	šavid	شوید
lattuga (f)	kāhu	کاهو
sedano (m)	karafs	کرفس
asparago (m)	mārčube	مارچوبه
spinaci (m pl)	esfenāj	اسفناج

pisello (m)	noxod	نخود
fave (f pl)	lubiyā	لوبیا
mais (m)	zorrat	ذرت
fagiolo (m)	lubiyā qermez	لوبیا قرمز

peperone (m)	felfel	فلفل
ravanello (m)	torobče	تربچه
carciofo (m)	kangar farangi	کنگرفرنگی

GEOGRAFIA REGIONALE

Paesi. Nazionalità

234. Europa occidentale

Europa (f)	orupā	اروپا
Unione (f) Europea	ettehādiye-ye orupā	اتحادیه اروپا
europeo (m)	orupāyi	اروپایی
europeo (agg)	orupāyi	اروپایی

Austria (f)	otriš	اتریش
austriaco (m)	mard-e otriši	مرد اتریشی
austriaca (f)	zan-e otriši	زن اتریشی
austriaco (agg)	otriši	اتریشی

Gran Bretagna (f)	beritāniyā-ye kabir	بریتانیای کبیر
Inghilterra (f)	engelestān	انگلستان
britannico (m), inglese (m)	mard-e engelisi	مرد انگلیسی
britannica (f), inglese (f)	zan-e engelisi	زن انگلیسی
inglese (agg)	engelisi	انگلیسی

Belgio (m)	belžik	بلژیک
belga (m)	mard-e belžiki	مرد بلژیکی
belga (f)	zan-e belžiki	زن بلژیکی
belga (agg)	belžiki	بلژیکی

Germania (f)	ālmān	آلمان
tedesco (m)	mard-e ālmāni	مرد آلمانی
tedesca (f)	zan-e ālmāni	زن آلمانی
tedesco (agg)	ālmāni	آلمانی

Paesi Bassi (m pl)	holand	هلند
Olanda (f)	holand	هلند
olandese (m)	mard-e holandi	مرد هلندی
olandese (f)	zan-e holandi	زن هلندی
olandese (agg)	holandi	هلندی

Grecia (f)	yunān	یونان
greco (m)	mard-e yunāni	مرد یونانی
greca (f)	zan-e yunāni	زن یونانی
greco (agg)	yunāni	یونانی

Danimarca (f)	dānmārk	دانمارک
danese (m)	mard-e dānmārki	مرد دانمارکی
danese (f)	zan-e dānmārki	زن دانمارکی
danese (agg)	dānmārki	دانمارکی
Irlanda (f)	irland	ایرلند
irlandese (m)	mard-e irlandi	مرد ایرلندی

irlandese (f)	zan-e irlandi	زن ایرلندی
irlandese (agg)	irlandi	ایرلندی
Islanda (f)	island	ایسلند
islandese (m)	mard-e island-i	مرد ایسلندی
islandese (f)	zan-e island-i	زن ایسلندی
islandese (agg)	island-i	ایسلندی
Spagna (f)	espāniyā	اسپانیا
spagnolo (m)	mard-e espāniyāyi	مرد اسپانیایی
spagnola (f)	zan-e espāniyāyi	زن اسپانیایی
spagnolo (agg)	espāniyāyi	اسپانیایی
Italia (f)	itāliyā	ایتالیا
italiano (m)	mard-e itāliyāyi	مرد ایتالیایی
italiana (f)	zan-e itāliyāyi	زن ایتالیایی
italiano (agg)	itāliyāyi	ایتالیایی
Cipro (m)	qebres	قبرس
cipriota (m)	mard-e qebresi	مرد قبرسی
cipriota (f)	zan-e qebresi	زن قبرسی
cipriota (agg)	qebresi	قبرسی
Malta (f)	mālt	مالت
maltese (m)	mard-e mālti	مرد مالتی
maltese (f)	zan-e mālti	زن مالتی
maltese (agg)	mālti	مالتی
Norvegia (f)	norvež	نروژ
norvegese (m)	mard-e norveži	مرد نروژی
norvegese (f)	zan-e norveži	زن نروژی
norvegese (agg)	norveži	نروژی
Portogallo (f)	porteqāl	پرتغال
portoghese (m)	mard-e porteqāli	مرد پرتغالی
portoghese (f)	zan-e porteqāli	زن پرتغالی
portoghese (agg)	porteqāli	پرتغالی
Finlandia (f)	fanlānd	فنلاند
finlandese (m)	mard-e fanlāndi	مرد فنلاندی
finlandese (f)	zan-e fanlāndi	زن فنلاندی
finlandese (agg)	fanlāndi	فنلاندی
Francia (f)	farānse	فرانسه
francese (m)	mard-e farānsavi	مرد فرانسوی
francese (f)	zan-e farānsavi	زن فرانسوی
francese (agg)	farānsavi	فرانسوی
Svezia (f)	sued	سوئد
svedese (m)	mard-e suedi	مرد سوئدی
svedese (f)	zan-e suedi	زن سوئدی
svedese (agg)	suedi	سوئدی
Svizzera (f)	suis	سوئیس
svizzero (m)	mard-e suisi	مرد سوئیسی
svizzera (f)	zan-e suisi	زن سوئیسی

svizzero (agg)	suisi	سوئیسی
Scozia (f)	eskātland	اسکاتلند
scozzese (m)	mard-e eskātlandi	مرد اسکاتلندی
scozzese (f)	zan-e eskātlandi	زن اسکاتلندی
scozzese (agg)	eskātlandi	اسکاتلندی
Vaticano (m)	vātikān	واتیکان
Liechtenstein (m)	lixteneštāyn	لیختناشتاین
Lussemburgo (m)	lokzāmborg	لوکزامبورگ
Monaco (m)	monāko	موناکو

235. Europa centrale e orientale

Albania (f)	ālbāni	آلبانی
albanese (m)	mard-e ālbāniyāyi	مرد آلبانیایی
albanese (f)	zan-e ālbāniyāyi	زن آلبانیایی
albanese (agg)	ālbāniyāyi	آلبانیایی
Bulgaria (f)	bolqārestān	بلغارستان
bulgaro (m)	mard-e bolqāri	مرد بلغاری
bulgara (f)	zan-e bolqāri	زن بلغاری
bulgaro (agg)	bolqāri	بلغاری
Ungheria (f)	majārestān	مجارستان
ungherese (m)	mard-e majāri	مرد مجاری
ungherese (f)	zan-e majāri	زن مجاری
ungherese (agg)	majāri	مجاری
Lettonia (f)	letuni	لتونی
lettone (m)	mard-e letoniyāyi	مرد لتونیایی
lettone (f)	zan-e letoniyāyi	زن لتونیایی
lettone (agg)	letuniyāyi	لتونیایی
Lituania (f)	litvāni	لیتوانی
lituano (m)	mard-e litvāniyāyi	مرد لیتوانیایی
lituana (f)	zan-e litvāniyāyi	زن لیتوانیایی
lituano (agg)	litvāniyāyi	لیتوانیایی
Polonia (f)	lahestān	لهستان
polacco (m)	mard-e lahestāni	مرد لهستانی
polacca (f)	zan-e lahestāni	زن لهستانی
polacco (agg)	lahestāni	لهستانی
Romania (f)	romāni	رومانی
rumeno (m)	mard-e romāniyāyi	مرد رومانیایی
rumena (f)	zan-e romāniyāyi	زن رومانیایی
rumeno (agg)	romāniyāyi	رومانیایی
Serbia (f)	serbestān	صربستان
serbo (m)	mard-e serb	مرد صرب
serba (f)	zan-e serb	زن صرب
serbo (agg)	serb	صرب
Slovacchia (f)	eslovāki	اسلواکی
slovacco (m)	mard-e eslovāk	مرد اسلواک

| slovacca (f) | zan-e eslovāk | زن اسلواک |
| slovacco (agg) | eslovāk | اسلواک |

Croazia (f)	korovāsi	کرواسی
croato (m)	mard-e korovāt	مرد کروات
croata (f)	zan-e korovāt	زن کروات
croato (agg)	korovāt	کروات

Repubblica (f) Ceca	jomhuri-ye ček	جمهوری چک
ceco (m)	mard-e ček	مرد چک
ceca (f)	zan-e ček	زن چک
ceco (agg)	ček	چک

Estonia (f)	estoni	استونی
estone (m)	mard-e estuniyāyi	مرد استونیایی
estone (f)	zan-e estuniyāyi	زن استونیایی
estone (agg)	estuniyāyi	استونیایی

Bosnia-Erzegovina (f)	bosni-yo herzogovin	بوسنی وهرزگوین
Macedonia (f)	jomhuri-ye maqduniye	جمهوری مقدونیه
Slovenia (f)	eslovoni	اسلوونی
Montenegro (m)	montenegro	مونته‌نگرو

236. Paesi dell'ex Unione Sovietica

Azerbaigian (m)	āzarbāyjān	آذربایجان
azerbaigiano (m)	mard-e āzarbāyejāni	مرد آذربایجانی
azerbaigiana (f)	zan-e āzarbāyejāni	زن آذربایجانی
azerbaigiano (agg)	āzarbāyejāni	آذربایجانی

Armenia (f)	armanestān	ارمنستان
armeno (m)	mard-e armani	مرد ارمنی
armena (f)	zan-e armani	زن ارمنی
armeno (agg)	armani	ارمنی

Bielorussia (f)	belārus	بلاروس
bielorusso (m)	mard belārus-i	مرد بلاروسی
bielorussa (f)	zan belārus-i	زن بلاروسی
bielorusso (agg)	belārus-i	بلاروسی

Georgia (f)	gorjestān	گرجستان
georgiano (m)	mard-e gorji	مرد گرجی
georgiana (f)	zan-e gorji	زن گرجی
georgiano (agg)	gorji	گرجی

Kazakistan (m)	qazzāqestān	قزاقستان
kazaco (m)	mard-e qazzāq	مرد قزاق
kazaca (f)	zan-e qazzāq	زن قزاق
kazaco (agg)	qazzāqi	قزاقی

Kirghizistan (m)	qerqizestān	قرقیزستان
kirghiso (m)	mard-e qerqiz	مرد قرقیز
kirghisa (f)	zan-e qerqiz	زن قرقیز
kirghiso (agg)	qerqiz	قرقیز

Moldavia (f)	moldāvi	مولداوی
moldavo (m)	mard-e moldāv	مرد مولداو
moldava (f)	zan-e moldāv	زن مولداو
moldavo (agg)	moldāv	مولداو

Russia (f)	rusiye	روسیه
russo (m)	mard-e rusi	مرد روسی
russa (f)	zan-e rusi	زن روسی
russo (agg)	rusi	روسی

Tagikistan (m)	tājikestān	تاجیکستان
tagico (m)	mard-e tājik	مرد تاجیک
tagica (f)	zan-e tājik	زن تاجیک
tagico (agg)	tājik	تاجیک

Turkmenistan (m)	torkamanestān	ترکمنستان
turkmeno (m)	mard-e torkaman	مرد ترکمن
turkmena (f)	zan-e torkaman	زن ترکمن
turkmeno (agg)	torkaman	ترکمن

Uzbekistan (m)	ozbakestān	ازبکستان
usbeco (m)	mard-e ozbak	مرد ازبک
usbeca (f)	zan-e ozbak	زن ازبک
usbeco (agg)	ozbak	ازبک

Ucraina (f)	okrāyn	اوکراین
ucraino (m)	mard-e okrāyni	مرد اوکراینی
ucraina (f)	zan-e okrāyni	زن اوکراینی
ucraino (agg)	okrāyni	اوکراینی

237. Asia

| Asia (f) | āsiyā | آسیا |
| asiatico (agg) | āsiyāyi | آسیایی |

Vietnam (m)	viyetnām	ویتنام
vietnamita (m)	mard-e viyetnāmi	مرد ویتنامی
vietnamita (f)	zan-e viyetnāmi	زن ویتنامی
vietnamita (agg)	viyetnāmi	ویتنامی

India (f)	hendustān	هندوستان
indiano (m)	mard-e hendi	مرد هندی
indiana (f)	zan-e hendi	زن هندی
indiano (agg)	hendi	هندی

Israele (m)	esrāil	اسرائیل
israeliano (m)	mard-e esrāili	مرد اسرائیلی
israeliana (f)	zan-e esrāili	زن اسرائیلی
israeliano (agg)	esrāili	اسرائیلی

ebreo (m)	mard-e yahudi	مرد یهودی
ebrea (f)	zan-e yahudi	زن یهودی
ebraico (agg)	yahudi	یهودی
Cina (f)	čin	چین

cinese (m)	mard-e čini	مرد چینی
cinese (f)	zan-e čini	زن چینی
cinese (agg)	čini	چینی

coreano (m)	mard-e karei	مرد کره ای
coreana (f)	zan-e karei	زن کره ای
coreano (agg)	kare i	کره ای

Libano (m)	lobnān	لبنان
libanese (m)	mard-e lobnāni	مرد لبنانی
libanese (f)	zan-e lobnāni	زن لبنانی
libanese (agg)	lobnāni	لبنانی

Mongolia (f)	moqolestān	مغولستان
mongolo (m)	mard-e moqol	مرد مغول
mongola (f)	zan-e moqol	زن مغول
mongolo (agg)	moqol	مغول

Malesia (f)	mālezi	مالزی
malese (m)	mard-e māleziāyi	مرد مالزیایی
malese (f)	zan-e māleziāyi	زن مالزیایی
malese (agg)	māleziāyi	مالزیایی

Pakistan (m)	pākestān	پاکستان
pakistano (m)	mard-e pākestāni	مرد پاکستانی
pakistana (f)	zan-e pākestāni	زن پاکستانی
pakistano (agg)	pākestāni	پاکستانی

Arabia Saudita (f)	arabestān-e so'udi	عربستان سعودی
arabo (m), saudita (m)	mard-e arab	مرد عرب
araba (f), saudita (f)	zan-e arab	زن عرب
arabo (agg)	arab	عرب

Tailandia (f)	tāyland	تایلند
tailandese (m)	mard-e tāylandi	مرد تایلندی
tailandese (f)	zan-e tāylandi	زن تایلندی
tailandese (agg)	tāylandi	تایلندی

Taiwan (m)	tāyvān	تایوان
taiwanese (m)	mard-e tāyvāni	مرد تایوانی
taiwanese (f)	zan-e tāyvāni	زن تایوانی
taiwanese (agg)	tāyvāni	تایوانی

Turchia (f)	torkiye	ترکیه
turco (m)	mard-e tork	مرد ترک
turca (f)	zan-e tork	زن ترک
turco (agg)	tork	ترک

Giappone (m)	žāpon	ژاپن
giapponese (m)	mard-e žāponi	مرد ژاپنی
giapponese (f)	zan-e žāponi	زن ژاپنی
giapponese (agg)	žāponi	ژاپنی

Afghanistan (m)	afqānestān	افغانستان
Bangladesh (m)	bangelādeš	بنگلادش
Indonesia (f)	andonezi	اندونزی

Giordania (f)	ordon	اردن
Iraq (m)	arāq	عراق
Iran (m)	irān	ایران
Cambogia (f)	kāmboj	کامبوج
Kuwait (m)	koveyt	کویت

Laos (m)	lāus	لائوس
Birmania (f)	miyānmār	میانمار
Nepal (m)	nepāl	نپال
Emirati (m pl) Arabi	emārāt-e mottahede-ye arabi	امارات متحده عربی

Siria (f)	suriye	سوریه
Palestina (f)	felestin	فلسطین
Corea (f) del Sud	kare-ye jonubi	کرۀ جنوبی
Corea (f) del Nord	kare-ye šomāli	کرۀ شمالی

238. America del Nord

Stati (m pl) Uniti d'America	eyālāt-e mottahede-ye emrikā	ایالات متحدۀ امریکا
americano (m)	mard-e emrikāyi	مرد امریکایی
americana (f)	zan-e emrikāyi	زن امریکایی
americano (agg)	emrikāyi	امریکایی

Canada (m)	kānādā	کانادا
canadese (m)	mard-e kānādāyi	مرد کانادایی
canadese (f)	zan-e kānādāyi	زن کانادایی
canadese (agg)	kānādāyi	کانادایی

Messico (m)	mekzik	مکزیک
messicano (m)	mard-e mekziki	مرد مکزیکی
messicana (f)	zan-e mekziki	زن مکزیکی
messicano (agg)	mekziki	مکزیکی

239. America centrale e America del Sud

Argentina (f)	āržāntin	آرژانتین
argentino (m)	mard-e āržāntini	مرد آرژانتینی
argentina (f)	zan-e āržāntini	زن آرژانتینی
argentino (agg)	āržāntini	آرژانتینی

Brasile (m)	berezil	برزیل
brasiliano (m)	mard-e berezili	مرد برزیلی
brasiliana (f)	zan-e berezili	زن برزیلی
brasiliano (agg)	berezili	برزیلی

Colombia (f)	kolombiyā	کلمبیا
colombiano (m)	mard-e kolombiyāyi	مرد کلمبیایی
colombiana (f)	zan-e kolombiyāyi	زن کلمبیایی
colombiano (agg)	kolombiyāyi	کلمبیایی
Cuba (f)	kubā	کوبا
cubano (m)	mard-e kubāyi	مرد کوبایی

| cubana (f) | zan-e kubāyi | زن کوبایی |
| cubano (agg) | kubāyi | کوبایی |

Cile (m)	šhili	شیلی
cileno (m)	mard-e šhiliyāyi	مرد شیلیایی
cilena (f)	zan-e šhiliyāyi	زن شیلیایی
cileno (agg)	šhiliyāyi	شیلیایی

Bolivia (f)	bulivi	بولیوی
Venezuela (f)	venezuelā	ونزوئلا
Paraguay (m)	pārāgue	پاراگوئه
Perù (m)	porov	پرو

Suriname (m)	surinām	سورینام
Uruguay (m)	orogue	اوروگوئه
Ecuador (m)	ekvādor	اکوادور

Le Bahamas	bāhāmā	باهاما
Haiti (m)	hāiti	هائیتی
Repubblica (f) Dominicana	jomhuri-ye dominikan	جمهوری دومینیکن
Panama (m)	pānāmā	پاناما
Giamaica (f)	jāmāikā	جامائیکا

240. Africa

Egitto (m)	mesr	مصر
egiziano (m)	mard-e mesri	مرد مصری
egiziana (f)	zan-e mesri	زن مصری
egiziano (agg)	mesri	مصری

Marocco (m)	marākeš	مراکش
marocchino (m)	mard-e marākeši	مرد مراکشی
marocchina (f)	zan-e marākeši	زن مراکشی
marocchino (agg)	marākeši	مراکشی

Tunisia (f)	tunes	تونس
tunisino (m)	mard-e tunesi	مرد تونسی
tunisina (f)	zan-e tunesi	زن تونسی
tunisino (agg)	tunesi	تونسی

Ghana (m)	qanā	غنا
Zanzibar	zangbār	زنگبار
Kenya (m)	keniyā	کنیا
Libia (f)	libi	لیبی
Madagascar (m)	mādāgāskār	ماداگاسکار

Namibia (f)	nāmibiyā	نامیبیا
Senegal (m)	senegāl	سنگال
Tanzania (f)	tānzāniyā	تانزانیا
Repubblica (f) Sudafricana	jomhuri-ye āfriqā-ye jonubi	جمهوری آفریقای جنوبی

africano (m)	mard-e āfriqāyi	مرد آفریقایی
africana (f)	zan-e āfriqāyi	زن آفریقایی
africano (agg)	āfriqāyi	آفریقایی

241. Australia. Oceania

Italiano	Traslitterazione	Persiano
Australia (f)	ostorāliyā	استرالیا
australiano (m)	mard-e ostorāliyāyi	مرد استرالیایی
australiana (f)	zan-e ostorāliyāyi	زن استرالیایی
australiano (agg)	ostorāliyāyi	استرالیایی
Nuova Zelanda (f)	niyuzland	نیوزلند
neozelandese (m)	mard-e niyuzlandi	مرد نیوزلندی
neozelandese (f)	zan-e niyuzlandi	زن نیوزلندی
neozelandese (agg)	niyuzlandi	نیوزلندی
Tasmania (f)	tāsmāni	تاسمانی
Polinesia (f) Francese	polinezi-ye farānse	پلینزی فرانسه

242. Città

Italiano	Traslitterazione	Persiano
L'Aia	lāhe	لاهه
Amburgo	hāmborg	هامبورگ
Amsterdam	āmesterdām	آمستردام
Ankara	ānkārā	آنکارا
Atene	āten	آتن
L'Avana	hāvānā	هاوانا
Baghdad	baqdād	بغداد
Bangkok	bānkok	بانکوک
Barcellona	bārselon	بارسلون
Beirut	beyrut	بیروت
Berlino	berlin	برلین
Bombay, Mumbai	bombai	بمبئی
Bonn	bon	بن
Bordeaux	bordo	بوردو
Bratislava	bratislav	براتیسلاو
Bruxelles	boruksel	بروکسل
Bucarest	boxārest	بخارست
Budapest	budāpest	بوداپست
Il Cairo	qāhere	قاهره
Calcutta	kalkate	کلکته
Chicago	šikāgo	شیکاگو
Città del Messico	mekziko	مکزیکو
Copenaghen	kopenhāk	کپنهاک
Dar es Salaam	dārossalām	دارالسلام
Delhi	dehli	دهلی
Dubai	debi	دبی
Dublino	dublin	دویلین
Düsseldorf	duseldorf	دوسلدورف
Firenze	felorāns	فلورانس
Francoforte	ferānkfort	فرانکفورت
Gerusalemme	beytolmoqaddas	بیت المقدس

Ginevra	ženev	ژنو
Hanoi	hānoy	هانوی
Helsinki	helsinki	هلسینکی
Hiroshima	hirošimā	هیروشیما
Hong Kong	hong kong	هنگ کنگ
Istanbul	estānbol	استامبول
Kiev	keyf	کیف
Kuala Lumpur	kuālālāmpur	کوالالامپور

Lione	liyon	لیون
Lisbona	lisbun	لیسبون
Londra	landan	لندن
Los Angeles	losānjeles	لس آنجلس

Madrid	mādrid	مادرید
Marsiglia	mārsey	مارسی
Miami	mayāmey	میامی
Monaco di Baviera	munix	مونیخ
Montreal	montreāl	مونترآل
Mosca	moskow	مسکو

Nairobi	nāyrubi	نایروبی
Napoli	nāpl	ناپل
New York	niyuyork	نیویورک
Nizza	nis	نیس

Oslo	oslo	اسلو
Ottawa	otāvā	اتاوا
Parigi	pāris	پاریس
Pechino	pekan	پکن
Praga	perāg	پراگ
Rio de Janeiro	riyo-do-žāniro	ریو دو ژانیرو
Roma	ram	رم

San Pietroburgo	sān peterzburg	سن پترزبورگ
Seoul	seul	سئول
Shanghai	šānghāy	شانگهای
Sidney	sidni	سیدنی
Singapore	sangāpur	سنگاپور
Stoccolma	āstokholm	استکهلم

Taipei	tāype	تایپه
Tokio	tokiyo	توکیو
Toronto	torento	تورنتو

Varsavia	varšow	ورشو
Venezia	veniz	ونیز
Vienna	viyan	وین
Washington	vāšangton	واشنگتن

243. Politica. Governo. Parte 1

| politica (f) | siyāsat | سیاست |
| politico (agg) | siyāsi | سیاسی |

politico (m)	siyāsatmadār	سیاستمدار
stato (m) (nazione, paese)	dowlat	دولت
cittadino (m)	šahrvand	شهروند
cittadinanza (f)	šahrvandi	شهروندی

| emblema (m) nazionale | nešān melli | نشان ملی |
| inno (m) nazionale | sorud-e melli | سرود ملی |

governo (m)	hokumat	حکومت
capo (m) di Stato	rahbar-e dowlat	رهبر دولت
parlamento (m)	pārlemān	پارلمان
partito (m)	hezb	حزب

| capitalismo (m) | sarmāye dāri | سرمایه داری |
| capitalistico (agg) | kāpitālisti | کاپیتالیستی |

| socialismo (m) | sosiyālism | سوسیالیسم |
| socialista (agg) | sosiyālisti | سوسیالیستی |

comunismo (m)	komonism	کمونیسم
comunista (agg)	komonisti	کمونیستی
comunista (m)	komonist	کمونیست

democrazia (f)	demokrāsi	دموکراسی
democratico (m)	demokrāt	دموکرات
democratico (agg)	demokrātik	دموکراتیک
partito (m) democratico	hezb-e demokrāt	حزب دموکرات

| liberale (m) | liberāl | لیبرال |
| liberale (agg) | liberāli | لیبرالی |

| conservatore (m) | mohāfeze kār | محافظه کار |
| conservatore (agg) | mohāfeze kāri | محافظه کاری |

repubblica (f)	jomhuri	جمهوری
repubblicano (m)	jomhuri xāh	جمهوری خواه
partito (m) repubblicano	hezb-e jomhurixāh	حزب جمهوری خواه

elezioni (f pl)	entexābāt	انتخابات
eleggere (vt)	entexāb kardan	انتخاب کردن
elettore (m)	entexāb konande	انتخاب کننده
campagna (f) elettorale	kampeyn-e entexābāti	کمپین انتخاباتی

votazione (f)	axz-e ra'y	اخذ رأی
votare (vi)	ra'y dādan	رأی دادن
diritto (m) di voto	haqq-e ra'y	حق رأی

candidato (m)	nāmzad	نامزد
candidarsi (vr)	nāmzad šodan	نامزد شدن
campagna (f)	kampeyn	کمپین

| d'opposizione (agg) | moxālef | مخالف |
| opposizione (f) | opozisyon | اپوزیسیون |

| visita (f) | vizit | ویزیت |
| visita (f) ufficiale | vizit-e rasmi | ویزیت رسمی |

internazionale (agg)	beynolmelali	بین الللی
trattative (f pl)	mozākerāt	مذاکرات
negoziare (vi)	mozākere kardan	مذاکره کردن

244. Politica. Governo. Parte 2

società (f)	jam'iyat	جمعیت
costituzione (f)	qānun-e asāsi	قانون اساسی
potere (m) (~ politico)	hākemiyat	حاکمیت
corruzione (f)	fesād	فساد

| legge (f) | qānun | قانون |
| legittimo (agg) | qānuni | قانونی |

| giustizia (f) | edālat | عدالت |
| giusto (imparziale) | ādel | عادل |

comitato (m)	komite	کمیته
disegno (m) di legge	lāyehe-ye qānun	لایحهٔ قانون
bilancio (m)	budje	بودجه
politica (f)	siyāsat	سیاست
riforma (f)	eslāhāt	اصلاحات
radicale (agg)	efrāti	افراطی

forza (f) (potenza)	niru	نیرو
potente (agg)	moqtader	مقتدر
sostenitore (m)	tarafdār	طرفدار
influenza (f)	ta'sir	تأثیر

regime (m) (~ militare)	nezām	نظام
conflitto (m)	dargiri	درگیری
complotto (m)	towtee	توطئه
provocazione (f)	tahrik	تحریک

rovesciare (~ un regime)	sarnegun kardan	سرنگون کردن
rovesciamento (m)	sarneguni	سرنگونی
rivoluzione (f)	enqelāb	انقلاب
colpo (m) di Stato	kudetā	کودتا
golpe (m) militare	kudetā-ye nezāmi	کودتای نظامی

crisi (f)	bohrān	بحران
recessione (f) economica	rokud-e eqtesādi	رکود اقتصادی
manifestante (m)	tazāhorāt konande	تظاهرات کننده
manifestazione (f)	tazāhorāt	تظاهرات
legge (f) marziale	hālat-e nezāmi	حالت نظامی
base (f) militare	pāygāh-e nezāmi	پایگاه نظامی

| stabilità (f) | sobāt | ثبات |
| stabile (agg) | bāsobāt | باثبات |

sfruttamento (m)	bahre bardār-i	بهره برداری
sfruttare (~ i lavoratori)	bahre bardār-i kardan	بهره برداری کردن
razzismo (m)	nežādparasti	نژادپرستی
razzista (m)	nežādparast	نژادپرست

| fascismo (m) | fāšizm | فاشیزم |
| fascista (m) | fāšist | فاشیست |

245. Paesi. Varie

straniero (m)	xāreji	خارجی
straniero (agg)	xāreji	خارجی
all'estero	dar xārej	در خارج

emigrato (m)	mohājer	مهاجر
emigrazione (f)	mohājerat	مهاجرت
emigrare (vi)	mohājerat kardan	مهاجرت کردن

Ovest (m)	qarb	غرب
Est (m)	xāvar	خاور
Estremo Oriente (m)	xāvar-e-dur	خاوردور

civiltà (f)	tamaddon	تمدن
umanità (f)	ensāniyat	انسانیت
mondo (m)	jahān	جهان
pace (f)	solh	صلح
mondiale (agg)	jahāni	جهانی

patria (f)	vatan	وطن
popolo (m)	mellat	ملت
popolazione (f)	mardom	مردم
gente (f)	afrād	افراد
nazione (f)	mellat	ملت
generazione (f)	nasl	نسل
territorio (m)	qalamrow	قلمرو
regione (f)	mantaqe	منطقه
stato (m)	eyālat	ایالت

tradizione (f)	sonnat	سنت
costume (m)	ādat	عادت
ecologia (f)	mohit-e zist	محیط زیست

indiano (m)	hendi	هندی
zingaro (m)	mard-e kowli	مرد کولی
zingara (f)	zan-e kowli	زن کولی
di zingaro	kowli	کولی

impero (m)	emperāturi	امپراطوری
colonia (f)	mostaʻmere	مستعمره
schiavitù (f)	bardegi	بردگی
invasione (f)	tahājom	تهاجم
carestia (f)	gorosnegi	گرسنگی

246. Principali gruppi religiosi. Credi religiosi

| religione (f) | din | دین |
| religioso (agg) | dini | دینی |

fede (f)	e'teqād	اعتقاد
credere (vi)	e'teqād dāštan	اعتقاد داشتن
credente (m)	mo'men	مؤمن
ateismo (m)	bi dini	بی دینی
ateo (m)	molhed	ملحد
cristianesimo (m)	masihiyat	مسیحیت
cristiano (m)	masihi	مسیحی
cristiano (agg)	masihi	مسیحی
cattolicesimo (m)	mazhab-e kātolik	مذهب کاتولیک
cattolico (m)	kātolik	کاتولیک
cattolico (agg)	kātolik	کاتولیک
Protestantesimo (m)	āin-e porotestān	آئین پروتستان
Chiesa (f) protestante	kelisā-ye porotestān	کلیسای پروتستان
protestante (m)	porotestān	پروتستان
Ortodossia (f)	mazhab-e ortodoks	مذهب ارتدوکس
Chiesa (f) ortodossa	kelisā-ye ortodoks	کلیسای ارتدوکس
ortodosso (m)	ortodoks	ارتدوکس
Presbiterianesimo (m)	persbiterinism	پرسبیترینیسم
Chiesa (f) presbiteriana	kelisā-ye persbiteri	کلیسای پرسبیتری
presbiteriano (m)	persbiteri	پرسبیتری
Luteranesimo (m)	kelisā-ye lutrān	کلیسای لوتران
luterano (m)	lutrān	لوتران
confessione (f) battista	kelisā-ye baptist	کلیسای باپتیست
battista (m)	baptist	باپتیست
Chiesa (f) anglicana	kelisā-ye anglikān	کلیسای انگلیکان
anglicano (m)	anglikān	انگلیکان
mormonismo (m)	ferqe-ye mormon	فرقه مورمون
mormone (m)	mormon	مورمون
giudaismo (m)	yahudiyat	یهودیت
ebreo (m)	yahudi	یهودی
buddismo (m)	budism	بودیسم
buddista (m)	budāyi	بودایی
Induismo (m)	hendi	هندی
induista (m)	hendu	هندو
Islam (m)	eslām	اسلام
musulmano (m)	mosalmān	مسلمان
musulmano (agg)	mosalmāni	مسلمانی
sciismo (m)	ši'e	شیعه
sciita (m)	ši'e	شیعه
sunnismo (m)	senni	سنی
sunnita (m)	senni	سنی

247. Religioni. Sacerdoti

prete (m)	kešiš	کشیش
Papa (m)	pāp	پاپ
monaco (m)	rāheb	راهب
monaca (f)	rāhebe	راهبه
pastore (m)	pišvā-ye ruhān-i	پیشوای روحانی
abate (m)	rāheb-e bozorg	راهب بزرگ
vicario (m)	keš-yaš baxš	کشیش بخش
vescovo (m)	osqof	اسقف
cardinale (m)	kārdināl	کاردینال
predicatore (m)	vā‘ez	واعظ
predica (f)	mo‘eze	موعظه
parrocchiani (m)	kešiš tabār	کشیش تبار
credente (m)	mo‘men	مؤمن
ateo (m)	molhed	ملحد

248. Fede. Cristianesimo. Islam

Adamo	ādam	آدم
Eva	havvā	حوا
Dio (m)	xodā	خدا
Signore (m)	xodā	خدا
Onnipotente (m)	xodā	خدا
peccato (m)	gonāh	گناه
peccare (vi)	gonāh kardan	گناه کردن
peccatore (m)	gonāhkār	گناهکار
peccatrice (f)	gonāhkār	گناهکار
inferno (m)	jahannam	جهنم
paradiso (m)	behešt	بهشت
Gesù	isā	عیسی
Gesù Cristo	isā masih	عیسی مسیح
Spirito (m) Santo	ruh olqodos	روح القدس
Salvatore (m)	monji	منجی
Madonna	maryam bākere	مریم باکره
Diavolo (m)	šeytān	شیطان
del diavolo	šeytāni	شیطانی
Satana (m)	šeytān	شیطان
satanico (agg)	šeytāni	شیطانی
angelo (m)	ferešte	فرشته
angelo (m) custode	ferešte-ye negahbān	فرشتهٔ نگهبان
angelico (agg)	ferešte i	فرشته ای

apostolo (m)	havāri	حوارى
arcangelo (m)	ferešte-ye moqarrab	فرشتهٔ مقرب
Anticristo (m)	dajjāl	دجال

Chiesa (f)	kelisā	کلیسا
Bibbia (f)	enjil	انجیل
biblico (agg)	enjili	انجیلی

Vecchio Testamento (m)	ahd-e atiq	عهد عتیق
Nuovo Testamento (m)	ahd-e jadid	عهد جدید
Vangelo (m)	enjil	انجیل
Sacra Scrittura (f)	ketāb-e moqaddas	کتاب مقدس
Il Regno dei Cieli	behešt	بهشت

comandamento (m)	farmān	فرمان
profeta (m)	payāmbar	پیامبر
profezia (f)	payāmbari	پیامبری

Allah	allāh	الله
Maometto	mohammad	محمد
Corano (m)	qor'ān	قرآن

moschea (f)	masjed	مسجد
mullah (m)	mala'	ملا
preghiera (f)	namāz	نماز
pregare (vi, vt)	do'ā kardan	دعا کردن

pellegrinaggio (m)	ziyārat	زیارت
pellegrino (m)	zāer	زائر
La Mecca (f)	makke	مکه

chiesa (f)	kelisā	کلیسا
tempio (m)	haram	حرم
cattedrale (f)	kelisā-ye jāme'	کلیسای جامع
gotico (agg)	gotik	گوتیک
sinagoga (f)	kenešt	کنشت
moschea (f)	masjed	مسجد

cappella (f)	kelisā-ye kučak	کلیسای کوچک
abbazia (f)	sowme'e	صومعه
convento (m) di suore	sowme'e	صومعه
monastero (m)	deyr	دیر

campana (f)	nāqus	ناقوس
campanile (m)	borj-e nāqus	برج ناقوس
suonare (campane)	sedā kardan	صدا کردن

croce (f)	salib	صلیب
cupola (f)	gonbad	گنبد
icona (f)	šamāyel-e moqaddas	شمایل مقدس

anima (f)	jān	جان
destino (m), sorte (f)	sarnevešt	سرنوشت
male (m)	badi	بدی
bene (m)	niki	نیکی
vampiro (m)	xun āšām	خون آشام

strega (f)	jādugar	جادوگر
demone (m)	div	دیو
spirito (m)	ruh	روح
redenzione (f)	talab-e afv	طلب عفو
redimere (vt)	talab-e afv kardan	طلب عفو کردن
messa (f)	ebādat	عبادت
dire la messa	ebādat kardan	عبادت کردن
confessione (f)	marāsem-e towbe	مراسم توبه
confessarsi (vr)	towbe kardan	توبه کردن
santo (m)	qeddis	قدیس
sacro (agg)	moqaddas	مقدس
acqua (f) santa	āb-e moqaddas	آب مقدس
rito (m)	marāsem	مراسم
rituale (agg)	āyini	آیینی
sacrificio (m) (offerta)	qorbāni	قربانی
superstizione (f)	xorāfe	خرافه
superstizioso (agg)	xorāfāti	خرافاتی
vita (f) dell'oltretomba	zendegi pas az marg	زندگی پس ازمرگ
vita (f) eterna	zendegi-ye jāvid	زندگی جاوید

VARIE

249. Varie parole utili

aiuto (m)	komak	کمک
barriera (f) (ostacolo)	hesār	حصار
base (f)	pāye	پایه
bilancio (m) (equilibrio)	ta'ādol	تعادل
categoria (f)	tabaqe	طبقه
causa (f) (ragione)	sabab	سبب
coincidenza (f)	tatāboq	تطابق
comodo (agg)	rāhat	راحت
compenso (m)	jobrān	جبران
confronto (m)	qiyās	قیاس
cosa (f) (oggetto, articolo)	čiz	چیز
crescita (f)	rošd	رشد
differenza (f)	farq	فرق
effetto (m)	asar	اثر
elemento (m)	onsor	عنصر
errore (m)	eštebāh	اشتباه
esempio (m)	mesāl	مثال
fatto (m)	haqiqat	حقیقت
forma (f) (aspetto)	šekl	شکل
frequente (agg)	mokarrar	مکرر
genere (m) (tipo, sorta)	no'	نوع
grado (m) (livello)	daraje	درجه
ideale (m)	ide āl	ایده آل
inizio (m)	šoru'	شروع
labirinto (m)	hezār tuy	هزارتوی
modo (m) (maniera)	tariq	طریق
momento (m)	lahze	لحظه
oggetto (m) (cosa)	mabhas	مبحث
originale (m) (non è una copia)	asli	اصلی
ostacolo (m)	māne'	مانع
parte (f) (~ di qc)	joz	جزء
particella (f)	zarre	ذره
pausa (f)	tavaqqof	توقف
pausa (f) (sosta)	maks	مکث
posizione (f)	vaz'	وضع
principio (m)	asl	اصل
problema (m)	moškel	مشکل
processo (m)	ravand	روند
progresso (m)	taraqqi	ترقی

proprietà (f) (qualità)	xāsiyat	خاصیت
reazione (f)	vākoneš	واکنش
rischio (m)	risk	ریسک
ritmo (m)	sor'at	سرعت
scelta (f)	entexāb	انتخاب
segreto (m)	rāz	راز
serie (f)	seri	سری
sfondo (m)	zamine	زمینه
sforzo (m) (fatica)	kušeš	کوشش
sistema (m)	sistem	سیستم
situazione (f)	vaz'iyat	وضعیت
soluzione (f)	hal	حل
standard (agg)	estāndārd	استاندارد
standard (m)	estāndārd	استاندارد
stile (m)	sabok	سبک
sviluppo (m)	pišraft	پیشرفت
tabella (f) (delle calorie, ecc.)	jadval	جدول
termine (m)	etmām	اتمام
termine (m) (parola)	estelāh	اصطلاح
tipo (m)	no'	نوع
turno (m) (aspettare il proprio ~)	nowbat	نوبت
urgente (agg)	fowri	فوری
urgentemente	foran	فوراً
utilità (f)	fāyede	فایده
variante (f)	moteqayyer	متغیر
verità (f)	haqiqat	حقیقت
zona (f)	mantaqe	منطقه

250. Modificatori. Aggettivi. Parte 1

a buon mercato	arzān	ارزان
abbronzato (agg)	boronze	برنزه
acido, agro (sapore)	torš	ترش
affamato (agg)	gorosne	گرسنه
affilato (coltello ~)	tiz	تیز
allegro (agg)	šād	شاد
alto (voce ~a)	boland	بلند
amaro (sapore)	talx	تلخ
antico (civiltà, ecc.)	qadimi	قدیمی
aperto (agg)	bāz	باز
artificiale (agg)	masnu'i	مصنوعی
bagnato (vestiti ~i)	xis	خیس
basso (~a voce)	āheste	آهسته
bello (agg)	zibā	زیبا
breve (di breve durata)	kutāh moddat	کوتاه مدت
bruno (agg)	sabze ru	سبزه رو

buio, scuro (stanza ~a)	tārik	تاریک
buono (un libro, ecc.)	xub	خوب
buono, gentile	mehrbān	مهربان
buono, gustoso	xoš mazze	خوش مزه
caldo (agg)	dāq	داغ
calmo (agg)	ārām	آرام
caro (agg)	gerān	گران
cattivo (agg)	bad	بد
centrale (agg)	markazi	مرکزی
chiaro (un significato ~)	vāzeh	واضح
chiaro, tenue (un colore ~)	rowšan	روشن
chiuso (agg)	baste	بسته
cieco (agg)	kur	کور
civile (società ~)	madani	مدنی
clandestino (agg)	maxfi	مخفی
collegiale (decisione ~)	moštarek	مشترک
compatibile (agg)	sāzgār	سازگار
complicato (progetto, ecc.)	saxt	سخت
contento (agg)	rāzi	راضی
continuo (agg)	tulāni	طولانی
continuo (ininterrotto)	modāvem	مداوم
cortese (gentile)	xub	خوب
corto (non lungo)	kutāh	کوتاه
crudo (non cotto)	xām	خام
denso (fumo ~)	qaliz	غلیظ
destro (lato ~)	rāst	راست
di seconda mano	dast-e dovvom	دست دوم
di sole (una giornata ~)	āftābi	آفتابی
differente (agg)	moxtalef	مختلف
difficile (decisione)	moškel	مشکل
distante (agg)	dur	دور
diverso (agg)	motefāvet	متفاوت
dolce (acqua ~)	širin	شیرین
dolce (gusto)	širin	شیرین
dolce, tenero	mehrbān	مهربان
dritto (linea, strada ~a)	rāst	راست
duro (non morbido)	soft	سفت
eccellente (agg)	āli	عالی
eccessivo (esagerato)	ziyād az had	زیاد ازحد
enorme (agg)	bozorg	بزرگ
esterno (agg)	xāreji	خارجی
facile (agg)	āsān	آسان
faticoso (agg)	xaste konande	خسته کننده
felice (agg)	xošbaxt	خوشبخت
fertile (terreno)	hāzer	حاصلخیز
fioco, soffuso (luce ~a)	kam nur	کم نور
fitto (nebbia ~a)	zaxim	ضخیم

forte (una persona ~)	nirumand	نیرومند
fosco (oscuro)	tārik	تاریک
fragile (porcellana, vetro)	šekanande	شکننده
freddo (bevanda, tempo)	sard	سرد

fresco (freddo moderato)	xonak	خنک
fresco (pane ~)	tāze	تازه
gentile (agg)	moaddab	مؤدب
giovane (agg)	javān	جوان
giusto (corretto)	dorost	درست

gradevole (voce ~)	delpasand	دلپسند
grande (agg)	bozorg	بزرگ
grasso (cibo ~)	čarb	چرب
grato (agg)	sepāsgozār	سپاسگزار

gratuito (agg)	majjāni	مجانی
idoneo (adatto)	monāseb	مناسب
il più alto	āli	عالی
il più importante	mohemmtarin	مهمترین
il più vicino	nazdik tarin	نزدیک ترین

immobile (agg)	bi harekat	بی حرکت
importante (agg)	mohem	مهم
impossibile (agg)	qeyr-e momken	غیر ممکن
incomprensibile (agg)	nāmafhum	نامفهوم
indispensabile	zaruri	ضروری

inesperto (agg)	bi tajrobe	بی تجربه
insignificante (agg)	nāčiz	ناچیز
intelligente (agg)	bāhuš	باهوش
interno (agg)	dāxeli	داخلی

intero (agg)	kāmel	کامل
largo (strada ~a)	vasiʿ	وسیع
legale (agg)	qānuni	قانونی
leggero (che pesa poco)	sabok	سبک
libero (agg)	āzād	آزاد

limitato (agg)	mahdud	محدود
liquido (agg)	māyeʿ	مایع
liscio (superficie ~a)	hamvār	هموار
lontano (agg)	dur	دور
lungo (~a strada, ecc.)	derāz	دراز

251. Modificatori. Aggettivi. Parte 2

magnifico (agg)	zibā	زیبا
magro (uomo ~)	lāqar	لاغر
malato (agg)	bimār	بیمار
maturo (un frutto ~)	reside	رسیده
meticoloso, accurato	daqiq	دقیق
miope (agg)	nazdik bin	نزدیک بین
misterioso (agg)	asrār āmiz	اسرارآرمیز

molto magro (agg)	lāqar	لاغر
molto povero (agg)	faqir	فقیر
morbido (~ al tatto)	narm	نرم
morto (agg)	morde	مرده
nativo (paese ~)	bumi	بومی
necessario (agg)	lāzem	لازم
negativo (agg)	manfi	منفی
nervoso (agg)	asabi	عصبی
non difficile	āsān	آسان
non molto grande	nesbatan kučak	نسبتاً کوچک
noncurante (negligente)	bi mas'uliyyat	بی مسئولیت
normale (agg)	ma'muli	معمولی
notevole (agg)	mohem	مهم
nuovo (agg)	jadid	جدید
obbligatorio (agg)	ejbāri	اجباری
opaco (colore)	tār	تار
opposto (agg)	moqābel	مقابل
ordinario (comune)	ādi	عادی
originale (agg)	orijināl	اوریژینال
ostile (agg)	xasmāne	خصمانه
passato (agg)	gozašte	گذشته
per bambini	kudakāne	کودکانه
perfetto (agg)	āli	عالی
pericoloso (agg)	xatarnāk	خطرناک
permanente (agg)	dāemi	دائمی
personale (agg)	xosusi	خصوصی
pesante (agg)	sangin	سنگین
piatto (schermo ~)	hamvār	هموار
piatto, piano (superficie ~a)	hamvār	هموار
piccolo (agg)	kučak	کوچک
pieno (bicchiere, ecc.)	por	پر
poco chiaro (agg)	nāmo'ayyan	نامعین
poco profondo (agg)	kam omq	کم عمق
possibile (agg)	ehtemāli	احتمالی
posteriore (agg)	aqab	عقب
povero (agg)	faqir	فقیر
precedente (agg)	qabli	قبلی
preciso, esatto	daqiq	دقیق
premuroso (agg)	ba molāheze	با ملاحظه
presente (agg)	hāzer nabudan	حاضر
principale (più importante)	asli	اصلی
principale (primario)	asāsi	اساسی
privato (agg)	xosusi	خصوصی
probabile (agg)	mohtamel	محتمل
prossimo (spazio)	nazdik	نزدیک
pubblico (agg)	omumi	عمومی
pulito (agg)	pāk	پاک

puntuale (una persona ~)	vaqt šenās	وقت شناس
raro (non comune)	nāder	نادر
rischioso (agg)	xatarnāk	خطرناک
salato (cibo)	šur	شور
scorso (il mese ~)	piš	پیش
secco (asciutto)	xošk	خشک
semplice (agg)	ādi	عادی
sereno (agg)	sāf	صاف
sicuro (non pericoloso)	amn	امن
simile (agg)	šabih	شبیه
sinistro (agg)	čap	چپ
soddisfatto (agg)	rāzi	راضی
solido (parete ~a)	mohkam	محکم
spazioso (stanza ~a)	vasiʿ	وسیع
speciale (agg)	maxsus	مخصوص
spesso (un muro ~)	koloft	کلفت
sporco (agg)	kasif	کثیف
stanco (esausto)	xaste	خسته
straniero (studente ~)	xāreji	خارجی
stretto (scarpe ~e)	tang	تنگ
stretto (un vicolo ~)	bārik	باریک
stupido (agg)	ahmaq	احمق
successivo, prossimo	digar	دیگر
supplementare (agg)	ezāfi	اضافی
surgelato (cibo ~)	yax zade	یخ زده
tiepido (agg)	garm	گرم
tranquillo (agg)	ārām	آرام
trasparente (agg)	šaffāf	شفاف
triste (infelice)	anduhgin	اندوهگین
triste, mesto	qamgin	غمگین
uguale (identico)	yeksān	یکسان
ultimo (agg)	āxarin	آخرین
umido (agg)	martub	مرطوب
unico (situazione ~a)	kamyāb	کمیاب
vecchio (una casa ~a)	qadimi	قدیمی
veloce, rapido	sariʿ	سریع
vicino, accanto (avv)	nazdik	نزدیک
vicino, prossimo	hamsāye	همسایه
vuoto (un bicchiere ~)	xāli	خالی

I 500 VERBI PRINCIPALI

252. Verbi A-C

abbagliare (vt)	kur kardan	کور کردن
abbassare (vt)	pāin āvardan	پائین آوردن
abbracciare (vt)	dar āquš gereftan	در آغوش گرفتن
abitare (vi)	zendegi kardan	زندگی کردن
accarezzare (vt)	navāzeš kardan	نوازش کردن
accendere (~ la tv, ecc.)	rowšan kardan	روشن کردن
accendere (con una fiamma)	rowšan kardan	روشن کردن
accompagnare (vt)	ham-rāhi kardan	همراهی کردن
accorgersi (vr)	motevajjeh šodan	متوجه شدن
accusare (vt)	mottaham kardan	متهم کردن
aderire a …	peyvastan	پیوستن
adulare (vt)	tamalloq goftan	تملق گفتن
affermare (vt)	ta'kid kardan	تآکید کردن
afferrare (la palla, ecc.)	gereftan	گرفتن
affittare (dare in affitto)	ejāre kardan	اجاره کردن
aggiungere (vt)	afzudan	افزودن
agire (Come intendi ~?)	amal kardan	عمل کردن
agitare (scuotere)	tekān dādan	تکان دادن
agitare la mano	tekān dādan	تکان دادن
aiutare (vt)	komak kardan	کمک کردن
alleggerire (~ la vita)	āsān kardan	آسان کردن
allenare (vt)	tamrin dādan	تمرین دادن
allenarsi (vr)	tamrin kardan	تمرین کردن
alludere (vi)	kenāye zadan	کنایه زدن
alzarsi (dal letto)	boland šodan	بلند شدن
amare (qn)	dust dāštan	دوست داشتن
ammaestrare (vt)	tarbiyat kardan	تربیت کردن
ammettere (~ qc)	e'terāf kardan	اعتراف کردن
ammirare (vi)	tahsin kardan	تحسین کردن
amputare (vt)	qat' kardan	قطع کردن
andare (in macchina)	raftan	رفتن
andare a letto	be raxtexāb raftan	به رختخواب رفتن
annegare (vi)	qarq šodan	غرق شدن
annoiarsi (vr)	hosele sar raftan	حوصله سررفتن
annotare (vt)	neveštan	نوشتن
annullare (vt)	laqv kardan	لغو کردن
apparire (vi)	padidār šodan	پدیدار شدن
appartenere (vi)	ta'alloq dāštan	تعلق داشتن

appendere (~ le tende)	āvizān kardan	آویزان کردن
applaudire (vi, vt)	dast zadan	دست زدن
aprire (vt)	bāz kardan	باز کردن
arrendersi (vr)	taslim šodan	تسلیم شدن
arrivare (di un treno)	residan	رسیدن
arrossire (vi)	sorx šodan	سرخ شدن
asciugare (~ i capelli)	xošk kardan	خشک کردن
ascoltare (vi)	guš dādan	گوش دادن
aspettare (vt)	montazer budan	منتظر بودن
aspettarsi (vr)	montazer budan	منتظر بودن
aspirare (vi)	eštiyāq dāštan	اشتیاق داشتن
assistere (vt)	mo'āvenat kardan	معاونت کردن
assomigliare a ...	šabih budan	شبیه بودن
assumere (~ personale)	estexdām kardan	استخدام کردن
attaccare (vt)	hamle kardan	حمله کردن
aumentare (vi)	afzāyeš yāftan	افزایش یافتن
aumentare (vt)	afzudan	افزودن
autorizzare (vt)	ejāze dādan	اجازه دادن
avanzare (vi)	piš raftan	پیش رفتن
avere (vt)	dāštan	داشتن
avere fretta	ajale kardan	عجله کردن
avere paura	tarsidan	ترسیدن
avvertire (vt)	hošdār dādan	هشدار دادن
avviare (un progetto)	šoru' kardan	شروع کردن
avvicinarsi (vr)	nazdik šodan	نزدیک شدن
basarsi su ...	mottaki budan	متکی بودن
bastare (vi)	kāfi budan	کافی بودن
battersi (~ contro il nemico)	mobāreze kardan	مبارزه کردن
bere (vi, vt)	nušidan	نوشیدن
bruciare (vt)	suzāndan	سوزاندن
bussare (alla porta)	dar zadan	درزدن
cacciare (vt)	šekār kardan	شکار کردن
cacciare via	rāndan	راندن
calmare (vt)	ārām kardan	آرام کردن
cambiare (~ opinione)	avaz kardan	عوض کردن
camminare (vi)	raftan	رفتن
cancellare (gomma per ~)	pāk kardan	پاک کردن
canzonare (vt)	masxare kardan	مسخره کردن
capeggiare (vt)	rahbari kardan	رهبری کردن
capire (vt)	fahmidan	فهمیدن
capovolgere (~ qc)	qaltāndan	غلتاندن
caricare (~ un camion)	bār kardan	بار کردن
caricare (~ una pistola)	por kardan	پر کردن
cenare (vi)	šām xordan	شام خوردن
cercare (vt)	jostoju kardan	جستجو کردن
cessare (vt)	bas kardan	بس کردن

chiamare (nominare)	nāmidan	نامیدن
chiamare (rivolgersi a)	sedā kardan	صدا کردن
chiedere (~ aiuto)	komak xāstan	کمک خواستن
chiedere (domandare)	xāstan	خواستن
chiudere (~ la finestra)	bastan	بستن
citare (vt)	naql-e qowl kardan	نقل قول کردن
cogliere (fiori, ecc.)	kandan	کندن
collaborare (vi)	ham-kāri kardan	همکاری کردن
collocare (vt)	qarār dādan	قرار دادن
coltivare (vt)	kāštan	کاشتن
combattere (vi)	jangidan	جنگیدن
cominciare (vt)	šoru' kardan	شروع کردن
compensare (vt)	jobrān kardan	جبران کردن
competere (vi)	reqābat kardan	رقابت کردن
compilare (vt)	tanzim kardan	تنظیم کردن
complicare (vt)	pičide kardan	پیچیده کردن
comporre	tasnif kardan	تصنیف کردن
(~ un brano musicale)		
comportarsi (vr)	raftār kardan	رفتار کردن
comprare (vt)	xarid kardan	خرید کردن
compromettere (vt)	badnām kardan	بدنام کردن
concentrarsi (vr)	motemarkez šodan	متمرکز شدن
condannare (vt)	mahkum kardan	محکوم کردن
confessarsi (vr)	e'terāf kardan	اعتراف کردن
confondere (vt)	qāti kardan	قاطی کردن
confrontare (vt)	moqāyse kardan	مقایسه کردن
congratularsi (con qn per qc)	tabrik goftan	تبریک گفتن
conoscere (qn)	šenāxtan	شناختن
consigliare (vt)	nasihat kardan	نصیحت کردن
consultare (medico, ecc.)	mošāvere šodan	مشاوره شدن
contagiare (vt)	mobtalā kardan	مبتلا کردن
contagiarsi (vr)	mobtalā šodan	مبتلا شدن
contare (calcolare)	hesāb kardan	حساب کردن
contare su ...	hesāb kardan	حساب کردن
continuare (vt)	edāme dādan	ادامه دادن
controllare (vt)	kontorol kardan	کنترل کردن
convincere (vt)	moteqā'ed kardan	متقاعد کردن
convincersi (vr)	mo'taqed šodan	معتقد شدن
coordinare (vt)	hamāhang kardan	هماهنگ کردن
correggere (vt)	eslāh kardan	اصلاح کردن
correre (vi)	davidan	دویدن
costare (vt)	qeymat dāštan	قیمت داشتن
costringere (vt)	majbur kardan	مجبور کردن
creare (vt)	ijād kardan	ایجاد کردن
credere (vt)	bāvar kardan	باور کردن
curare (vt)	mo'āleje kardan	معالجه کردن

253. Verbi D-G

dare (vt)	dādan	دادن
dare da mangiare	xorāk dādan	خوراک دادن
dare istruzioni	yād dādan	یاد دادن
decidere (~ di fare qc)	tasmim gereftan	تصمیم گرفتن

decollare (vi)	parvāz kardan	پرواز کردن
decorare (adornare)	tazyin kardan	تزیین کردن
decorare (qn)	medāl dādan	مدال دادن
dedicare (~ un libro)	ehdā kardan	اهدا کردن

denunciare (vt)	lo dādan	لو دادن
desiderare (vt)	xāstan	خواستن
difendere (~ un paese)	defā' kardan	دفاع کردن
difendersi (vr)	az xod defā' kardan	از خود دفاع کردن

dimenticare (vt)	farāmuš kardan	فراموش کردن
dipendere da …	vābaste budan	وابسته بودن
dire (~ la verità)	goftan	گفتن
dirigere (~ un'azienda)	edāre kardan	اداره کردن

discutere (vt)	bahs kardan	بحث کردن
disprezzare (vt)	tahqir kardan	تحقیر کردن
distribuire (~ volantini, ecc.)	towzi' kardan	توزیع کردن
distribuire (vt)	paxš kardan	پخش کردن

distruggere (~ documenti)	az beyn bordan	از بین بردن
disturbare (vt)	mozāhem šodan	مزاحم شدن
diventare pensieroso	be fekr foru raftan	به فکر فرو رفتن
diventare, divenire	šodan	شدن
divertire (vt)	sargarm kardan	سرگرم کردن

divertirsi (vr)	šādi kardan	شادی کردن
dividere (vt)	taqsim kardan	تقسیم کردن
dovere (v aus)	bāyad	باید
dubitare (vi)	šok dāštan	شک داشتن
eliminare (un ostacolo)	raf' kardan	رفع کردن

emanare (~ odori)	paxš kardan	پخش کردن
emanare odore	bu dādan	بو دادن
emergere (sommergibile)	bālā-ye āb āmadan	بالای آب آمدن
entrare (vi)	vāred šodan	وارد شدن

equipaggiare (vt)	mojahhaz kardan	مجهز کردن
ereditare (vt)	be ers bordan	به ارث بردن
esaminare (~ una proposta)	barresi kardan	بررسی کردن
escludere (vt)	exrāj kardan	اخراج کردن
esigere (vt)	darxāst kardan	درخواست کردن

esistere (vi)	vojud dāštan	وجود داشتن
esprimere (vt)	bayān kardan	بیان کردن
essere (vi)	budan	بودن
essere arrabbiato con …	baxš-am āmadan	بخشم آمدن
essere causa di …	sabab budan	سبب بودن

essere conservato	mahfuz māndan	محفوظ ماندن
essere d'accordo	movāfeqat kardan	موافقت کردن
essere diverso da …	farq dāštan	فرق داشتن
essere in guerra	jangidan	جنگیدن
essere necessario	hāmi budan	حامی بودن
essere perplesso	heyrat kardan	حیرت کردن

essere preoccupato	negarān šodan	نگران شدن
essere sdraiato	derāz kešidan	دراز کشیدن
estinguere (~ un incendio)	xāmuš kardan	خاموش کردن
evitare (vt)	duri jostan	دوری جستن
far arrabbiare	xašmgin kardan	خشمگین کردن

far conoscere	mo'arrefi kardan	معرفی کردن
far fare il bagno	hamām kardan	حمام کردن
fare (vt)	anjām dādan	انجام دادن
fare colazione	sobhāne xordan	صبحانه خوردن
fare copie	kopi gereftan	کپی گرفتن

fare foto	aks gereftan	عکس گرفتن
fare il bagno	ābtani kardan	آبتنی کردن
fare il bucato	šostan-e lebās	شستن لباس
fare la conoscenza di …	āšnā šodan	آشنا شدن

fare le pulizie	jam-o jur kardan	جمع و جورکردن
fare un bagno	hamām kardan	حمام کردن
fare un rapporto	gozāreš dādan	گزارش دادن
fare un tentativo	kušidan	کوشیدن

fare, preparare	hāzer kardan	حاضر کردن
fermarsi (vr)	motevaghef šhodan	متوقف شدن
fidarsi (vt)	etminān kardan	اطمینان کردن
finire, terminare (vt)	be pāyān resāndan	به پایان رساندن

firmare (~ un documento)	emzā kardan	امضا کردن
formare (vt)	bevojud āvardan	بوجود آوردن
garantire (vt)	tazmin kardan	تضمین کردن
gettare (~ il sasso, ecc.)	andāxtan	انداختن
giocare (vi)	bāzi kardan	بازی کردن

girare (~ a destra)	pičidan	پیچیدن
girare lo sguardo	ru bargardāndan	رو برگرداندن
gradire (vt)	dust dāštan	دوست داشتن
graffiare (vt)	čang zadan	چنگ زدن

gridare (vi)	faryād zadan	فریاد زدن
guardare (~ fisso, ecc.)	negāh kardan	نگاه کردن
guarire (vi)	behbud yāftan	بهبود یافتن
guidare (~ un veicolo)	rāndan	راندن

254. Verbi I-O

| illuminare (vt) | rowšan kardan | روشن کردن |
| imballare (vt) | baste bandi kardan | بسته بندی کردن |

| imitare (vt) | taqlid kardan | تقلید کردن |
| immaginare (vt) | tasavvor kardan | تصور کردن |

importare (vt)	vāred kardan	وارد کردن
incantare (vt)	del bordan	دل بردن
indicare (~ la strada)	nešān dādan	نشان دادن
indignarsi (vr)	xašmgin šodan	خشمگین شدن

indirizzare (vt)	hedāyat kardan	هدایت کردن
indovinare (vt)	hads zadan	حدس زدن
influire (vt)	ta'sir gozāštan	تأثیر گذاشتن
informare (vt)	āgah kardan	آگاه کردن

informare di ...	xabar dādan	خبر دادن
ingannare (vt)	farib dādan	فریب دادن
innaffiare (vt)	āb dādan	آب دادن
innamorarsi di ...	āšeq šodan	عاشق شدن

insegnare (qn)	āmuxtan	آموختن
inserire (vt)	qarār dādan	قرار دادن
insistere (vi)	esrār kardan	اصرار کردن
insultare (vt)	towhin kardan	توهین کردن
interessare (vt)	jāleb budan	جالب بودن

interessarsi di ...	alāqe dāštan	علاقه داشتن
intervenire (vi)	modāxele kardan	مداخله کردن
intraprendere (vt)	mobāderat kardan	مبادرت کردن
intravedere (vt)	didan	دیدن
inventare (vt)	exterā' kardan	اختراع کردن

inviare (~ una lettera)	ferestādan	فرستادن
invidiare (vt)	hasad bordan	حسد بردن
invitare (vt)	da'vat kardan	دعوت کردن
irritare (vt)	xašmgin kardan	خشمگین کردن

irritarsi (vr)	xašmgin šodan	خشمگین شدن
iscrivere (su una lista)	darj kardan	درج کردن
isolare (vt)	jodā kardan	جدا کردن
ispirare (vt)	elhām baxšidan	الهام بخشیدن
lamentarsi (vr)	šekāyat kardan	شکایت کردن

lasciar cadere	andāxtan	انداختن
lasciare (abbandonare)	rahā kardan	رها کردن
lasciare (ombrello, ecc.)	jā gozāštan	جا گذاشتن
lavare (vt)	šostan	شستن

lavorare (vi)	kār kardan	کار کردن
legare (~ qn a un albero)	bastan	بستن
legare (~ un prigioniero)	bastan	بستن
leggere (vi, vt)	xāndan	خواندن

liberare (vt)	āzād kardan	آزاد کردن
liberarsi (~ di qn, qc)	xalās šodan az	خلاص شدن از
limitare (vt)	mahdud kardan	محدود کردن
lottare (sport)	košti gereftan	کشتی گرفتن
mancare le lezioni	qāyeb budan	غایب بودن

mangiare (vi, vt)	xordan	خوردن
memorizzare (vt)	be xāter sepordan	به خاطر سپردن
mentire (vi)	doruq goftan	دروغ گفتن
menzionare (vt)	zekr kardan	ذكر كردن
meritare (vt)	šāyeste budan	شايسته بودن
mescolare (vt)	maxlut kardan	مخلوط كردن
mettere fretta a ...	be ajale vā dāštan	به عجله وا داشتن
mettere in ordine	morattab kardan	مرتب كردن
mettere via	morattab kardan	مرتب كردن
mettere, collocare	gozāštan	گذاشتن
minacciare (vt)	tahdid kardan	تهديد كردن
mirare, puntare su ...	nešāne raftan	نشانه رفتن
moltiplicare (vt)	zarb kardan	ضرب كردن
mostrare (vt)	nešān dādan	نشان دادن
nascondere (vt)	penhān kardan	پنهان كردن
negare (vt)	enkār kardan	انكار كردن
negoziare (vi)	mozākere kardan	مذاكره كردن
noleggiare (~ una barca)	kerāye kardan	كرايه كردن
nominare (incaricare)	ta'yin kardan·	تعيين كردن
nuotare (vi)	šenā kardan	شنا كردن
obbedire (vi)	etā'at kardan	اطاعت كردن
obiettare (vt)	moxalefat kardan	مخالفت كردن
occorrere (vi)	zaruri budan	ضروری بودن
odorare (sentire odore)	buidan	بوئيدن
offendere (qn)	ranjāndan	رنجاندن
omettere (vt)	az qalam andāxtan	از قلم انداختن
ordinare (~ il pranzo)	sefāreš dādan	سفارش دادن
ordinare (mil.)	farmān dādan	فرمان دادن
organizzare (vt)	taškil dādan	تشكيل دادن
origliare (vi)	esterāq-e sam' kardan	استراق سمع كردن
ormeggiarsi (vr)	pahlu gereftan	پهلو گرفتن
osare (vt)	jor'at kardan	جرأت كردن
osservare (vt)	mošāhede kardan	مشاهده كردن

255. Verbi P-R

pagare (vi, vt)	pardāxtan	پرداختن
parlare con ...	harf zadan bā	حرف زدن با
partecipare (vi)	šerekat kardan	شركت كردن
partire (vi)	raftan	رفتن
peccare (vi)	gonāh kardan	گناه كردن
penetrare (vi)	nofuz kardan	نفوذ كردن
pensare (credere)	fekr kardan	فكر كردن
pensare (vi, vt)	fekr kardan	فكر كردن
perdere (ombrello, ecc.)	gom kardan	گم كردن
perdonare (vt)	baxšidan	بخشيدن

| permettere (vt) | ejāze dādan | اجازه دادن |
| pesare (~ molto) | vazn dāštan | وزن داشتن |

pescare (vi)	māhi gereftan	ماهی گرفتن
pettinarsi (vr)	sar xod rā šāne kardan	سر خودرا شانه کردن
piacere (vi)	dust dāštan	دوست داشتن
piangere (vi)	gerye kardan	گریه کردن

pianificare (~ di fare qc)	barnāmerizi kardan	برنامه ریزی کردن
picchiare (vt)	zadan	زدن
picchiarsi (vr)	zad-o-xord kardan	زد و خورد کردن
portare (qc a qn)	āvardan	آوردن

portare via	bā xod bordan	با خود بردن
possedere (vt)	sāheb budan	صاحب بودن
potere (vi)	tavānestan	توانستن
pranzare (vi)	nāhār xordan	ناهار خوردن

preferire (vt)	tarjih dādan	ترجیح دادن
pregare (vi, vt)	do'ā kardan	دعا کردن
prendere (vt)	bardāštan	برداشتن
prendere in prestito	qarz gereftan	قرض گرفتن

prendere nota	yāddāšt kardan	یادداشت کردن
prenotare (~ un tavolo)	rezerv kardan	رزرو کردن
preoccupare (vt)	negarān kardan	نگران کردن
preoccuparsi (vr)	negarān šodan	نگران شدن

preparare (~ un piano)	āmāde kardan	آماده کردن
presentare (~ qn)	mo'arrefi kardan	معرفی کردن
preservare (~ la pace)	hefz kardan	حفظ کردن
prevalere (vi)	bartari dāštan	برتری داشتن

prevedere (vt)	pišbini kardan	پیش بینی کردن
privare (vt)	mahrum kardan	محروم کردن
progettare (edificio, ecc.)	tarh rizi kardan	طرح ریزی کردن
promettere (vt)	qowl dādan	قول دادن

pronunciare (vt)	talaffoz kardan	تلفظ کردن
proporre (vt)	pišnahād dādan	پیشنهاد دادن
proteggere (vt)	mohāfezat kardan	محافظت کردن
protestare (vi)	e'terāz kardan	اعتراض کردن

provare (vt)	esbāt kardan	اثبات کردن
provocare (vt)	tahrik kardan	تحریک کردن
pubblicizzare (vt)	tabliq kardan	تبلیغ کردن
pulire (vt)	tamiz kardan	تمیز کردن

pulirsi (vr)	pāk kardan	پاک کردن
punire (vt)	tanbih kardan	تنبیه کردن
raccomandare (vt)	towsie kardan	توصیه کردن
raccontare (~ una storia)	hekāyat kardan	حکایت کردن
raddoppiare (vt)	do barābar kardan	دو برابر کردن

| rafforzare (vt) | tahkim kardan | تحکیم کردن |
| raggiungere (arrivare a) | residan | رسیدن |

raggiungere (obiettivo)	be natije residan	به نتیجه رسیدن
rammaricarsi (vr)	afsus xordan	افسوس خوردن
rasarsi (vr)	riš tarāšidan	ریش تراشیدن
realizzare (vt)	amali kardan	عملی کردن
recitare (~ un ruolo)	bāzi kardan	بازی کردن
regolare (~ un conflitto)	hal-o-fasl kardan	حل و فصل کردن
respirare (vi)	nafas kešidan	نفس کشیدن
riconoscere (~ qn)	šenāxtan	شناختن
ricordare (a qn di fare qc)	yād-āvari kardan	یادآوری کردن
ricordare (vt)	be xāter āvardan	به خاطر آوردن
ricordarsi di (~ qn)	be xāter āvardan	به خاطر آوردن
ridere (vi)	xandidan	خندیدن
ridurre (vt)	kam kardan	کم کردن
riempire (vt)	por kardan	پر کردن
rifare (vt)	dobāre anjām dādan	دوباره انجام دادن
rifiutare (vt)	rad kardan	رد کردن
rimandare (vt)	pas ferestādan	پس فرستادن
rimproverare (vt)	sarzaneš kardan	سرزنش کردن
rimuovere (~ una macchia)	bardāštan	برداشتن
ringraziare (vt)	tašakkor kardan	تشکر کردن
riparare (vt)	dorost kardan	درست کردن
ripetere (ridire)	tekrār kardan	تکرار کردن
riposarsi (vr)	esterāhat kardan	استراحت کردن
risalire a (data, periodo)	tārix gozāri šodan	تاریخ گذاری شدن
rischiare (vi, vt)	risk kardan	ریسک کردن
risolvere (~ un problema)	hal kardan	حل کردن
rispondere (vi, vt)	javāb dādan	جواب دادن
ritornare (vi)	bargaštan	برگشتن
rivolgersi a …	morāje'e kardan	مراجعه کردن
rompere (~ un oggetto)	šekastan	شکستن
rovesciare (~ il vino, ecc.)	rixtan	ریختن
rubare (~ qc)	dozdidan	دزدیدن

256. Verbi S-V

salpare (vi)	tark kardan	ترک کردن
salutare (vt)	salām kardan	سلام کردن
salvare (~ la vita a qn)	najāt dādan	نجات دادن
sapere (qc)	dānestan	دانستن
sbagliare (vi)	eštebāh kardan	اشتباه کردن
scaldare (vt)	garm kardan	گرم کردن
scambiare (vt)	avaz kardan	عوض کردن
scambiarsi (vr)	avaz kardan	عوض کردن
scavare (~ un tunnel)	kandan	کندن
scegliere (vt)	entexāb kardan	انتخاب کردن

scendere (~ per le scale)	pāyin āmadan	پایین آمدن
scherzare (vi)	šuxi kardan	شوخی کردن
schiacciare (~ un insetto)	lah kardan	له کردن
scoppiare (vi)	pāre šodan	پاره شدن
scoprire (vt)	bāxabar šodan	باخبر شدن
scoprire (vt)	kašf kardan	کشف کردن
screpolarsi (vr)	tarak xordan	ترک خوردن
scrivere (vi, vt)	neveštan	نوشتن
scusare (vt)	baxšidan	بخشیدن
scusarsi (vr)	ozr xāstan	عذر خواستن
sedere (vi)	nešastan	نشستن
sedersi (vr)	nešastan	نشستن
segnare (~ con una croce)	nešāne gozāštan	نشانه گذاشتن
seguire (vt)	donbāl kardan	دنبال کردن
selezionare (vt)	entexāb kardan	انتخاب کردن
seminare (vt)	kāštan	کاشتن
semplificare (vt)	sāde kardan	ساده کردن
sentire (percepire)	hess kardan	حس کردن
servire (~ al tavolo)	serv kardan	سرو کردن
sgridare (vt)	da'vā kardan	دعوا کردن
significare (vt)	ma'ni dāštan	معنی داشتن
slegare (vt)	bāz kardan	باز کردن
smettere di parlare	sāket šodan	ساکت شدن
soddisfare (vt)	qāne' kardan	قانع کردن
soffiare (vento, ecc.)	vazidan	وزیدن
soffrire (provare dolore)	ranj didan	رنج دیدن
sognare (fantasticare)	ārezu kardan	آرزو کردن
sognare (fare sogni)	xāb didan	خواب دیدن
sopportare (~ il freddo)	tāqat āvordan	طاقت آوردن
sopravvalutare (vt)	mobāleqe kardan	مبالغه کردن
sorpassare (vt)	gozāštan	گذشتن
sorprendere (stupire)	mote'ajjeb kardan	متعجب کردن
sorridere (vi)	labxand zadan	لبخند زدن
sospettare (vt)	su'-e zann-e dāštan	سوء ظن داشتن
sospirare (vi)	āh kešidan	آه کشیدن
sostenere (~ una causa)	poštibāni kardan	پشتیبانی کردن
sottolineare (vt)	xatt kešidan	خط کشیدن
sottovalutare (vt)	dast-e kam gereftan	دست کم گرفتن
sovrastare (vi)	sar be āsmān kešidan	سر به آسمان کشیدن
sparare (vi)	tirandāzi kardan	تیراندازی کردن
spargersi (zucchero, ecc.)	rixtan	ریختن
sparire (vi)	nāpadid šodan	ناپدید شدن
spegnere (~ la luce)	xāmuš kardan	خاموش کردن
sperare (vi, vt)	omid dāštan	امید داشتن
spiare (vt)	pāyidan	پاییدن
spiegare (vt)	touzih dādan	توضیح دادن

spingere (~ la porta)	hel dādan	هل دادن
splendere (vi)	deraxšidan	درخشیدن
sporcarsi (vr)	kasif šodan	کثیف شدن
sposarsi (vr)	ezdevāj kardan	ازدواج کردن
spostare (~ i mobili)	jābejā kardan	جابه جا کردن
sputare (vi)	tof kardan	تف کردن
staccare (vt)	boridan	بریدن
stancare (vt)	xaste kardan	خسته کردن
stancarsi (vr)	xaste šodan	خسته شدن
stare (sul tavolo)	qarār dāštan	قرار داشتن
stare bene (vestito)	monāseb budan	مناسب بودن
stirare (con ferro da stiro)	oto kardan	اتو کردن
strappare (vt)	kandan	کندن
studiare (vt)	dars xāndan	درس خواندن
stupirsi (vr)	moteʻajjeb šodan	متعجب شدن
supplicare (vt)	eltemās kardan	التماس کردن
supporre (vt)	farz kardan	فرض کردن
sussultare (vi)	larzidan	لرزیدن
svegliare (vt)	bidār kardan	بیدار کردن
tacere (vi)	sāket māndan	ساکت ماندن
tagliare (vt)	boridan	بریدن
tenere (conservare)	negāh dāštan	نگاه داشتن
tentare (vt)	talāš kardan	تلاش کردن
tirare (~ la corda)	kešidan	کشیدن
toccare (~ il braccio)	lams kardan	لمس کردن
togliere (rimuovere)	bardāštan	برداشتن
tradurre (vt)	tarjome kardan	ترجمه کردن
trarre una conclusione	estenbāt kardan	استنباط کردن
trasformare (vt)	taqyir dādan	تغییر دادن
trattenere (vt)	māneʼ šodan	مانع شدن
tremare (~ dal freddo)	larzidan	لرزیدن
trovare (vt)	peydā kardan	پیدا کردن
tuffarsi (vr)	širje raftan	شیرجه رفتن
uccidere (vt)	koštan	کشتن
udire (percepire suoni)	šenidan	شنیدن
unire (vt)	mottahed kardan	متحد کردن
usare (vt)	estefāde kardan	استفاده کردن
uscire (andare fuori)	birun raftan	بیرون رفتن
uscire (libro)	montašer šodan	منتشر شدن
utilizzare (vt)	esteʻmāl kardan	استعمال کردن
vaccinare (vt)	vāksine kardan	واکسینه کردن
vantarsi (vr)	be rox kešidan	به رخ کشیدن
vendere (vt)	foruxtan	فروختن
vendicare (vt)	enteqām gereftan	انتقام گرفتن
versare (~ l'acqua, ecc.)	rixtan	ریختن

| vietare (vt) | mamnu' kardan | ممنوع کردن |
| vivere (vi) | zendegi kardan | زندگی کردن |

volare (vi)	parvāz kardan	پرواز کردن
voler dire (significare)	ma'ni dādan	معنی دادن
volere (desiderare)	xāstan	خواستن
votare (vi)	ra'y dādan	رأی دادن